Ski de fond et raquette au Québec

4ᵉ édition

Yves Séguin

D0888341

Ce matin ils sortirent tôt de la cabane qui élevait à peine plus que son toit plat hors de la neige. Ils entreprirent la tournée de leurs pièges les plus proches. Sigurdsen prit la tête, tassant la neige à foulées de raquettes. Ici, c'était lui le chef, cet homme des bois expérimenté de qui Pierre avait tout à apprendre.

Gabrielle Roy, *La montagne secrète*

Guides de voyage

ULYSSE

Le plaisir de **mieux voyager**

Nos bureaux

Canada: Les Guides de voyage Ulysse, 4176, rue Saint-Denis, Montréal (Québec) H2W 2M5, ☎(514) 843-9447, ⇏(514) 843-9448, info@ulysse.ca, www.guidesulysse.com

Europe: Les Guides de voyage Ulysse SARL, 127, rue Amelot, 75011 Paris, France, ☎01 43 38 89 50, ⇏01 43 38 89 52, voyage@ulysse.ca, www.guidesulysse.com

États-Unis: Ulysses Travel Guides, 305 Madison Avenue, Suite 1166, New York, NY 10165, info@ulysses.ca, www.ulyssesguides.com

Nos distributeurs

Canada: Les Guides de voyage Ulysse, 4176, rue Saint-Denis, Montréal (Québec), H2W 2M5, ☎(514) 843-9882, poste 2232, ⇏(514) 843-9448, www.guidesulysse.com, info@ulysse.ca

Belgique: Interforum Bénélux, 117, boulevard de l'Europe, 1301 Wavre, ☎(010) 42 03 30, ⇏(010) 42 03 52

France: Interforum, 3, allée de la Seine, 94854 Ivry-sur-Seine Cedex, ☎01 49 59 10 10, ⇏01 49 59 10 72

Suisse: Interforum Suisse, ☎(26) 460 80 60, ⇏(26) 460 80 68

Pour tout autre pays, contactez les Guides de voyage Ulysse (Montréal).

Données de catalogage avant publication (Canada) (voir p 3).

© Guides de voyage Ulysse inc.
Tous droits réservés
Bibliothèque nationale du Québec
Dépôt légal - Quatrième trimestre 2004
ISBN 2-89464-714-X

Imprimé au Canada

Recherche et rédaction
Yves Séguin

Éditeur
Claude Morneau

Directeur de production
André Duchesne

Directeur artistique
Patrick Farei (Atoll)

Correcteurs
Pierre Daveluy
Pierre Ledoux

Infographiste
André Duchesne

Adjoints à l'édition et cartographes
David Sirois
Isabelle Lalonde

Illustrateurs
Vincent Desruisseaux
Lorette Pierson
Marie-Annick Viatour

Photographie
1re de couverture
Parc national de la Jacques-Cartier,
Jean Sylvain, Sépaq

Remerciements particuliers à: Jacques Allard, Annie Bouchard, Rémi Brière, André Buist, Rémi Chapados, Michel Dumouchel, Maryse Emond, Eudore Fortin, Martine Gadoury, Pierre Gougoux, Pierre Guénette, Laval Leclerc, Pierre V. Leclerc, François Leduc, Richard Methot, Rénald Morand, Christine Pinault, Sylvain Valiquette.

Merci également à: Parcs Canada, Parcs-nature de Montréal, Parcs nationaux du Québec, Sépaq, Ski de fond Québec.

Les Guides de voyage Ulysse reconnaissent l'aide financière du gouvernement du Canada par l'entremise du Programme d'aide au développement de l'industrie de l'édition (PADIÉ) pour ses activités d'édition.

Les Guides de voyage Ulysse tiennent également à remercier le gouvernement du Québec – Programme de crédit d'impôt pour l'édition de livres – Gestion SODEC.

Catalogage avant publication de la Bibliothèque nationale du Canada

Séguin, Yves, 1961-

Ski de fond et raquette au Québec

4e éd.

(Espaces verts Ulysse)
Publ. antérieurement sous le titre: Ski de fond au Québec. c1994
Comprend un index.

ISBN 2-89464-714-X

1. Ski de fond - Québec (Province) - Guides.
2. Raquette (Sport) - Québec (Province) - Guides.
3. Pistes (Sports d'hiver) - Québec (Province) - Guides. I. Titre.
II. Titre: Ski de fond au Québec. III. Collection.

GV854.8.C3S43 2004   796.93'2'09714   C2004-941336-

À propos de l'auteur

Yves Séguin est né à Sainte-Rose de Laval en 1961. Dès son enfance, il découvre la nature, les montagnes et les lacs des Laurentides, grâce au chalet familial près de La Conception. À l'âge de seize ans, il parcourt l'Ouest canadien et tombe sous le charme des montagnes Rocheuses. Le goût des voyages, de l'aventure, des grands espaces et des activités de plein air fera désormais partie intégrante de son mode de vie.

Il entreprend alors, tour à tour, un voyage à vélo dans les Provinces atlantiques, des ascensions en escalade de rocher (dont le cap Trinité, au Saguenay, et El Capitán, en Californie), en escalade de glace (dont la Pomme d'Or, dans Charlevoix), de nombreuses randonnées à skis ainsi que des centaines de randonnées pédestres.

Passionné de culture autant que d'aventure, Yves découvre ainsi plusieurs pays d'Amérique du Nord, d'Amérique centrale, d'Europe et d'Afrique du Nord.

Éducateur physique, Yves est titulaire d'un baccalauréat de l'Université du Québec à Montréal (UQAM) depuis 1991 ainsi que d'un certificat en sciences de l'éducation de la même université depuis 1994. Il œuvre dans le domaine du plein air (randonnée pédestre, escalade, vélo, ski de fond, etc.) depuis une quinzaine d'années et a été recherchiste pour l'émission de télévision *Oxygène* (1992-1993). Il a aussi été formateur en randonnée pédestre et en orientation (carte et boussole) pour le programme de formation à la Fédération québécoise de la marche.

Yves est également journaliste pigiste depuis 1990 (*Espaces*, *Géo Plein Air*, etc.) et a signé la chronique hebdomadaire *Oxygène* durant l'année 1995 à *La Presse*. En 1997, il a remporté le deuxième prix lors du *Prix Molson de journalisme en loisir*, catégorie périodiques. À l'été 1998, il a été chroniqueur radio à l'émission *D'un soleil à l'autre* (Radio-Canada).

Yves Séguin est l'auteur ou co-auteur des guides :

> *Randonnée pédestre au Québec*;
> *Randonnée pédestre Nord-Est des États-Unis*;
> *Randonnée pédestre Montréal et environs*;
> *Ski de fond et raquette au Québec*;
> *Le Sentier transcanadien au Québec*;
> ***Costa Rica*** (co-auteur Francis Giguère);
> ***Tunisie*** (co-auteure Marie-Josée Guy).

Il a aussi collaboré à la recherche et à la rédaction des guides ***Le Québec*** et ***Montréal***. Tous ces guides sont publiés par les **Guides de voyage Ulysse**.

Sommaire

Sommaire *(suite)*

Sommaire *(suite)*

Sommaire *(suite)*

Oie sauvage

Liste des cartes

Niveaux de difficulté

Trois niveaux de difficulté ont été retenus: facile, difficile et très difficile. Chaque niveau de difficulté a son symbole, sa forme et sa couleur:

Facile	O	rond vert	sentier où la pente la plus difficile n'excède pas 11%
Difficile	□	carré bleu	sentier où la pente la plus difficile n'excède pas 21%
Très difficile	◇	losange noir	sentier où la pente la plus difficile est supérieure à 22%

Écrivez-nous

Tous les moyens possibles ont été pris pour que les renseignements contenus dans ce guide soient exacts au moment de mettre sous presse. Toutefois, des erreurs peuvent toujours se glisser, des omissions sont toujours possibles, des adresses peuvent disparaître, etc.; la responsabilité de l'éditeur ou des auteurs ne pourrait s'engager en cas de perte ou de dommage qui serait causé par une erreur ou une omission.

Nous apprécions au plus haut point vos commentaires, précisions et suggestions, qui permettent l'amélioration constante de nos publications. Il nous fera plaisir d'offrir un de nos guides aux auteurs des meilleures contributions. Écrivez-nous à l'adresse qui suit, et indiquez le titre qu'il vous plairait de recevoir (voir la liste à la fin du présent ouvrage).

Les Guides de voyage Ulysse

4176, rue Saint-Denis

Montréal (Québec)

Canada H2W 2M5

www.guidesulysse.com

texte@ulysse.ca

Iris versicolore

Tableau des distances (km)
par le chemin le plus court

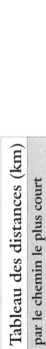

	Baie-Comeau	Boston (Mass.)	Charlottetown (Î.-P.-É.)	Chibougamau	Chicoutimi	Gaspé	Gatineau / Ottawa	Halifax (N.-É.)	Montréal	New York (N.Y.)	Niagara Falls (Ont.)	Québec	Rouyn-Noranda	Sherbrooke	Toronto (Ont.)	Trois-Rivières
Baie-Comeau																
Boston (Mass.)	1040															
Charlottetown (Î.-P.-É.)	724	1081														
Chibougamau	679	1152	1347													
Chicoutimi	316	849	992	363												
Gaspé	337	1247	867	1039	649											
Gatineau / Ottawa	869	701	1404	725	662	1124										
Halifax (N.-É.)	807	1165	265	1430	1076	952	1488									
Montréal	676	512	1194	700	464	930	207	1290								
New York (N.Y.)	1239	352	1421	1308	1045	1550	814	1508	608							
Niagara Falls (Ont.)	1334	767	1836	1298	1126	1590	543	1919	670	685						
Québec	422	648	984	515	211	700	451	1056	253	834	925					
Rouyn-Noranda	1304	1136	1833	493	831	1559	536	1916	638	1246	858	877				
Sherbrooke	662	426	1187	724	451	915	347	1271	147	657	827	240	782			
Toronto (Ont.)	1224	906	1746	1124	1000	1476	399	1828	546	141	823	802	606	693		
Trois-Rivières	545	566	1089	574	338	808	331	1173	142	750	814	130	747	158	688	

Exemple: la distance entre Québec et Montréal est de 253 km.

© ULYSSE

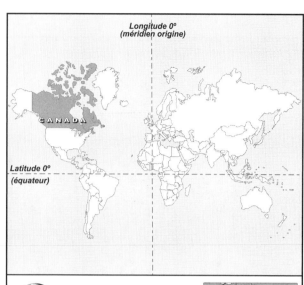

Longitude 0°
(méridien origine)

CANADA

Latitude 0°
(équateur)

 Situation géographique dans le monde

71°O

Québec

47°N

LE QUÉBEC
Capitale: Québec
Population: 7 500 000 hab.
Superficie: 1 550 000 km²
Monnaie: dollar canadien

©ULYSSE

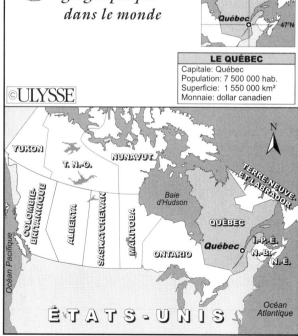

N

YUKON

T. N.-O.

NUNAVUT

TERRE-NEUVE-ET-LABRADOR

COLOMBIE-BRITANNIQUE

ALBERTA

SASKATCHEWAN

MANITOBA

Baie d'Hudson

QUÉBEC

ONTARIO

Québec

I.-P.-É.

N.-B.

N.-É.

Océan Pacifique

ÉTATS-UNIS

Océan Atlantique

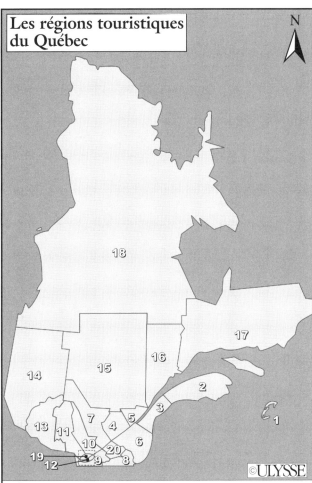

Les régions touristiques du Québec

N

1. Îles de la Madeleine
2. Gaspésie
3. Bas-Saint-Laurent
4. Québec
5. Charlevoix
6. Chaudière-Appalaches
7. Mauricie
8. Cantons-de-l'Est
9. Montérégie
10. Lanaudière
11. Laurentides
12. Montréal
13. Outaouais
14. Abitibi-Témiscamingue
15. Saguenay–Lac-Saint-Jean
16. Manicouagan
17. Duplessis
18. Nord-du-Québec (Baie-James–Nunavik)
19. Laval
20. Centre-du-Québec

©ULYSSE

Coup de cœur Ulysse pour les qualités particulières (réseau de sentiers, attraits remarquables, beautés naturelles, services proposés, entretien des sentiers, etc.) d'un centre de ski de fond.

Liste des coups de cœur

Le ski de fond et la raquette au Québec

Le territoire du Québec

porte aisément le titre de «Centre mondial du ski de fond.» Imaginez 1 550 000 km² de territoire skiable, et ce, pendant plusieurs mois! C'est plus que la Norvège, la Suède, la Finlande et le Danemark réunis (1 153 730 km²). C'est trois fois la superficie de la France, mais avec une population 10 fois moindre!

Cet immense territoire à peine peuplé, sauf dans ses régions les plus méridionales, comprend de formidables étendues sauvages, riches en lacs, en rivières et en forêts. Il forme une grande péninsule septentrionale, dont les interminables fronts maritimes plongent à l'ouest dans les eaux de la baie James et de la baie d'Hudson, au nord dans le détroit d'Hudson et la baie d'Ungava, et à l'est dans le golfe du Saint-Laurent.

Le Québec possède également de très longues frontières terrestres, qu'il partage à l'ouest et au sud-ouest avec l'Ontario, au sud-est avec le Nouveau-Brunswick et l'État du Maine, au sud avec les États de New York, du Vermont et du New Hampshire, et au nord-est avec le Labrador, appartenant à la province de Terre-Neuve.

La géographie du pays est marquée de trois formations morphologiques d'envergure continentale. D'abord, le puissant et majestueux fleuve Saint-Laurent, le plus important cours d'eau de l'Amérique du Nord à se jeter dans l'Atlantique, le traverse sur plus d'un millier de kilomètres. Tirant sa source des Grands Lacs, le Saint-Laurent reçoit dans son cours les eaux de grands affluents tels que l'Outaouais, le Richelieu, le Saguenay et la Manicouagan.

Principale voie de pénétration du territoire, le fleuve a depuis toujours été le pivot du développement du Québec. Encore aujourd'hui, la majeure partie de la population québécoise se regroupe sur les basses terres qui le bordent (la plaine du Saint-Laurent), principalement dans la région de Montréal, qui compte près de la moitié de la population du Québec.

Plus au sud, près de sa frontière avec les États-Unis, la chaîne des Appalaches longe les basses terres du Saint-Laurent depuis le sud-est du Québec jusqu'à la péninsule gaspésienne.

Les paysages vallonnés de ces régions ne sont pas sans rappeler ceux de la Nouvelle-Angleterre, alors que les montagnes atteignent rarement plus de 1 000 m d'altitude.

Le reste du Québec, soit environ 80% de son territoire, est formé du Bouclier canadien, une très vieille chaîne de montagnes érodées, bordant la baie d'Hudson de chaque côté. Très peu peuplé, le Bouclier canadien est doté de richesses naturelles fabuleuses, de grandes forêts et d'un formidable réseau hydrographique dont plusieurs rivières servent à la production d'électricité.

N'ayant aucune chaîne de montagnes infranchissable, le Québec devient, pendant quatre ou cinq mois, un immense tapis blanc qui n'attend que le passage

des skieurs. Même la deuxième ville francophone au monde, Montréal, possède des sentiers de ski de fond avec, en prime, une montagne en plein centre-ville, le mont Royal.

De son côté, Québec, la capitale nationale, voit ses plaines d'Abraham, un vaste espace vert, se couvrir de neige parfois dès le mois de novembre, permettant ainsi aux skieurs d'effectuer leurs premières randonnées dans l'un des sites les plus agréables qui soit.

Ce guide a pour but de faire découvrir les plus beaux sentiers du Québec. Il ne s'agit donc pas de décrire tous les endroits possibles où l'on peut faire du ski de fond et de la raquette. Tout en répondant aux questions qu'un débutant peut se poser (distances, adresses, services, habillement, équipement, etc.), il informe cependant les habitués sur un choix de centres moins connus mais très intéressants. Ce guide cherche également à répondre aux attentes de ceux et celles qui désirent effectuer de courtes et belles randonnées, spécialement près des grands centres urbains.

Étant donné l'engouement sans cesse grandissant pour la pratique de la raquette, nous avons décidé d'introduire cette activité qui permet une formidable découverte de la nature et de l'hiver québécois.

L'immensité du territoire québécois et sa topographie encouragent les aventuriers à se mouvoir en raquettes presque partout où bon leur semble, à condition, bien sûr, d'avoir l'autorisation de s'y déplacer librement. Champs, marais, lacs, boisés et montagnes, une fois recouverts de neige, deviennent des terrains de jeu exceptionnels pour la pratique de la raquette.

D'ailleurs, prenant pleinement conscience du phénomène «raquette sportive», la très grande majorité des parcs du Québec ainsi que des centres de ski de fond, de même que plusieurs municipalités, bases de plein air, pourvoiries et autres lieux de séjours quatre-saisons, ont rapidement aménagé de nouveaux sentiers réservés à cette activité et proposent la location de raquettes.

Ainsi, dans la présente édition de ce guide, vous trouverez une foule de renseignements quant à la pratique de la raquette aux quatre coins du Québec. Comme la demande s'avère très forte et relativement nouvelle, les

différents intervenants tentent présentement de structurer leur réseau de sentiers pour la raquette. Il ne faudrait donc pas s'étonner si les données présentées dans ce guide ne représentent pas exactement la réalité du milieu car, d'une saison à l'autre, on ne cesse d'améliorer le réseau.

Aussi, sachant que plusieurs des sentiers de randonnée pédestre du Québec et d'ailleurs demeurent, grâce aux raquettes, accessibles l'année durant, ceux et celles qui désirent découvrir ces sentiers et ces sommets spectaculaires peuvent se procurer le Guide Ulysse **_Randonnée pédestre au Québec_**, qui regorge de suggestions de parcours selon trois niveaux de difficulté (facile, difficile, très difficile).

Le ski de fond d'hier à aujourd'hui

Pour bon nombre de Québécois, le ski de fond est apparu avec Pierre Harvey, ou même Myriam Bédard. En vérité, le ski de fond est apparu bien avant leur naissance, et même avant celle de leurs arrière-grands-parents!

L'origine du ski remonte à 4 000 ans. Une gravure rupestre découverte sur la côte septentrionale de la Norvège daterait de 2 500 à 2 000 ans av. J.-C. Dans une grotte, en Suède, on a retrouvé un dessin représentant un chasseur à skis (1 000 ans av. J.-C.). C'est également en Suède que l'on a découvert des vestiges de skis primitifs (2 000 ans av. J.-C.). Il y a donc bien longtemps que les Scandinaves ont résolu le problème de marcher sur la neige sans s'enfoncer. Le ski était utilitaire et permettait, entre autres, de chasser plus adéquatement le gibier.

Selon les régions, les skis ont pris toutes sortes de formes. Certains skis étaient larges et très courts, servant autant de skis que de raquettes. D'autres étaient complémentaires, avec un ski long servant à glisser et un ski court servant à la propulsion (vers l'an 800). Puis certains eurent l'idée de se servir d'une perche afin de maintenir leur équilibre, voire de se propulser.

Vers le XIIᵉ siècle, le ski devint un outil stratégique, les armées russes et scandinaves ayant rapidement compris l'utilité d'un tel moyen de transport. On raconte qu'au début du XIIᵉ siècle le fils du roi Haakon de Norvège, Hakonson, alors âgé de deux ans, fut sauvé par deux skieurs (Forsten et Skerva) lors de la guerre civile.

Au début du XVIᵉ siècle, une autre légende naquit: la légende de Vasa. En 1522, Gustave Erikson dut s'enfuir à skis de la Suède vers la Norvège, son pays étant envahi par les Danois. Deux compatriotes partis à sa recherche le rattrapèrent finalement 86 km plus loin, soit à Sälen. En revenant sur leurs pas, ils réussirent à rassembler des

troupes et repoussèrent l'ennemi. Gustave Erikson fut proclamé roi de Suède et prit le nom de Gustave Vasa.

Commémorant ce haut fait, une course populaire est organisée chaque année depuis 1922 entre les villes de Sälen et de Mora (86 km). Nommée la Vasaloppet, cette épreuve est considérée comme la plus grande course de fond au monde, et des milliers de skieurs y participent.

Le ski devint un sport de loisir et de compétition vers le milieu du XIXᵉ siècle. En 1835, une technique de virage en descente, dénommée «télémark», se manifesta pour la première fois. Telemark est le nom d'une petite région montagneuse située près de la ville d'Oslo, en Norvège. Des épreuves de saut firent leur apparition, et, en 1879, un dénommé Hemmestveit fit un saut record de 23 m.

En 1877, le club de ski Christiania (Oslo) est fondé. Les exploits fusent de toutes parts, et, en 1884, Lans Tuorda gagne une compétition de 220 km en un temps de 21 heures et 22 minutes! Un peu plus tard, soit en 1888, Fridtjof Nansen effectua la traversée du sud du Groenland à skis, en 39 jours, entrant ainsi tout droit dans la légende.

Puis le ski de fond devint populaire dans les Alpes et en Amérique du Nord. Dans les Alpes, étant donné la configuration des montagnes, où de longues descentes sont possibles, on transforma petit à petit le matériel pour le rendre plus performant dans les descentes. Ainsi naquit la

Les racines du ski de fond

Voici un aperçu du développement du ski de fond au Québec, selon Jacques Allard.

● La raquette ayant été le moyen de transport des Autochtones et des premiers colons, elle est devenue une activité récréative hivernale bien ancrée dans la culture canadienne-française.

● En 1880, le Montreal Ski Club initie ses membres sur les pentes du mont Royal.

● En 1905, les premiers skieurs, chaussés de skis rudimentaires, descendent du train à Sainte-Agathe, dévalent les montagnes et parcourent des pistes à travers bois jusqu'à Shawbridge (Prévost).

● Le Club de ski de Québec est créé en 1908.

● Percy Douglas regroupe les clubs de ski de Montréal, Trois-Rivières et Ottawa dans la Canadian Amateur Ski Association et organise en 1920 à Montréal le premier championnat canadien de saut à skis.

● Arrivé au Québec en 1928, le légendaire Herman «Jackrabbit» Smith-Johannsen, que l'on considère à l'origine de la popularité du ski de fond au pays, a aménagé des pistes fort connues, comme la Maple Leaf.

● En 1930, on installe le premier remonte-pente en Amérique du Nord, à Shawbridge (Prévost).

● En 1939, on installe le premier télésiège au Canada à Mont-Tremblant. Avec cette invention, le ski alpin et le ski de fond commencent à se différencier. Le ski alpin devient une discipline olympique. Le ski de piste nécessite plus d'équipements et coûte plus cher, si bien que l'on a tôt fait de lui accoler une étiquette «aristocratique», et le ski alpin recrute de plus en plus d'adeptes, particulièrement parmi les mieux nantis.

● En parallèle, on continue à pratiquer le ski de fond, et, en 1946, à l'apogée de la première vague de son développement, 1 600 km de sentiers sillonnent les Laurentides.

● À la même époque, on compte 125 remontées mécaniques au Québec.

• Au cours des années 1950, le ski de fond était en quelque sorte le «parent pauvre» du ski alpin.

• Toutefois, à la fin des années 1960, débute la deuxième vague de développement du ski de fond. Elle se particularise par l'organisation de l'activité autour d'un centre intégré. Il ne s'agit plus du réseau en toile d'araignée qui mène le skieur d'un village à l'autre, mais plutôt d'un site où les sentiers en boucle permettent à l'adepte de revenir à son point de départ.

• Les ventes d'équipements de ski de fond ont connu des sommets inégalés au début des années 1970 (une époque au cours de laquelle la mode voulait que l'on valorise de façon particulière les activités «en harmonie avec la nature»), mais ce sport n'a jamais acquis ses lettres de noblesse comme, par exemple, dans les pays scandinaves.

• En 1979, on répertorie 220 centres de ski de fond avec 20 km et plus de sentiers. En 1987, on atteint le nombre total le plus élevé, soit 340 centres.

• Au cours des dernières années, la clientèle des centres de ski de fond s'est diversifiée, devenant davantage composée de gens soucieux d'améliorer ou de maintenir leur condition physique. Le ski de fond est une des activités physiques les plus populaires au Québec, et cette popularité n'a plus les airs d'une mode passagère.

Pour le 25ᵉ anniversaire de la Traversée des Laurentides (1999), on avait décidé de proposer une super-traversée s'étalant sur 16 jours. Cette traversée débuta à Saint-Ferréol-les-Neiges (région de Québec) et mena jusqu'à Val-David, soit un parcours de 550 km!

technique du ski alpin, où des centes et virages enivraient une grande majorité de skieurs.

Assez rapidement, le ski se divisa en deux grandes familles: le ski alpin, regroupant les épreuves de descente et de slalom, et le ski nordique, regroupant les épreuves où le talon n'est pas fixé au ski, soit le ski de fond, le saut à skis et le biathlon.

Plus près de nous, le ski serait apparu en Amérique du Nord vers 1850. Bien que le ski de fond se pratiquât déjà depuis un certain temps, on peut retracer l'épopée du ski de fond au Québec en découvrant la vie du célèbre Herman Smith-Johannsen (1875-1987), dit Jackrabbit.

Jackrabbit

Pierre Harvey

Herman Smith-Johannsen est né en Norvège en 1875. Ingénieur de profession, il vint s'établir en Amérique du Nord en 1901. Vendant du matériel pour la construction ferroviaire, il devait régulièrement se rendre dans les régions éloignées des grands centres urbains. Fervent adepte du ski de fond, il visite ces régions à skis, rencontrant des Amérindiens qui le surnomment *wapoos*, c'est-à-dire «gros lièvre», tant il est agile sur la neige. Ce surnom, qui se traduit par *jack rabbit* en anglais, lui sera également attribué par ses amis du Montreal Ski Club.

Pendant les années 1920 et 1930, Jackrabbit explore les Laurentides, aux paysages semblables à ceux de la Norvège. Lors de la crise des années 1930, il s'installe avec sa famille dans les Laurentides et développe un vaste réseau de sentiers. Il va jusqu'à ouvrir un sentier de 128 km reliant les villages et les auberges de Prévost à Labelle, le célèbre sentier Maple Leaf, qui vit le jour après plus de quatre années d'efforts. Malheureusement, depuis la construction de l'autoroute des Laurentides (15), le sentier a été découpé en plusieurs sections.

Jackrabbit aida à fonder un grand nombre de clubs de ski de fond et ouvrit une quantité incroyable de sentiers tout au long de sa vie, qui dura 111 ans et demi. Né en 1875, il mourut le 5 janvier 1987, laissant derrière lui les débuts de l'histoire du ski de fond au Québec. Il avait chaussé les skis jusqu'à l'âge de 106 ans!

Pierre Harvey est le fondeur qui aura le plus marqué ce sport au Québec et au Canada. Tous sports confondus, il est un des plus grands athlètes que le Québec ait produits. Évoluant dans une discipline sportive peu médiatisée au Québec, comparativement au hockey ou au baseball, Pierre Harvey est plus connu et reconnu dans les pays scandinaves, là où il a réalisé ses plus grands exploits.

Né à Rimouski en 1957, Pierre Harvey a d'abord été coureur cycliste. À 19 ans, aux Jeux olympiques de Montréal (1976), il a terminé au 24e rang de l'épreuve sur route. Puis il s'est converti au ski de fond et a très vite atteint les plus hauts niveaux. Il fut champion canadien de 1980 à 1988. En 1984, il a participé aux Jeux olympiques d'hiver de Sarajevo (ski de fond) et aux Jeux olympiques d'été de Los Angeles (cyclisme).

Au niveau de la Coupe du monde, ses meilleures années furent 1987 et 1988, où il termina 6e au classement général. En 1987, il remporta la célèbre course Birkebeiner Rennet Worldloppet. En 1987 et 1988, il termina également premier au 30 km de l'épreuve de la Coupe du monde, disputée à Falun (Suède).

En 1988, il finit bon premier de la 100e reprise de la réunion d'Holmenkollen (Norvège) au 50 km, devant les célèbres Gunde Svan et Vegard Ulvang. Au cours de la même année, il annonça sa retraite de la compétition internationale. En 1989, il devint le premier Canadien à gagner la prestigieuse course Gatineau 55.

Élu au Temple de la renommée des sports du Québec en 1991, Pierre Harvey, tout en travaillant et en ayant une vie familiale active, garde toujours une excellente forme et participe à plusieurs courses de ski de fond, de triathlon et de vélo de montagne.

À la conquête des grands espaces

Sortir des sentiers tracés, aller voir plus loin, franchir des distances incroyables, découvrir et explorer l'immense potentiel du Québec, tel fut le rêve de quelques audacieux skieurs québécois. Ne recevant que très peu de publicité et, souvent, aucune aide financière ou technique, une poignée d'aventuriers québécois n'ayant pas froid aux yeux ont tracé la piste et influencé toute une génération de skieurs. Le raid à skis et la longue randonnée à skis étaient nés au Québec, pays de neige, de glace et de grands espaces.

Sans vouloir jouer aux historiens, on peut prétendre que c'est au début des années 1970 qu'est née au Québec cette nouvelle forme de ski de fond qu'est l'expédition à skis. Un grand nombre d'aventuriers se sont alors mis à parcourir en tous sens cet immense tapis blanc qu'est le Québec. En voici quelques-uns.

André Robert

André Robert est considéré par plusieurs skieurs comme le

premier spécialiste du ski de fond au Québec. Il a été le premier directeur technique de Ski-Québec et a participé à l'organisation des premières grandes compétitions internationales se déroulant au Québec. En 1974, il participait à l'expédition des monts Torngat. Il fit accepter l'idée d'effectuer une expédition rapide et légère, ce qui était peu fréquent à l'époque. Il fut également de l'expédition à l'île Ellesmere en 1976.

Gilles Parent

Gilles Parent fut de la première expédition à skis des monts Torngat en 1973, au cours de laquelle la fonte des neiges et le poids des traîneaux donnèrent passablement de difficultés aux skieurs. Il fut l'un des premiers guides de longue randonnée à skis au Québec et guida plusieurs groupes de skieurs européens dans les grands espaces québécois. Il travailla pendant plusieurs années à l'Auberge du P'Tit Bonheur, popularisant le ski de fond et le plein air en général.

Ces dernières années, Gilles consacre une grande partie de son temps à élaborer l'histoire mondiale du ski (historique, équipement, remonte-pente, sauvetage, etc.). Le fruit de son travail est devenu un documentaire télévisé de plusieurs heures, intitulé *La grande aventure du ski*, qui fut présenté à la télévision. Durant plusieurs années, Gilles Parent fut le président de l'Association des centres de ski de fond du Québec (ACSFQ).

Marc Blais

Marc Blais explora la région de Charlevoix à skis dès le début des années 1970. En 1973, il fit une traversée des Chic-Chocs (Gaspésie) avec Pierre Gougoux et deux autres compagnons. En 1974, il se rendit dans les monts Torngat avec P. Gougoux, A. Robert et A. Hénault, et fit une traversée le menant de Port Nouveau-Québec à Saglek.

Les monts Torngat, les «montagnes des mauvais esprits» des Inuits, offrent des conditions extrêmes en hiver, et l'équipe dut affronter des froids de −85°C avec le facteur vent! Il retourna dans les Torngat, à skis, en 1975 et en 1981.

En 1976, toujours avec les mêmes compagnons, il fit une traversée de l'extrême nord de l'île Ellesmere (terre de Grant). Lors de cette traversée de 10 jours (250 km), il filma beaucoup et prépara un excellent documentaire intitulé *Défi Arctique Ellesmere.*

Pierre Gougoux

Pierre Gougoux, célèbre professeur de plein air au cégep André-Laurendeau, n'a jamais cessé d'explorer le Québec à skis. En 1973, il était de l'expédition dans les Chic-Chocs. En 1974, il fit partie de la traversée des Torngat, de Port Nouveau-Québec (sur la côte de la baie d'Ungava) à Saglek (sur la côte de l'Atlantique). Cette première, sur une distance d'environ 250 km, s'effectua en six jours.

En 1976, il était de l'expédition à l'île Ellesmere avec M. Blais, A. Robert et d'autres compagnons. En 1978-1979, il effectua trois voyages en terre de Baffin. Fn 1984, il organisa l'expédition Jacques-Cartier: avec une trentaine de compagnons, il skia de Gaspé à Hull (1 635 km), parcourant 90 villages en 32 jours de ski et quatre jours de repos! Durant 25 ans, il organisa la **Traversée des Laurentides** (voir p 30).

André Laperrière

Dès 1974, André Laperrière n'a eu qu'une intention, celle de traverser le Québec à skis. En 1977, avec trois compagnons, l'équipe tente de relier Lac-Supérieur à Fort-Chimo (Kuujjuaq), mais sans y parvenir. Ils auront tout de même franchi 1 370 km en 109 jours.

En 1980, nouvelle tentative. Partie de Mont-Tremblant, l'équipe composée d'André Laperrière, Louis Craig, Claude Duguay, Robert Piché et Robert Quintal (qui a dû abandonner) atteint finalement Kuujjuaq au bout de 2 000 km et 133 jours de ski de fond! L'événement eut un certain succès médiatique, et, dans le petit monde des skieurs québécois, c'est toute une page de l'histoire du ski de fond qui venait d'être écrite.

Après ce retentissant succès, André voulut répéter l'exploit, mais en solitaire. Il effectua une première tentative en 1986, mais dut abandonner au bout de 1 200 km, les conditions de ski étant devenues trop difficiles.

En 1989-1990, il tenta de nouveau sa chance; après un faux départ près du cratère du Nouveau-Québec, il partit de Montréal en vélo de montagne et se rendit à Chibougamau, d'où il poursuivit sa route en canot. Coincé sur une île pendant 50 jours, avec 25 jours de provisions, il dut attendre les grands gels et l'arrivée (par avion) d'une équipe de tournage. Peu de temps après, à la suite de quelques incidents, il abandonna. Il venait de vivre six mois d'aventure au cours desquels l'expérience de vie avait été des plus enrichissantes.

Bernard Voyer

Journaliste, chroniqueur radio, guide et conférencier, Bernard Voyer poursuit son rêve, devenu passion, de skier sur toutes les plus grandes étendues de glace et de neige de la planète. Après plusieurs expéditions aux quatre coins du Québec, Bernard réalisa, au printemps 1992, la première traversée nord-sud de l'île la plus nordique du monde, l'île Ellesmere, avec deux compagnons.

Cette traversée de 1 000 km en autonomie complète dura 70 jours. Traversant de hautes montagnes, l'équipe dut également franchir bon nombre de glaciers et de crevasses. Au printemps 1993, il se rendit, toujours à skis, au pôle Nord magnétique, là où les boussoles deviennent complètement «folles»!

Au printemps 1994, Bernard guida un groupe au pôle Nord géographique, prouvant que le tourisme haut de gamme ne recule devant aucun obstacle et est possible dans une telle région. À l'hiver 1995-1996, Bernard et Thierry Pétry atteignirent le pôle Sud (Antarctique), là où est concentrée 70% de l'eau douce de la planète et où la glace atteint 4 800 m d'épaisseur!

Richard Weber

Selon plusieurs spécialistes en matière d'expéditions à skis, Richard Weber est l'un des plus grands explorateurs du monde polaire et assurément le plus grand au Canada. Toutefois, son nom n'apparaît que trop rarement dans les manchettes de nos quotidiens. En revanche, cela semble faire parfaitement son affaire, lui qui ne court pas après la renommée, la gloire... et la presse!

Né de parents passionnés de montagne et de ski de fond, Richard a grandi dans la région de l'Outaouais. Jusqu'à l'âge de 24 ans, ce skieur talentueux se passionnera pour la compétition et fera partie de l'équipe nationale. Il remporta ainsi une vingtaine de titres canadiens et participa à quatre championnats du monde.

En 1986, il sera membre de l'équipe de la Steger International Polar Expedition, qui atteindra, en 54 jours, le pôle Nord sans ravitaillement. En 1988, il joignit l'équipe russo-canadienne dénommée Expedition Polar Bridge, qui réalisa la traversée de l'océan Arctique; partant de la Russie, les 13 membres de l'équipe franchirent le pôle Nord pour se rendre au Canada.

Mais son plus grand exploit demeure sans contredit son aller-retour au pôle Nord, à partir de la terre ferme, en compagnie du médecin russe Misha Malakhov. Cet aller-retour fait 1 536 km mais, en réalité, ils auront à parcourir une distance d'environ 2 200 km, compte tenu des montées et des descentes des différentes crêtes de pression rencontrées ainsi que des failles de glace à contourner.

Après une tentative infructueuse en 1992, les deux aventuriers réussirent l'impensable exploit entre le 14 février et le 15 juin 1995, soit après 121 jours d'intenses efforts physiques. Impensable car, dans le milieu des spécialistes, on croit que l'Américain Robert E. Peary, le premier à parcourir cette distance, aurait quelque peu abrégé son itinéraire en 1909.

Comme Weber et Malakhov étaient les premiers à rééditer l'exploit de Peary 86 ans plus tard, ils devinrent la référence dans le domaine de l'exploration du monde polaire et entrèrent ainsi de plain-pied dans la légende des explorateurs modernes.

Et les autres...

Évidemment, il y eut beaucoup d'autres réalisations à skis au Québec, dont le sentier des Jésuites, qui relie le Lac-Saint-Jean et la ville de Québec, ou encore la première traversée reliant le Camp Mercier au mont Sainte-Anne. Il faut également souligner l'expédition «Le bout du bout du Saint-Laurent», au cours de laquelle, en 1989, un groupe d'une quarantaine de skieurs, dont Claudine Roy et Jean-Pierre

Danvoye, ont parcouru quelque 750 km entre Havre Saint-Pierre et Blanc-Sablon!

Quelques organismes québécois

La Fédération québécoise de ski

La Fédération québécoise de ski, ou Ski-Québec, s'occupe principalement de la formation. Ses bureaux sont situés au Stade olympique et servent également à d'autres organismes de ski de fond.

Depuis 1995, **Ski de fond Québec**, organisme sans but lucratif relevant de la fédération, est voué au développement du ski de fond sous toutes ses formes. Son mandat est d'assurer le développement du ski de fond au Québec, en tant que sport de compétition et en tant que loisir. L'organisme regroupe près de 60 clubs et s'appuie sur le précieux travail de nombreux entraîneurs, animateurs, officiels et bénévoles.

À Ski de fond Québec, on tente de tout mettre en œuvre afin que les différents partenaires dans le domaine du ski de fond au Québec (fédération, clubs, centres indépendants, parcs, municipalités, etc.) puissent communiquer davantage entre eux et ainsi mieux servir les skieurs.

Depuis peu, il est possible de devenir «membre récréatif» de Ski de fond Québec et ainsi de bénéficier de rabais chez différents partenaires (centres de ski de fond, boutiques, hôtels, etc.). La carte de membre permet également de recevoir les trois éditions annuelles du journal *Ski de fond Québec*.

Ski de fond Québec
4545 avenue Pierre-De Coubertin, C.P. 1000, succursale M, Montréal
☎ *(514) 252-3089, poste 3907*
📠 *(514) 254-1499*
www.skiquebec.qc.ca/skifond

Cansi-Québec

L'Association canadienne des moniteurs de ski nordique, ou Cansi (Canadian Association of Nordic Ski Instructors), s'occupe de la formation, en quatre niveaux, des moniteurs de ski de fond et également de la formation des amateurs de ski télémark. La plupart des centres, clubs ou écoles de ski de fond, engagent des moniteurs qualifiés.

Cansi-Québec
☎ *(514) 252-3089, poste 9102*
www.cansi.ca

Patrouille canadienne de ski

Un grand nombre de centres de ski de fond font appel à une patrouille de ski. Le but premier est évidemment d'assurer la sécurité sur les sentiers (sauvetage des blessés, recherche des skieurs égarés, etc.), mais un bon patrouilleur saura également donner l'exemple, prodiguer des conseils, encourager, etc. L'organisation propose des cours de formation et est à la recherche de skieurs bénévoles pour agir comme patrouilleurs.

Patrouille canadienne de ski
☎ *(514) 352-5820 (zone Laurentienne)*
www.opcslaurentienne.org

Ligue de ski de fond Jackrabbit

La Ligue de ski de fond Jackrabbit, du surnom donné au célèbre **Herman Smith-Johannsen** (voir p 22), a vu le jour au Manitoba en 1975. Au Québec, c'est depuis le début des années 1980 que cette ligue offre un programme d'initiation au ski de fond aux jeunes de 7 à 13 ans (certains clubs initient même les 4 à 6 ans).

Le **programme Jackrabbit** relève du programme Ski de fond Canada. Plus de 25 clubs appartenant à cette ligue existent au Québec. Le programme Jackrabbit peut être mis sur pied par un centre de ski de fond, un club, un parc, un centre de loisirs, une municipalité, etc.

L'implication des parents (accompagnateurs ou animateurs) est fortement recommandée mais non obligatoire. D'ailleurs, bien souvent, les parents en ont plus à apprendre que leur enfant, ce qui donne lieu à des scènes cocasses.

Plus qu'un simple programme d'initiation au ski de fond, le programme Jackrabbit vise à inculquer aux jeunes une véritable habileté à skier, mais également une autonomie dans la pratique (fartage, équipement, habillement, alimentation, etc.). Ces bonnes habitudes se refléteront également dans la pratique d'autres sports.

Le programme propose en fait trois niveaux de cours, soit le

Ski de fond et raquette au Québec

Jeannot Lapin (initiation au ski de fond, cours d'une heure); le **Jackrabbit** (récréatif, cours de deux heures); et le **Lièvre** (initiation à la compétition).

L'apprentissage se fait par le jeu et la compétition récréative. Des écussons sont remis pour certaines techniques maîtrisées et pour un certain nombre de kilomètres parcourus (25, 50, 100... 300 km). Les leçons débutent habituellement au début du mois de janvier, soit les samedis ou les dimanches.

Vous serez étonné de constater à quel point votre enfant peut apprendre rapidement, et avec quelle rapidité il s'endort le soir venu!

**Ligue de ski de fond Jackrabbit
Ski de fond Québec**
☎ *(514) 252-3089, poste 9100*
www.skiquebec.qc.ca/skifond

Regroupement des stations de ski de fond de la région de Québec

Le Regroupement des stations de ski de fond de la région de Québec (RSSFRQ), ayant Pierre V. Leclerc comme président, est un organisme sans but lucratif qui existe depuis 1990. Il regroupe plus d'une trentaine de centres de ski de fond de la grande région de la capitale (Québec, Portneuf, Charlevoix et Rive-Sud). Son but principal est d'assurer la promotion du ski de fond, en faisant connaître davantage le réseau unique que possède la région.

C'est aussi un lieu d'échange d'expertise entre les différents centres de ski de fond pour tout ce qui touche l'aménagement, l'entretien des sentiers, la sécurité, la machinerie et la tarification.

Concrètement, le RSSFRQ distribue gratuitement un petit répertoire (dépliant) où sont décrits les caractéristiques et les services offerts par les stations membres; effectue un sondage annuel afin de connaître le profil, les habitudes et les goûts des skieurs de la région; organise des rencontres portant sur la gestion des centres; et visite plusieurs centres au cours de la saison afin d'échanger avec les différents responsables.

De plus, une réduction de 25% sur les droits d'entrée dans un autre centre du RSSFRQ est accordée à tous ceux et celles qui détiennent un abonnement saisonnier dans l'un des centres du regroupement.

Regroupement des stations de ski de fond de la région de Québec
www.rssfrq.qc.ca

Les grands événements

Chaque hiver, de grands événements de ski de fond sont organisés. Parmi ces nombreux rassemblements annuels, sept activités retiennent l'attention: la Keskinada Loppet, le Loppet Mont Sainte-Anne, le Marathon canadien de ski, Le Tour du mont Valin, la Traversée des Laurentides, la Traversée du lac Abitibi et la Grande Traversée de la Gaspésie.

Keskinada Loppet

Autrefois appelée «Gatineau 55», la Keskinada Loppet a vu le jour il y a une vingtaine d'années. Depuis 1983, le parc de la Gatineau est l'hôte de cette compétition célèbre. Se déroulant généralement au mois de février, le «keski» est à la fois une compétition internationale et une fête du ski de fond, où skieurs de tout âge et de tout calibre se réunissent (5 km et 10 km familial, 25 km classique, 25 km style libre et 50 km style libre ou classique). De plus, des épreuves de sprint et des relais sont organisés.

Les enfants ne sont pas laissés pour compte; la Mini-Keskinada, une épreuve de 2 km, est organisée à l'intention de ceux et celles qui ont moins de 12 ans. La Keskinada est inscrite au prestigieux circuit international Worldloppet (le mot suédois *loppet* signifie «course populaire»). Ce circuit organise 14 épreuves aux quatre coins du monde (Europe, Amérique du Nord, Australie et Asie).

Keskinada Loppet
☎ *(819) 595-0114*
⊶ *(819) 595-5210*
www.keskinada.com

Loppet Mont Sainte-Anne

La course populaire Loppet Mont Sainte-Anne existe depuis 1972. La 33ᵉ édition s'est tenue en 2004. Plusieurs épreuves sont au programme dont le 15 km, le 25 km et le 40 km. L'épreuve de 65 km qui reliait le mont Sainte-Anne au Camp Mercier n'existe plus. Les trois épreuves de la Loppet se déroulent donc à l'intérieur du réseau de la station.

Loppet Mont Sainte-Anne
☎ *(418) 827-4561, poste 408*
www.mont-sainte-anne.com

Marathon canadien de ski

Le Marathon canadien de ski en était à sa 38ᵉ édition en février 2004. Le marathon se déroule habituellement au cours de la deuxième fin de semaine du mois de février. La distance à couvrir est de 160 km en deux jours, reliant les villes de Lachute, Montebello et Gatineau. Ceux qui ne désirent pas effectuer le trajet en entier peuvent choisir des circuits variant entre 12 km et 160 km. L'hébergement peut être de grand luxe ou très modeste.

Marathon canadien de ski
☎ *(819) 770-6556 ou 877-770-6556*
www.csm-mcs.com

Tour du mont Valin

Événement annuel depuis 1986, le Tour du mont Valin se veut une randonnée de participation (50 km ou 36 km). Avec un volet élite et un volet populaire, cette épreuve rassemble des skieurs d'un peu partout au Québec, et même de l'étranger.

L'édition de 1992 a eu comme gagnants des skieurs de niveau international fort connus tant au Québec qu'à l'étranger. Cette année-là, Pierre Harvey enleva l'épreuve masculine, alors que Myriam Bédard en fit de même du côté féminin.

Ski de fond et raquette au Québec

L'épreuve tire son nom du fait que la randonnée à skis permet d'effectuer le tour géographique du mont Valin, situé dans le parc national des Monts-Valin. L'événement se déroule toujours le troisième samedi de mars.

Le Tour du mont Valin
C.P. 1372, Chicoutimi
☎ *(418) 545-5945, poste 1 ou 0*
www.tourmontvalin.com

Traversée des Laurentides

La Traversée des Laurentides (TdL) en était à sa 30ᵉ édition au mois de janvier 2004. La TdL se déroule normalement lors de la dernière semaine de janvier ou la première semaine de février. Sillonnant un parcours quelque peu différent chaque année afin de nettoyer et d'entretenir des sentiers peu fréquentés, la TdL offre entre 150 km et 300 km de ski en sept jours.

Les journées de ski sont longues, souvent terminées à la lampe frontale, et les sentiers sont très difficiles. Il faut donc posséder une bonne technique de ski et être en bonne condition physique. Un skieur intermédiaire devra compenser par une excellente forme.

Une telle traversée ne pouvait être imaginée que par un fou du ski des grands espaces de la trempe de Pierre Gougoux, aidé de ses compagnons Robert Londéi et Jean-Guy Ricard. Depuis 1997, un comité organisateur d'une dizaine de personnes s'occupe de la gestion et de la logistique de la Traversée.

La TdL n'est pas une course mais une randonnée d'endurance où le pire adversaire se retrouve souvent en soi-même. L'équipement suggéré est de type randonnée ou longue randonnée. Durant la journée, le skieur transporte un sac à dos léger, le gros sac à dos étant amené à l'auberge suivante.

Sur le plan logistique, la participation étant limitée à 100 skieurs, il faut s'y prendre à l'avance pour réserver sa place. Le forfait inclut l'inscription, le transport, le transport des bagages, les couchers, les repas, etc.

Traversée des Laurentides
☎ *(514) 933-3765*
www.skitdl.com

Traversée du lac Abitibi

Au printemps 1995, des skieurs aventureux traversèrent le très imposant lac Abitibi (878 km²) d'ouest en est. Depuis, ils ont eu la généreuse idée d'en faire une expédition annuelle à laquelle une centaine de skieurs peuvent prendre part. Cette aventure de près de 100 km débute à Low Bush, en Ontario, pour se terminer sur la rivière La Sarre, au centre de la ville du même nom.

Au programme, cinq jours et quatre nuits de ski au grand air dans une ambiance chaleureuse. Vous pouvez parcourir le trajet de façon autonome ou d'une façon «grand luxe» (guide d'accompagnement, tente aménagée, repas préparés, etc.).

De plus, si vous ne disposez pas de tout l'équipement nécessaire à une telle aventure hivernale, on met à votre disposition un service de location d'équipement.

Traversée du lac Abitibi
46 5ᵉ Avenue Est, La Sarre
☎ *(514) 271-1230 ou 866-326-9453*
www.ecoadventures.ca/abitibi/

Traversée de la Gaspésie

Cette traversée spectaculaire, qui a vu le jour en 2003, offre aux skieurs une randonnée de 350 km. Divisé en sept étapes (de 50 km à 100 km), le parcours débute au Gîte du Mont-Albert, dans le parc national de la Gaspésie, pour se terminer à la baie de Gaspé, qui pénètre dans le parc national du Canada Forillon! Ainsi, mer et montagnes se côtoient presque tout au long de cette fabuleuse expédition.

Traversée de la Gaspésie
☎ *(418) 368-5408*
www.brisebise.ca

Parcs et réserves

Pour toute information (brochures, cartes, activités, réservations, périodes d'accès, tarifs, etc.) sur les différents parcs nationaux du Québec, réserves fauniques et parcs nationaux du Canada, composez les numéros suivants:

Sépaq
☎ *(418) 890-6527 (région de Québec) ou 800-665-6527*
www.sepaq.com

Société de la faune et des parcs du Québec
☎ *(514) 873-3636, (418) 643-3127 ou 800-561-1616*
www.fapaq.gouv.qc.ca

Parcs nationaux du Canada
☎ *(418) 648-4177 (région de Québec) ou 800-463-6769*
www.pc.gc.ca

Ski de fond et raquette au Québec

Parcs nationaux du Québec: droits d'accès

Depuis le 1ᵉʳ avril 2001, des droits d'accès sont exigés afin de visiter les différents parcs nationaux du Québec.

La grille tarifaire sera en vigueur jusqu'au 31 mars 2005. Différents droits d'accès sont prévus selon que l'on soit seul ou en famille, que l'on fréquente un parc sur une base quotidienne ou annuelle. Un laissez-passer annuel donnant accès à tous les parcs est également en vente.

Exemple pour un adulte: 3,50$ (quotidien), 16,50$ (laissez-passer annuel pour un parc), 30$ (laissez-passer annuel pour tout le réseau).

Droits d'accès...

Notez que, d'un centre à l'autre, les droits d'accès sont parfois appliqués par activité (ski de fond, raquette, glissade, patin, etc.) alors qu'en d'autres lieux les droits d'accès sont fixes, peu importe le nombre d'activités que l'on pratique dans la journée.

Braconnage

Si vous êtes témoin d'actes de braconnage, composez le ☎ *800-463-2191 (24 heures sur 24)*

1,2,3... 1,2,3...

Le ski de fond et la raquette sont des exercices qui sollicitent les capacités aérobies de l'organisme (ils mettent à profit les appareils respiratoire et circulatoire, qui facilitent l'oxygénation des poumons et le bon fonctionnement du système cardiovasculaire); il est donc naturel que la respiration subisse des fluctuations au début d'une randonnée, car la consommation d'oxygène augmente alors rapidement. Après un certain temps, un plateau est atteint, et la consommation d'oxygène se stabilise.

Exercices complets, le ski de fond et la raquette procurent plusieurs bienfaits physiques et psychologiques chez ses amateurs. Toute personne qui pratique l'un ou l'autre régulièrement voit des changements positifs s'opérer en elle.

D'abord, au niveau cardiovasculaire, la masse et le volume du cœur augmentent. Le volume sanguin s'élève également, ainsi que le débit cardiaque. Par contre, la fréquence cardiaque au repos diminue. La quantité d'oxygène extraite du sang augmente, parce que le cœur distribue mieux le sang vers les muscles actifs.

L'entraînement aérobique réduit les pressions systoliques et diastoliques (pression sanguine) au repos et au cours d'un exercice submaximal, particulièrement chez les hypertendus. Toutes ces modifications font qu'après quelque temps on refait la même randonnée en constatant à la fin que l'on se sent bien mieux qu'aux occasions précédentes. Le ski de fond et la raquette apportent également des bienfaits psychologiques. Le contact avec la nature ramènent souvent à l'essentiel. La contemplation, l'observation et l'air pur conduisent à la détente psychologique. On revient de la forêt rempli d'énergie et serein. Loin de l'agressivité de la ville, de la télévision, du téléphone ou du travail, la vie semble tellement plus simple et plus harmonieuse qu'elle ne le laisse souvent paraître!

Ski de... ?

Ski nordique, ski de randonnée, ski de fond, ski de promenade et ski de raid sont des noms souvent entendus mais rarement bien utilisés. **Précisons tout de suite que nous utiliserons les termes «ski de fond» et «longue randonnée à skis» dans ce guide afin de simplifier les choses.**

Ski nordique

Ski provenant des pays nordiques (Scandinavie), par opposition au ski alpin (Alpes), et regroupant le ski de fond, le biathlon et le saut à skis. On parlera plutôt de disciplines nordiques.

Ski de randonnée

Le ski de randonnée était caractérisé par le fait que le skieur n'utilisait pas les sentiers tracés mais des itinéraires déterminés. C'est un peu l'ancêtre de la longue randonnée à skis, bien que le terme ait été abondamment utilisé au Québec dans le sens de ski de fond.

Ski de fond

Le ski de fond se pratique dans des sentiers tracés et entretenus mécaniquement. Des gestes techniques peuvent être appris, facilitant ainsi le déplacement. Pour plusieurs, le ski de fond implique une intention de perfor-

mance et de progrès. Que l'on soit compétitif ou contemplatif, le terme «ski de fond» est employé dans ce guide dans son sens le plus large.

Ski de promenade

Le ski de promenade est plus près de l'activité que du sport. Les côtés «technique» et «performance» sont remplacés par le jeu, la découverte et la contemplation. Cette forme de ski se pratique souvent dans des parcs urbains ou dans de petits centres de ski de fond. Vu qu'on l'appelle à tort «ski de débutant», nous préférons l'inclure dans le terme «ski de fond».

Ski de raid

Le ski de raid sous-entend une complète autonomie et se pratique hors sentiers ou hors pistes. Il implique un déplacement de plusieurs jours et, en Europe, est souvent pratiqué dans les hautes montagnes. Au Québec, le terme «ski de raid» est plutôt remplacé par le terme «expédition à skis». Nous pouvons l'inclure dans la «longue randonnée à skis», tout en précisant qu'il ne se pratique pas dans des sentiers tracés.

Longue randonnée à skis

Cette forme de ski implique un déplacement de plusieurs jours avec couchers en refuge ou en camping. Le skieur doit transporter, dans son sac à dos ou sur un traîneau, tout le matériel assurant son autonomie. Par contre, il est désormais fréquent que les skieurs fassent transporter (en voiture ou motoneige) leurs bagages d'un refuge à l'autre, ce qui rend la randonnée moins exigeante.

Courte randonnée et longue randonnée

Les termes «courte randonnée» et «longue randonnée» n'ont rien à voir avec la distance à parcourir.

Le terme «courte randonnée» signifie que le skieur revient dormir à son point de départ et qu'il n'emporte avec lui qu'un petit sac à dos d'un jour contenant son déjeuner, de l'eau, un chandail, un anorak, un appareil photo, etc.

Le terme «longue randonnée» signifie plutôt que le skieur dormira, pour une nuit ou plus, le long du parcours.

Ski-orienteering

Fort populaire dans les pays scandinaves, où il est pratiqué depuis des décennies, ainsi que dans une trentaine de pays à travers le monde, le «ski-orienteering» se développe de plus en plus au Québec, grâce à l'organisme Orienteering Québec. Ce sport combine la pratique du ski de fond et l'orientation en forêt (cartes et boussole). Les skieurs doivent, le plus rapidement possible et en choisissant un itinéraire, réussir à trouver différents points de contrôle à l'aide de la carte topographique.

Cet exercice demeure une façon originale de tester ses connaissances dans la manipulation d'une carte et d'une boussole ainsi que son habileté à skis. De plus, on peut s'amuser en famille (volet populaire) tout en découvrant les rudiments de l'orientation.

Orienteering Québec
☎ *(450) 433-3624*
www.orienteringquebec.ca

Les différents types de skieurs de fond

En 1990, la Cross Country Ski Association of America (CCSAA) mena une étude auprès d'un grand nombre de skieurs de fond nord-américains. Cette étude, qui est également présentée par Pierre Harvey et Guy Thibault dans leur *Étude sur les opportunités de développement du produit touristique du ski de fond au Québec* (1996), démontre très clairement qu'il existe sept types de skieurs de fond caractérisés par leur intensité de pratique (effort physique) et leur niveau de sociabilité (de solitaire à très sociable). À noter qu'un skieur peut se retrouver dans plus d'un de ces types.

● **Le coureur d'élite** ne représente qu'un tout petit pourcentage des skieurs de fond. Plutôt solitaire, il consacre tout son temps, son argent et ses efforts à s'entraîner sans relâche et à participer à diverses compétitions.

● **Le coureur récréatif** adore l'entraînement, mais ne rêve pas de championnat du monde ni de Jeux olympiques. Plus sociable que le coureur d'élite, il participe à plusieurs compétitions populaires, telles les Loppets Keskinada et Mont Sainte-Anne. Depuis quelques années, ce type de skieur est très à la hausse, au grand bonheur des compagnies d'équipements de ski de fond et des boutiques spécialisées.

• **Le skieur combo** est celui qui s'adonne tant au ski alpin qu'au ski de fond. La popularité croissante de la technique du pas de patin a su séduire beaucoup de skieurs alpins qui ne prisaient guère le ski de fond traditionnel (pas classique).

• **Le sportif** est soucieux d'améliorer ou de maintenir sa forme. Il pratique le ski de fond de façon régulière de même qu'une foule d'autres sports. Pour lui, le ski de fond est un «moyen» et non une fin, un outil de plus au service de sa dépense énergétique. À l'occasion, il participe à un événement populaire (marathon, Loppet, etc.), source de motivation lors des randonnées hebdomadaires. Le sportif développant une passion de plus en plus grande pour le ski de fond deviendra aisément un coureur récréatif.

• **L'enthousiaste** pratique le ski de fond de façon plus ou moins régulière. Il apprécie les bienfaits physiques et psychologiques qu'apporte la pratique de cette activité. En solitaire ou en groupe, il aime en connaître davantage sur l'équipement, l'habillement, l'alimentation, la technique de fartage entre autres, sans pour autant vouloir être à la mode ou s'acheter de nouveaux skis dans l'unique but d'être plus performant.

• **Le traditionaliste** n'a que faire de la mode et de la performance. Plutôt solitaire, ou faisant partie d'un très petit groupe, il recherche le calme et le contact intime avec la nature. Assez conservateur, il change son équi-

pement lorsque celui-ci est brisé.

• **Le banlieusard**, également appelé «le skieur de cour arrière», ne parcourt que les sentiers situés tout près de sa maison, soit habituellement le réseau de sentiers entretenu par sa municipalité. Ce type de skieur est celui qui regroupe le plus grand nombre d'adeptes. Le banlieusard qui pratique le ski de fond de façon régulière peut aisément devenir un enthousiaste.

• **L'aventurier**, ou l'adepte de la randonnée nordique, est un skieur qui privilégie les longues randonnées à skis s'étalant sur plusieurs jours. Il fait partie d'un assez petit groupe d'adeptes, mais il se déplace volontiers un peu partout au Québec, au Canada et aux États-Unis afin de parcourir les plus belles des régions sauvages. Comme l'équipement se doit d'être à

sa hauteur (solidité, performance, confort, isolation, légèreté, etc.), il est un assidu des boutiques spécialisées.

Skier n'est pas marcher!

Au début des années 1970, au moment où l'on nous promettait la société des loisirs et où chaque famille s'équipait pour le ski de fond, on disait aux gens: *Si vous savez marcher, vous savez skier.* Quel bel argument de vente! Eh bien non! Si vous désirez marcher sur la neige, il est préférable de vous procurer une paire de raquettes. Les skis sont faits pour glisser sur la neige. Et glisser avec des semelles de 2 m, cela peut devenir drôlement efficace et rapide.

Le skieur soucieux d'améliorer sa technique de ski de fond suivra quelques leçons avec un moniteur qualifié ou un ami expérimenté, et effectuera ainsi des randonnées agréables et enrichissantes. Informez-vous auprès des boutiques spécialisées ou à **Ski de fond Québec** (voir p 26).

Avant de partir, toujours s'échauffer

Une fois les skis bien fartés ou les raquettes attachées, on sera souvent pressé de partir afin de ne plus avoir froid. Mais avant de s'élancer ainsi, les muscles étant froids et raides, il faut **absolument** prendre une dizaine de minutes afin de mettre en marche son organisme et d'éviter bon nombre de blessures et de courbatures. C'est ce qu'on appelle l'échauffement. Il est préférable de s'échauffer à l'extérieur, skis ou raquettes aux pieds. Quelques exercices d'étirement feront l'affaire.

Des flexions du cou, des petites et grandes rotations des bras, des rotations des poignets et des flexions du tronc seront effectuées lentement. Pour le bas du corps, on effectuera de grands écarts avant et latéraux, en maintenant la position pendant 15 secondes puis en relâchant doucement. Après ces exercices, on peut effectuer quelques sauts sur place, feindre de monter des escaliers, faire du ski «sur place» avec de petits glissements rapides. Il fait déjà moins froid, nos muscles sont assouplis, et l'on est alors prêt à partir doucement sur le sentier désiré.

À la fin de la randonnée, quelques exercices d'étirement et de souplesse permettront de réduire les douleurs et les raideurs musculaires éventuelles.

Gestes techniques du ski de fond

Voici un bref aperçu des différents gestes techniques utilisés lors de la pratique du ski de fond. Au niveau du style classique, nous verrons le pas alternatif, la double poussée, les montées et les descentes. Au niveau du style libre, nous verrons les différentes variantes du pas de patin.

Oups! se relever

Dans la plupart des cours
d'initiation, on enseigne d'abord
la façon efficace de se relever, car
qui n'a pas chuté au moins une
fois dans sa vie! La première
manœuvre à effectuer est de se
mettre sur le dos (si ce n'est déjà
fait), de ramener ses skis parallèlement et de rapprocher les
genoux près du corps. Si l'on est
dans une pente, il faut toujours
mettre les skis vers le bas de la
pente, en travers de celle-ci, puis
se mettre à genoux et se relever
doucement en poussant avec ses
mains sur la neige. En neige
profonde, il faut enlever ses
bâtons et se servir de ceux-ci
pour se relever. Il ne faut jamais
tenter de se relever si les skis
sont croisés ou si l'on est sur le
ventre.

Le pas alternatif

Le pas alternatif est le pas le plus
utilisé par les skieurs. Il s'agit tout
simplement de glisser sur un ski
puis sur l'autre. Afin de mieux
maîtriser ce geste, pratiquez-vous
sans bâtons et essayez de glisser
le plus longtemps possible sur

chaque ski avant d'alterner. Puis,
avec les bâtons, il faut coordonner ses gestes afin d'en arriver à
coordonner la jambe droite avec
le bras gauche, puis la jambe
gauche avec le bras droit. Pensez
à fléchir le tronc vers l'avant.

Le pas alternatif sert également
lors des montées peu abruptes. Il
faut alors exécuter des poussées
rapides et courtes, et espérer
que le fart a été bien choisi.

La double poussée

La double poussée des bâtons
sert à garder sa vitesse constante
sans avoir à se servir des jambes.
Dans de légères descentes ou sur
le plat, lorsque les conditions de
glisse sont excellentes, la double
poussée est très agréable à
exécuter. Le secret réside dans le
fléchissement prononcé du tronc
vers l'avant et dans la poussée
dynamique des bâtons vers
l'arrière. Il est également possible
d'effectuer un pas alternatif à
chaque double poussée, permettant ainsi une vitesse plus grande.
Ce «un pas, double poussée»
peut être effectué avec la même
jambe ou en alternant d'une
jambe à l'autre.

Les montées

Les montées sont souvent le cauchemar des débutants. Pourtant, avec un peu de pratique, elles deviennent beaucoup moins redoutables.

Le skieur débutant ou même le plus expérimenté, lorsque le sentier est vraiment trop incliné, utilisera la montée en «escalier». Il s'agit de se placer en travers de la pente et de monter celle-ci comme si l'on avait à monter un escalier avec ses skis. On prendra soin de monter un ski à la fois tout en restant bien perpendiculaire à la pente afin de ne pas glisser. Cette technique a l'inconvénient de prendre beaucoup de temps, et, de plus, il faut que le sentier soit assez large.

La montée en «ciseaux» est plus efficace et plus rapide, mais exige une meilleure technique. Cette montée, également appelée en «canard», s'effectue face à la pente, les skis en V tels des ciseaux ouverts. Plus la pente est forte et plus le V doit être accentué. Les skis ne sont pas à plat sur la neige, ils prennent appui sur les carres internes. Il faut toujours piquer les bâtons derrière les pieds, jamais devant soi.

Descentes et virages

La descente peut s'avérer dangereuse, pour soi-même ou les autres, si l'on n'arrive pas à contrôler sa vitesse.

Outre la descente directe, sur pente faible, où le tronc et les genoux sont légèrement fléchis, il faut apprendre à freiner en «chasse-neige». Cette méthode de freinage répandue est très efficace et facile à maîtriser. Il s'agit de former un V avec les skis, de façon à ce que les spatules des skis (avant) soient rapprochées. Le skieur pousse sur ses skis pour que les carres internes mordent dans la neige. On peut ainsi ralentir la descente ou même s'arrêter complètement. Dans les descentes extrêmes, on peut se servir des bâtons comme freins additionnels. On peut placer les deux bâtons ensemble, d'un côté du corps, et appuyer dessus pour qu'ils pénètrent la neige. On peut également mettre les bâtons entre ses jambes et s'asseoir dessus, très légèrement, afin d'appliquer une pression.

Le virage en position «chasse-neige» est le plus utilisé, et ce, pour les descentes de toute difficulté. L'important est de débuter la descente lentement en appliquant une forte pression sur les carres internes des skis de manière à rester en parfait contrôle tout au long du virage.

D'autres techniques de freinage et de virage contrôlés peuvent être enseignés par des moniteurs compétents.

Le pas de patin

Le pas de patin, appelé également le «pas de patineur», est apparu en 1984. C'est un Finlandais, Pauli Siitonen, qui introduisit cette nouvelle technique où la poussée se fait de façon latérale (comme le patin à glace) au lieu de la traditionnelle poussée dirigée vers l'arrière. Une nouvelle technique, voire une mode, venait de naître où le fartage était simplifié. L'inconvénient de cette technique est qu'elle se pratique sur des sentiers non tracés mais entretenus à cet effet. Encore aujourd'hui, seuls quelques gros centres de ski offrent un vaste choix de sentiers pour le pas de patin, les autres se contentant souvent d'offrir un seul petit sentier.

Bien qu'il soit possible de faire du pas de patin avec un équipement classique, il est préférable d'avoir un équipement adapté à cette technique.

Les gestes du pas de patin étant assez techniques, il est recommandé de prendre une ou quelques leçons avec un spécialiste afin de corriger ses défauts et de devenir plus performant. Au début, la technique du pas de patin exige beaucoup d'efforts et de sueur, mais une fois maîtrisée, elle n'est pas plus exigeante que le style classique. Pour bien maîtriser le pas de patin libre, il est avantageux de pratiquer sans bâtons, en se concentrant davantage sur le transfert du poids du corps d'un ski à l'autre.

Il existe plusieurs variantes du pas de patin, tels le demi-pas de patin, le deux pas de patin, le pas de patin alternatif, la montée en pas de patin, etc. En descente, il est très utile de savoir effectuer un virage en pas de patin, même lorsqu'on fait du classique, car on obtient ainsi un meilleur contrôle.

Le virage télémark

Le virage télémark, du nom d'une région de Norvège (Telemark), est très utile dans certaines descentes. Plus qu'un simple virage, le télémark est devenu une discipline à part entière, pratiquée régulièrement sur les pentes de ski alpin. Le télémark sauvage, associé ou non à la longue randonnée à skis, fait de plus en plus d'amateurs au Québec. Des régions comme Val-David, Charlevoix, les monts Groulx et les Chic-Chocs se prêtent bien au télémark sauvage.

La technique, simplifiée, du virage télémark consiste à avancer le ski extérieur au virage jusqu'à la spatule de l'autre ski. La jambe intérieure effectue une flexion du genou afin d'abaisser le centre de gravité du skieur. On alterne ainsi d'un ski à l'autre de façon lente ou rapide selon le type de virage désiré. L'équipement type comporte des bottes rigides et des skis munis de carres en métal. Par contre, il est assez aisé de pratiquer le virage télémark avec un équipement classique. Il s'agit de débuter sur une pente douce et d'observer la technique de ceux qui maîtrisent bien cette méthode de virage.

Ceux et celles qui désirent s'initier au télémark, sans avoir à acheter tout l'équipement nécessaire, peuvent suivre un cours d'initiation dans plusieurs stations de ski alpin ou par l'entremise d'une boutique spécialisée.

Plusieurs de ces boutiques proposent des cours en soirée et font la location de l'équipement. Pour de plus amples renseignements concernant le télémark, contactez:

Télémark Québec
☎(514) 252-3089
www.telemarkquebec.qc.ca

La raquette

D'une facilité déconcertante, la pratique de la raquette ne demande aucune habileté spécifique. Avec la nouvelle génération des raquettes légères et étroites, vous n'aurez qu'à adopter votre rythme de marche habituelle. L'utilisation d'une paire de bâtons est grandement recommandée, car ils servent entre autres à maintenir l'équilibre.

Grâce aux crampons situés sous l'avant et l'arrière du pied, vous bénéficierez d'une stabilité étonnante. Lors des montées, il faut donc appuyer davantage sur l'avant du pied afin de bien faire mordre les crampons. Si la montée est très abrupte, ou encore passablement glacée, il faut parfois effectuer des «piqués» de l'avant du pied afin que les crampons pénètrent convenablement.

Lors des descentes, il faut, en plus, faire travailler les crampons placés sous l'arrière du pied, près des talons. En appliquant plus de poids sur les talons, on gardera ainsi une bonne stabilité. Si la descente est assez abrupte pour que le sentier propose presque une glissade contrôlée, il faut fléchir légèrement les genoux et parfois décaler les raquettes afin de maintenir l'équilibre. Là encore, les bâtons seront très appréciés.

Transporter une charge

En plus d'effectuer des montées et des descentes, le randonneur doit transporter une charge dans son sac à dos. Il y a une différence entre skier (ou faire de la raquette) avec un sac à dos d'un

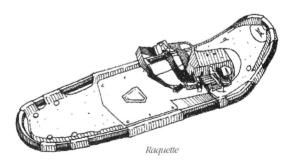
Raquette

jour et un sac à dos de plusieurs jours (longue randonnée) dans lequel on transporte tout son matériel. Un tel sac peut en effet peser jusqu'à 25 kg. Par contre, le poids d'un sac à dos d'un jour peut parfois atteindre 7 kg, ce qui a tout de même un impact sur la dépense énergétique.

Même le poids des bottes et des skis fait dépenser plus d'énergie, car il en faut beaucoup plus pour transporter une charge fixée aux pieds qu'une autre ajustée au tronc.

Rythme

Le randonneur expérimenté connaît sa cadence. Il sait qu'il ne faut pas démarrer à toute vitesse dans un sentier. Il cherche à trouver une vitesse de croisière grâce à laquelle il se sentira bien tout en ressentant un certain effort. Le randonneur expérimenté ne s'arrêtera pas au moindre petit signe de fatigue, car il sait que son organisme est en train de s'ajuster à l'effort qui lui est demandé.

L'essoufflement vient du déséquilibre entre la quantité d'air inspirée (oxygène) et celle expirée (gaz carbonique). Il survient lors d'un effort soutenu, les poumons ayant peine à absorber toute la quantité d'air nécessaire à la demande d'oxygène. Le randonneur augmente alors son rythme d'inspiration mais non celui de l'expiration, conservant ainsi plus d'air vicié dans les poumons. Lors d'une montée abrupte par exemple, le randonneur devrait donc se concentrer davantage sur son expiration. L'essoufflement démontre, en général, le manque d'entraînement à l'effort ou un

rythme trop élevé pour les capacités physiques du moment. Pour contrer ce petit désagrément, le randonneur a tout intérêt à ralentir son rythme, quitte à l'augmenter au fil de la randonnée.

Par temps très froid, il faut adopter un rythme de départ plus lent et augmenter la cadence petit à petit. De plus, si l'on néglige la période d'échauffement sous prétexte qu'il fait trop froid, on s'exposera davantage à des risques de blessure.

En ce qui a trait aux moments de repos, chaque randonneur a sa petite routine. Mais la plupart des experts conseillent un repos de 5 à 10 min après chaque heure de ski ou de raquette. Chose certaine, il n'est pas très bon de s'arrêter tous les quarts d'heure, car l'organisme n'a pas le temps de s'adapter à l'effort.

Entraînement

Il est plaisant d'arriver au sommet d'une montagne sans être trop fatigué ou essoufflé; on profite alors davantage du moment de repos qui s'offre à nous. On mange avec appétit, on se détend, et le retour s'entrevoit avec optimisme.

Pour bien apprécier une randonnée à skis ou en raquettes, ou pour tenter une excursion très difficile, une bonne forme est importante. Mais il n'est point besoin de s'entraîner trois heures par jour, de lever des haltères et de suivre un régime alimentaire spécifique. Plusieurs petits trucs suffisent en effet à accroître l'endurance.

D'abord, il y a le ski lui-même. Plusieurs centres étant éclairés, il est désormais possible de skier le soir. En milieu urbain, beaucoup de centres de ski de fond offrent du ski de soirée et des randonnées au clair de lune. Avec une lampe frontale, la randonnée en soirée s'avère des plus agréables. Il suffit de choisir des sentiers pas trop accidentés pour éviter les mauvaises surprises. Une ou deux randonnées en semaine, en plus de celles effectuées les fins de semaine, entraînent vraiment des améliorations physiques rapides. Au fil des semaines, on accélérera progressivement la cadence, ou encore on transportera un sac à dos chargé (de livres, par exemple).

Des activités comme le vélo, le jogging ou la marche constituent également de bons entraînements pour le ski de fond, car tout comme le ski, ce sont des activités qui font appel à la puissance aérobie de l'organisme. Une bonne façon de rendre les entraînements plus efficaces est de varier leur durée, leur fréquence et leur intensité. Par exemple, effectuer de courtes randonnées, mais à un rythme beaucoup plus élevé, procure de très bons résultats.

Il est également recommandé de modifier certaines de ses habitudes en vue d'améliorer sa condition physique: si possible, se rendre au travail à pied ou à vélo; faire son épicerie à pied et, si les sacs sont trop lourds, pourquoi ne pas prendre son sac à dos; prendre l'escalier au lieu de l'ascenseur; au bureau, aller marcher quelques minutes après le déjeuner; regarder la télévision… en faisant du vélod'appartement. Tous les moyens sont bons!

La fréquence cardiaque

Au repos, le cœur bat à un rythme moyen de 70 fois par minute. Chez une personne sédentaire, cette fréquence peut augmenter à 90 fois par minute, alors que, chez les personnes en grande forme, cette fréquence peut descendre à 40 fois par minute.

Afin de prendre la fréquence cardiaque, il suffit de presser doucement, avec l'index et le majeur, le cou (artère carotide), la tempe (artère temporale) ou le poignet (artère radiale). Ensuite, il faut compter le nombre de battements pendant 15 secondes et le multiplier par quatre.

Le principe à retenir est que le cœur a une fréquence cardiaque maximale (FCmax) et que l'entraînement aérobique, pour connaître des améliorations, doit se situer entre 70% et 90% de cette FCmax. En bas de 70%, l'amélioration est très faible, alors qu'en haut de 90% l'effort imposé au cœur est très grand.

Pour connaître sa fréquence cardiaque maximale (FCmax), il suffit de soustraire son âge au chiffre 220. Par exemple, pour une personne de 35 ans: 220 − 35 = 185 (FCmax).

Comme il est recommandé de s'entraîner à une fréquence située entre 70% et 90% de son FCmax, il suffit de faire les calculs suivants afin de déterminer cette zone cible: 70% X 185 (FCmax) = 130 battements par minute, et 90% X 185 (FCmax) = 167 battements par minute. Donc, un entraînement où la fréquence cardiaque se situe entre 130 et 167 battements par minute (pour une personne de 35 ans) apporterait une nette amélioration de la condition physique.

Alimentation

Lorsqu'il est question d'alimentation, un rappel des notions essentielles permet de réaliser combien il est important de manger de façon équilibrée. La qualité de l'alimentation quotidienne est essentielle à une bonne condition physique. En randonnée, l'alimentation est le premier facteur qu'il faut prendre en considération. Partir en randonnée sans nourriture représente une erreur grave qui peut gâcher une journée et, à l'extrême, mettre le randonneur en danger.

La randonnée (à skis ou en raquettes) favorise une bonne digestion et aide à soulager la constipation. Le fait de skier ou de marcher crée des vibrations dans le corps qui agissent notamment au niveau des intestins, du foie et du pancréas, favorisant par le fait même leur bon fonctionnement.

Les besoins quantitatifs

Les besoins énergétiques varient selon l'âge, le sexe et le genre d'activité pratiqué. Une personne dans la vingtaine consomme environ 2 200 calories par jour durant ses activités quotidiennes. En montagne, lors d'une longue randonnée, sa consommation peut atteindre 5 000 calories. Il est donc important de compenser cette perte d'énergie en mangeant plus. Mais attention, pas n'importe quoi.

Une alimentation saine regroupe les quatre grandes catégories d'aliments suivantes (entre parenthèses est indiqué le nombre de portions quotidiennes suggérées):

- lait et produits laitiers (2 à 4 portions);

- pain et céréales (5 à 12 portions);

- viandes et substituts (2 à 3 portions);

- fruits et légumes (5 à 10 portions).

Les glucides

Les glucides s'avèrent tout indiqués pour l'effort. On en distingue deux sortes: les glucides simples et les glucides complexes. On retrouve les premiers dans les produits sucrés (confitures, chocolat, bonbons, etc.). Comme ils se digèrent très rapidement (en moins d'une heure), ils ne devraient pas dépasser 10% de la ration glucidique quotidienne. Les glucides complexes se retrouvent dans le pain, les pâtes, le riz et les semoules. Ils se digèrent lentement (en plus d'une heure). Ce sont ces glucides qu'il est important de manger. Ils doivent constituer environ 55% des calories quotidiennes.

Les lipides

Les lipides sont des graisses d'origine animale ou végétale. Les graisses d'origine animale doivent constituer le tiers de l'apport lipidique; les graisses végétales, les deux tiers. En tout, les lipides doivent composer moins de 30% de la valeur calorifique quotidienne. On retrouve les lipides d'origine animale dans les viandes, le beurre, le lait entier, les fromages et les charcuteries, tandis que les lipides d'origine végétale sont présents dans les huiles, la margarine, les noix et les graines. Les lipides jouent un rôle énergétique de protection des organes vitaux, d'isolation thermique et de transport de vitamines.

Les protides

Les protides participent à la construction et à la réparation des tissus de l'organisme. Exceptionnellement, ils fourniront une quantité d'énergie en cas de jeûne ou d'insuffisance de nourriture. Il existe également des protides d'origine animale ou végétale. Les protides d'origine animale se retrouvent dans les viandes, volailles, poissons, œufs et produits laitiers, alors que les protides d'origine végétale se retrouvent dans les céréales, légumineuses, noix, etc.

Les minéraux et les vitamines

Si votre alimentation est bien équilibrée et variée, vos besoins en vitamines et en minéraux devraient être couverts. Le surplus des vitamines B et C n'est pas emmagasiné dans l'organisme, il est tout simplement évacué avec l'urine.

L'eau

Surtout en skis de fond, mais aussi en raquettes, on se déshydrate assez rapidement sans s'en rendre compte. Boire régulièrement sans attendre d'avoir soif est une bonne habitude à adopter. Il est important de boire

avant, pendant et après l'effort afin d'aider son organisme à récupérer plus rapidement. Chaque skieur devrait avoir sa propre bouteille d'eau. L'eau, qui compose de 60% à 70% de la masse corporelle, sert à régulariser la température interne du corps, à transporter les minéraux et les vitamines, ainsi qu'à éliminer les déchets.

Les besoins en eau du corps varient de façon importante selon les individus. En moyenne, ils sont de l'ordre de 2,5 litres par jour. Comme l'eau contenue dans les aliments représente environ 1 litre par jour, il est nécessaire d'absorber environ 1,5 litre de liquide (eau, jus, etc.) par jour. Lors d'un effort physique, la quantité d'eau perdue (sueur) s'élève à environ un litre par heure.

Afin que l'eau ne gèle pas, on peut mettre la bouteille dans un bas de laine et la placer dans le sac à dos, près du corps. Il est également possible d'isoler la bouteille avec un morceau de tapis de sol et du ruban adhésif. Plusieurs skieurs apportent du thé chaud légèrement sucré. Il existe également des ceintures pourvues d'un ou deux sacs isolants pour y placer des bouteilles.

Quelques notions importantes

- La nourriture doit se préparer facilement et rapidement (ex.: riz minute, gruau précuit).

- Les fruits et les légumes gèlent facilement en hiver.

- Le poids et le volume doivent être réduits le plus possible (enlever les cartons et les emballages superflus, couper les légumes à l'avance, etc.).

● Chaque repas devrait être emballé individuellement et bien identifié.

● Un repas commencé avec une soupe chaude a l'avantage de redonner rapidement à son système l'eau et le sel perdus durant la journée.

● Le repas du soir est extrêmement important, car c'est de lui que dépendent la nuit et la journée du lendemain.

Courte randonnée

Pour une randonnée d'une journée, vous devez surtout vous préoccuper de l'apport glucidique. Vous avez besoin d'énergie maintenant, et les glucides complexes vous la fourniront. Le petit déjeuner devra être complet et équilibré. Au lieu de s'arrêter et de tout manger à midi, il est préférable de prendre plusieurs petites pauses et de manger quelque peu à chaque fois. De là vient l'expression «apporter des vivres de courses». Le «GORP» est un mélange de noix et de fruits séchés très énergisant que l'on grignote à tout moment de la journée. Boire régulièrement aidera à produire un effort plus efficace.

Suggestions

● Sandwichs au beurre d'arachide;

Quelques règles de sécurité usuelles

- Partir tôt (mieux vaut revenir à 14h qu'à 21h);
- écrire son itinéraire à un proche (conjoint, parent, ami);
- en groupe, toujours attendre les autres aux intersections;
- en groupe, calculer régulièrement le nombre de personnes;
- suivre le rythme du plus lent;
- demeurer dans les sentiers;
- ne pas sous-estimer une randonnée ou surestimer sa condition physique;
- planifier à l'avance ses randonnées (à la maison);
- tout au long du sentier, vérifier sa position sur la carte;
- toujours avoir un rechange de vêtements, un peu de nourriture et suffisamment d'eau;
- emporter un sifflet puissant (en cas d'urgence);
- toujours avoir la carte des sentiers de l'endroit ainsi qu'une boussole (et savoir s'en servir!).

- viandes séchées ou fumées (jambon, salami, etc.);

- pâtés ou végépâté;

- morceaux de légumes crus (poivron, carotte, chou-fleur, etc.);

- fruits frais (les bananes sont peu résistantes dans un sac à dos);

- fromage à pâte ferme;

- pains ou barres aux fruits, bananes, noix, etc.;

- mélange de noix et fruits secs;

- eau ou jus non sucré.

Température corporelle

La température corporelle normale est de 37°C. Pendant une randonnée, le skieur ou le raquetteur aidera son organisme à garder cette température constante en mettant ou en enlevant des vêtements, en buvant régulièrement et en accélérant ou en ralentissant son rythme. S'il ne fait pas attention à sa température corporelle, il risque de voir surgir de graves problèmes (hypothermie, par exemple).

Premiers soins

Les blessures

En skis de fond ou en raquettes (courte et longue randonnée), il faut toujours agir de façon autonome: en plus de transporter sa propre nourriture et ses vête-

ments, il faut être capable de faire face à un pépin imprévu, comme un accident nécessitant des soins immédiats. La trousse de premiers soins est donc un outil indispensable pour rendre la randonnée sécuritaire. Elle doit être simple et compatible avec les accidents qui sont les plus susceptibles de survenir. On doit aussi être en mesure de traiter certaines blessures légères. En randonnée, les ampoules et les entorses sont les blessures les plus fréquentes.

Les ampoules

Les ampoules apparaissent surtout lorsque l'on porte de nouvelles chaussures, ou lorsque celles-ci sont trop grandes. Elles se forment surtout à l'avant du pied ou au talon. Elles sont causées par un frottement répétitif qui provoque une accumulation de liquide organique. Le randonneur sachant qu'il développe toujours une ampoule au même endroit devrait prendre la précaution d'appliquer un morceau de moleskine (vendue en pharmacie) avant que l'ampoule ne se forme, c'est-à-dire à la maison, juste avant de partir pour la randonnée.

Lors de la randonnée, si l'ampoule s'est déjà formée, on doit en extraire le liquide en la perforant (avec une aiguille désinfectée). L'ampoule séchera plus rapidement et guérira plus vite. Il est important de désinfecter l'ampoule et de l'entourer de moleskine ou, encore mieux, de «Compeed», afin de soulager la douleur et d'éviter que le frottement persiste.

Les pansements «Compeed» (vendus en pharmacie et dans

certaines boutiques de plein air) sont d'une efficacité remarquable. Ils protègent, aident à la guérison, tiennent merveilleusement en place (même après plusieurs jours) et permettent réellement de poursuivre sa randonnée sans souffrance.

L'entorse

L'entorse de la cheville se produit lorsque l'on étire les ligaments latéraux internes ou externes. On compte trois degrés de gravité d'entorse:

- L'entorse bénigne est la plus fréquente. Le pied est tordu brutalement, mais il n'y a aucun craquement ni inflammation immédiate. On peut continuer à skier (ou à marcher) sur son pied pour se rendre au point d'arrêt le plus près, en mettant un bandage de contention qui aidera à maintenir la cheville. La douleur sera tout de même aiguë. Appliquez de la glace aussitôt le point d'arrivée atteint. Si cela est fait immédiatement, la guérison sera plus rapide. L'entorse bénigne ne nécessite aucun plâtre. Plus vite on recommence à marcher, plus vite elle se résorbe.

- Dans le cas d'une entorse de gravité moyenne, le ligament est étiré et partiellement déchiré. On la reconnaît par son craquement suivi d'un gonflement qui survient dans la demi-heure. Le blessé est immédiatement impotent, et la douleur est grande. Mettez rapidement de la glace ou de la neige, et supportez le blessé jusqu'au point d'arrivée. Il faut éviter tout appui sur la cheville blessée pendant 48 heures.

Au cours du troisième jour, on peut recommencer à marcher avec un bandage de contention.

- Une entorse grave est celle où le ligament est complètement déchiré. La douleur est très grande et l'inflammation instantanée. Le blessé est totalement impotent. Le pied devient entièrement bleu immédiatement après la blessure. Pour ramener le blessé, immobilisez la cheville et soutenez le blessé jusqu'à l'arrivée. Un plâtre sera nécessaire, et la guérison peut prendre plusieurs semaines.

Les points de côté

Il arrive, lors d'une randonnée, qu'on ressente tout à coup une douleur dans la région de l'abdomen. C'est ce qu'on appelle le «point de côté.» Si la douleur se situe du côté gauche, c'est que la rate se contracte. Si la douleur se situe du côté droit, il s'agit probablement d'une crampe diaphragmatique causée généralement par une mauvaise respiration. Ralentir le rythme, respirer et surtout expirer profondément permettent d'éliminer cette douleur. À noter que les points de côté surviennent généralement après les repas.

Les engelures

L'engelure est une lésion causée par le froid. Elle peut provoquer une enflure douloureuse, rouge violacée, accompagnée d'ampoules ou de crevasses. La gelure est une lésion très grave de la peau causée par le froid et peut même mener à l'amputation. Une personne souffrant de

SIGNES ET SYMPTÔMES
DE L'HYPOTHERMIE

37°

N.B. Les signes et symptômes peuvent varier d'une personne à l'autre; ils ne sont donc pas des indicateurs fiables de la température interne du corps. Seulement l'utilisation d'un thermomètre rectal à basse température permet d'établir précisément la température interne du corps; l'utilisation d'un thermomètre buccal n'est pas souhaitable, car la bouche se refroidit très rapidement. Plus la température du corps diminue, plus les symptômes augmentent en intensité.

36°

Signes avant-coureurs d'hypothermie
(température interne, 36°C)
- La personne s'active afin de se réchauffer.
- La peau pâlit, s'engourdit et devient cireuse.
- Les muscles deviennent contractés, mais l'activité peut compenser le grelottement.
- La fatigue et des signes de faiblesse apparaissent.

35°

Signes d'hypothermie légère
(température interne, 34°C - 35°C)
- Un frisson intense et incontrôlable apparaît.
- Les mouvements de la victime deviennent de moins en moins coordonnés.
- La victime demeure consciente et peut s'aider.
- Le froid cause à la victime de la douleur et de l'inconfort.

33°

Signes d'hypothermie moyenne
(température interne, 32°C - 33°C)
- Les grelottements diminuent, et les muscles se raidissent.
- Les facultés mentales deviennent confuses, et l'apathie s'installe.
- La somnolence et un comportement bizarre peuvent apparaître.
- Le langage devient lent, vague et mal articulé.
- La respiration devient plus lente et plus superficielle.

31°

Signes d'hypothermie grave
(température interne, 29°C - 31°C)
- Les grelottements diminuent ou s'arrêtent.
- La faiblesse et l'absence de coordination sont marquées; la victime semble épuisée.
- La victime devient très maladroite; l'articulation est déficiente; elle semble ivre, ne veut pas admettre qu'il y a un problème et peut même refuser toute assistance. La victime perd graduellement conscience.

29°

Stade critique de l'hypothermie
(température interne au-dessous de 29°C)
- La victime est inconsciente, donne l'impression d'être morte.
- La respiration est très légère ou non apparente.
- La peau est froide et peut devenir d'une teinte gris-bleu.
- Les pupilles peuvent être dilatées.
- Le corps de la victime est rigide.

Selon la brochure *Survivre à l'hypothermie* de la
Société canadienne de la Croix-Rouge, Division du Québec.

TRAITEMENT DE L'HYPOTHERMIE

Si vous n'avez pas réussi à prévenir l'hypothermie même en étant bien préparé ou que vous trouviez une personne qui en est victime, la règle à suivre est de la traiter le plus tôt possible. Plus la température interne du corps diminue, plus il est difficile de réchauffer la victime.

Premières étapes

- Protégez la victime contre le froid, le vent et la pluie.
- Trouvez ou construisez un abri sec; cherchez à maintenir la chaleur.
- Évitez d'autres dangers, même si cela signifie d'établir votre camp et de jeter l'ancre bien avant d'avoir atteint la destination prévue.
- Allumez un feu rapidement ou votre cuisinière.
- Donnez à la victime des boissons chaudes; **évitez l'alcool.**
- Assurez-vous que personne dans votre groupe ne présente de symptômes d'hypothermie.

Malaise léger

- Remplacez les vêtements mouillés par des vêtements secs.
- Donnez à la victime un breuvage chaud et sucré, et quelques aliments à haute teneur énergétique.
- Couvrez la victime de couvertures ou d'un sac de couchage; isolez-la bien du froid tout en lui cachant bien la tête et le cou. Évitez une plus grande déperdition de chaleur, et faites en sorte que le corps puisse se réchauffer de lui-même.
- Des exercices légers peuvent faciliter le réchauffement, mais ils épuisent rapidement les réserves d'énergie.

Aggravation de l'état

- Appliquez à la tête, au cou, à la poitrine et à l'aine de la victime des serviettes chaudes et humides ou des bouillottes. **La chaleur doit être modérée** (confortable aux coudes).
- Prévoyez garder la victime au chaud pendant plusieurs heures.
- Si la victime est **consciente**, qu'elle commence à se réchauffer et est **capable d'avaler**, offrez-lui **quelques gorgées** d'un breuvage chaud et sucré.
- La victime doit être examinée par un médecin.

État grave

- Obtenez des secours médicaux dès que possible.
- Placez la victime dans un sac de couchage déjà chaud, avec une autre personne, ou, mieux encore, installez-la entre deux personnes. Le contact de la peau, surtout dans les régions du thorax et du cou, est très efficace.
- Essayez de garder la victime éveillée. Expirez de l'air chaud près de sa bouche et de son nez. Faites de la vapeur chaude dans la pièce.
- Ignorez les allégations de la victime telles que *«Laissez-moi, je vais bien»*. La victime a de sérieux problèmes. Maintenez votre surveillance de façon constante.
- Appliquez une chaleur modérée à la tête, au cou, au thorax et à l'aine; arrêtez la chute de la température tout en prévenant une élévation trop rapide de celle-ci.

État critique

- L'aide médicale est primordiale; l'hospitalisation, obligatoire.
- La victime ayant perdu conscience, les traitements doivent être prodigués avec soin. Des manipulations brutales peuvent causer un arrêt cardiaque.
- Croyez toujours que la victime peut être réanimée; il ne faut jamais abandonner.
- S'il y a une respiration et un pouls, **si faibles ou lents soient-ils, ne pratiquez pas la réanimation cardio-pulmonaire,** mais surveillez attentivement le moindre changement des signes vitaux.
- Cherchez à maintenir une température stable avec des sources de chaleur externes (chaleur modérée).
- S'il n'y a plus de respiration et de pouls pendant une ou deux minutes, pratiquez la réanimation cardio-pulmonaire (par une personne expérimentée seulement).

gelures graves ne devrait pas tenter de dégeler les tissus s'il y a risque de regel, ce qui serait encore plus dommageable. Mieux vaut se rendre à l'hôpital le plus rapidement possible.

Les parties du corps les plus susceptibles de souffrir d'engelures sont les mains, les pieds, les oreilles et le visage. Il est conseillé de ne pas frotter la partie atteinte, mais d'appliquer de la chaleur (l'idéal étant la chaleur humaine). Pour les mains et les pieds, il est préférable, afin d'activer la circulation sanguine, d'augmenter le rythme de ski jusqu'au résultat désiré. Pour les oreilles et le visage, il est conseillé de se couvrir avec un bonnet de laine, des cache-oreilles ou une écharpe.

L'hypothermie

L'hypothermie commence lorsque la température interne du corps tombe au-dessous de 36°C, alors que la production de chaleur de l'organisme ne suffit plus à couvrir les pertes calorifiques. Le frissonnement est le premier signe d'un refroidissement. Cela devrait vous inciter à vous habiller plus chaudement et surtout à manger afin d'équilibrer les pertes calorifiques.

L'hypothermie est logiquement reliée aux conditions climatiques froides. L'hiver, le début du printemps et la fin de l'automne offrent régulièrement des conditions propices à l'hypothermie. On croit souvent que le froid est un facteur négligeable lors de randonnées au mois de juillet. Pourtant, en montagne, la pluie et le vent contribuent à faire baisser considérablement la température. Imaginez-vous au-dessus de la limite supérieure des arbres, sous une pluie abondante, avec un vent de 50 km/h, sans imperméable et fatigué! Dans ces conditions, votre corps se refroidira rapidement, et vous risquez de souffrir d'hypothermie.

Il est donc très important de prévenir l'hypothermie en ayant toujours un parka et des vêtements chauds, même si la température semble sans risque. Apportez également de la nourriture et suffisamment d'eau.

L'orientation

Le randonneur suit en général un sentier balisé. Il ne se promène pas à travers la forêt en s'orientant au moyen d'une boussole. L'orientation, dans le cadre d'une randonnée à skis ou en raquettes, se limite surtout à la compréhension des renseignements indiqués sur une carte des sentiers. Le randonneur ne se servira que très rarement de la boussole, soit pour identifier des sommets au loin, soit pour s'orienter par mauvais temps ou en cas de doute.

La boussole

Afin de **trouver la direction nord** ou de faire face à celle-ci à l'aide d'une boussole, il faut effectuer les opérations suivantes:

1. Tournez le cadran de la boussole afin que le signe du nord (N) soit vis-à-vis de la ligne de direction.

2. Placez la boussole bien à plat dans la paume de votre main, de manière à ce que la flèche de direction pointe devant vous.

3. Pivotez sur vous-même jusqu'à ce que l'aiguille magnétique (qui indique le nord) se superpose à la flèche d'orientation. L'aiguille magnétique (habituellement rouge) devrait donc pointer le *N* du cadran.

4. Vous faites maintenant face au nord (magnétique).

Pour faire face à n'importe quelle direction (par exemple le sud-ouest ou 225°), il suffit de tour-

ner le cadran de la boussole afin que le signe ou le degré soit vis-à-vis de la ligne de direction, puis d'effectuer les étapes 2 et 3.

Lors d'une randonnée à skis ou en raquettes, il peut arriver qu'à une intersection il n'y ait aucune indication ou qu'au sommet d'une montagne on veuille placer sa carte de randonnée afin d'identifier les montagnes, vallées ou lacs environnants. **Pour orienter sa carte à l'aide de la boussole**, il faut effectuer les opérations suivantes:

1. Dépliez la carte en vous assurant bien que le nord est situé au haut de celle-ci (indiqué généralement dans la marge du bas ou de côté).

2. Tournez le cadran de la boussole afin que le signe du nord (*N*) soit vis-à-vis de la ligne de direction.

3. Placez votre boussole à plat sur la carte, de manière à ce que la flèche de direction pointe vers le haut (Nord) de la carte.

4. Faites pivoter la carte **et** la boussole (en même temps) jusqu'à ce que l'aiguille magnétique (qui indique le nord) se superpose à la flèche d'orientation. L'aiguille magnétique (habituellement rouge) devrait donc pointer le *N* du cadran.

5. Votre carte est alors placée correctement. (Notez que, pour plus de précision, vous devriez calculer la déclinaison magnétique existante entre le nord magnétique [la boussole] et le nord géographique [la carte]. Cette déclinaison, de

Ski de fond et raquette au Québec

l'ordre d'environ 15° dans le sud du Québec, est généralement indiquée sur les cartes.)

En regardant l'intersection dessinée sur votre carte, vous pourrez ainsi savoir où mène chaque sentier et lequel vous devez emprunter. Au sommet d'une montagne, vous pourrez ainsi facilement identifier ce que vous voyez tout autour (montagnes, lacs, vallées, etc.).

La déclinaison magnétique

La déclinaison magnétique est la différence de degrés qui existe, selon l'endroit où vous êtes situé, entre le nord géographique et le nord magnétique. Le nord géographique est représenté par le pôle Nord. Le nord magnétique, celui vers où pointe l'aiguille de votre boussole, est situé au nord de la baie d'Hudson, soit à environ 2 250 km au sud du pôle Nord.

Le haut des cartes topographiques indique généralement le nord géographique (pôle Nord). Dans la marge, la déclinaison magnétique est donnée afin que l'on puisse en tenir compte et ainsi faire des calculs encore plus précis. Cela est valable, bien sûr, lorsque le skieur décide de sortir des sentiers battus et de suivre la direction (azimut) déterminée.

Un cours d'initiation (cartes et boussole) permet de comprendre les principes de base de l'orientation. Le skieur pourra, par la suite, mieux planifier ses sorties et se sentira plus en sécurité lors de ses déplacements en forêt.

Les sentiers balisés

Le sentier balisé est un sentier marqué de petites plaques, de fanions, de traits de peinture, etc. Ces repères sont placés sur les arbres et sur les pierres. Ils sont appelés «balises».

Sur les sommets dénudés des montagnes, on retrouve souvent un type de balise appelée «cairn». Il s'agit d'un amoncellement de pierres pouvant atteindre jusqu'à 1 m de haut qui indique le sentier à suivre.

Normalement, les balises sont espacées de façon à ce que l'on puisse les repérer facilement. En cas de doute sur un sentier à suivre, il vaut mieux revenir à la dernière balise et bien observer les alentours pour trouver la suivante. Évidemment, dans un sentier entretenu mécaniquement, le randonneur n'a qu'à suivre la trace.

La carte topographique

Une carte topographique est en fait l'image plane, dessinée sur une carte, d'une partie de la terre. Ces dessins proviennent de photographies aériennes. La carte topographique (du grec *topos*, lieu et *graphein*, dessiné) indique également le relief. Non seulement renseigne-t-elle quant à la distance entre deux points, mais aussi quant à la variation d'altitude entre les deux.

Cette donnée est fondamentale en skis de fond ou en raquettes, car la difficulté provient généralement non pas de la distance à parcourir, mais du nombre de mètres à gravir et à descendre (dénivellation).

Le randonneur soucieux de bien planifier ses excursions se procurera donc les différentes cartes des sentiers de ski de fond ou de raquette (topographiques ou non) où il compte se rendre. Au Québec, la plupart des cartes sont distribuées par les centres, les parcs ou les organismes qui gèrent les sentiers.

Pour les protéger de la neige et de l'eau, il faut prévoir un étui transparent en plastique, ou, ce qui est encore mieux, plastifier soi-même ses cartes. Les grands sacs de plastique qui vont au congélateur peuvent aussi faire l'affaire.

Une carte topographique ressemble à un livre ouvert. Elle donne une foule de renseignements à qui veut bien se donner la peine de les identifier. Il est important de bien lire la légende de la carte, généralement située dans la marge. Les détails réfèrent aux signes topographiques conventionnels, c'est-à-dire les couleurs:

noir = œuvres de l'homme;
bleu = eau (ruisseau, rivière, lac);
vert = végétation;
brun = relief (ou accidents du terrain).

Les courbes de niveau sont les lignes dessinées sur la carte (généralement en brun). Elles forment les différentes montagnes. Entre chacune de ces lignes, il y a une différence d'altitude (en pieds ou en mètres), nommée «équidistance».

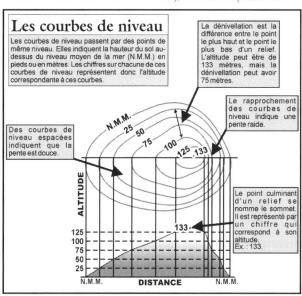

Les courbes de niveau

Les courbes de niveau passent par des points de même niveau. Elles indiquent la hauteur du sol au-dessus du niveau moyen de la mer (N.M.M.) en pieds ou en mètres. Les chiffres sur chacune de ces courbes de niveau représentent donc l'altitude correspondante à ces courbes.

La dénivellation est la différence entre le point le plus haut et le point le plus bas d'un relief. L'altitude peut être de 133 mètres, mais la dénivellation peut avoir 75 mètres.

Le rapprochement des courbes de niveau indique une pente raide.

Des courbes de niveau espacées indiquent que la pente est douce.

Le point culminant d'un relief se nomme le sommet. Il est représenté par un chiffre qui correspond à son altitude. Ex.: 133.

N.M.M.
25
50
75
100
125   133

ALTITUDE

133

125
100
75
50
25

N.M.M.   DISTANCE   N.M.M.

Plus les courbes de niveau (lignes) sont rapprochées les unes des autres, plus la pente est abrupte. Plus les courbes de niveau sont espacées, et plus la pente est douce.

Sur une carte topographique de randonnée, les quatre points cardinaux sont indiqués. Le nord, sauf indication contraire, est au haut de la carte. On trouve également une échelle afin de mesurer les distances. Pour mieux calculer la longueur d'un sentier qui zigzague, il est préférable d'utiliser une ficelle au lieu d'une règle.

L'échelle

L'échelle, c'est le rapport qui existe entre une distance mesurée sur le terrain et celle qui existe sur la carte. Par exemple, une échelle de 1/50 000ᵉ signifie qu'une unité sur la carte (ex.: 1 cm) équivaut à une distance 50 000 fois plus grande sur le terrain (soit 50 000 cm ou 500 m).

Ainsi, une carte à l'échelle de 1/25 000ᵉ ou de 1/10 000ᵉ sera encore plus détaillée et plus précise qu'une carte à l'échelle de 1/250 000ᵉ. Chaque fois que l'on se sert d'une carte, il est bien important de consulter l'échelle

afin de ne pas faire d'erreurs de calcul en ce qui a trait aux nombre de kilomètres que l'on aura à parcourir.

Lecture des cartes de sentiers

La grande majorité des centres de ski de fond du Québec distribuent, gratuitement ou à peu de frais, une carte des sentiers que l'on retrouve sur leur territoire. Malheureusement, dans beaucoup de cas, cette carte est incomplète, imprécise, désuète, incompréhensible, etc.

Les deux éléments essentiels à retrouver sur une carte des sentiers sont les niveaux de difficulté des sentiers et la distance couverte par chaque sentier, boucle ou parcours. Lorsque le skieur doit lui-même additionner quatre, cinq, voire six sentiers formant un parcours, cela n'est pas très agréable et amène souvent des erreurs de planification. De plus, les distances totales sont rarement indiquées sur les cartes. Par distance totale, nous entendons la distance réelle que le skieur aura à parcourir, ce qui représente habituellement l'aller-retour à partir du stationnement ou du chalet d'accueil.

Les cartes de ce guide

Plusieurs cartes présentées dans ce guide se rapportent aux sentiers, mais elles ne sont pas des cartes topographiques et ne servent qu'à situer le randonneur.

Ainsi, selon le dessin de l'exemple 2 (sentier n° 4), la distance réelle qu'aura à effectuer le skieur est de 16 km, car, bien sûr, une fois rendu au sommet de la montagne, le skieur devra revenir au point de départ, c'est-à-dire le stationnement. Or, nulle part sur la carte, il n'est indiqué que le skieur doit faire ce calcul. On s'étonne ensuite que certains skieurs se fassent surprendre par la tombée du jour!

Lorsqu'on fréquente un centre pour la première fois, il faut prendre le temps de bien lire la carte des sentiers et, surtout, il ne faut pas hésiter à poser des questions au personnel en place afin de bien comprendre sur quel type de réseau on va skier.

Une bonne carte des sentiers indiquera:

• un plan du réseau avec l'emplacement des services importants (stationnement, accueil, premiers soins, salle de fartage, refuge, abri)

• la liste des sentiers

• la longueur des sentiers (km);

• les distances entre les intersections;

• les niveaux de difficulté;

• la distinction entre sentier pour le pas classique, pour le pas de patin ou pour la randonnée nordique.

Kilométrage total et kilométrage linéaire

Voilà un sujet délicat où bon nombre de cartes des sentiers ne donnent pas l'heure juste. Alors qu'il est très intéressant pour un centre de ski de fond d'afficher qu'il offre 52 km de sentiers, il est beaucoup moins flatteur d'affirmer que le même centre possède un réseau de 19 km linéaires! Pourtant, ce renseignement est très révélateur de l'étendue du réseau de sentiers.

Le **kilométrage total** est l'addition de tous les parcours, alors que le **kilométrage linéaire** est l'addition de tous les sentiers, une section de sentier ou un sentier ne pouvant être additionné plus d'une fois.

Niveaux de difficulté

Ici également, on tente de «normaliser» les symboles et les appellations concernant les niveaux de difficulté des sentiers; car, si le skieur se rend dans plusieurs centres de ski de fond, il s'apercevra que les niveaux de difficulté n'ont pas tous la même signification d'un centre à l'autre.

Les normes d'aménagement et d'entretien des sentiers de ski de fond suggérées sont celles élaborées par la Régie de la sécurité dans les sports du Québec en mars 1996. Pour plus d'information, communiquez avec la **Direction de la sécurité, Secrétariat au loisir et au sport** *(☎800-567-7902, www.sls.gouv.qc.ca).*

Le niveau de difficulté d'un sentier augmente en fonction du pourcentage (%) des pentes que le skieur aura à descendre et à monter. Un sentier est catégorisé selon la pente où le degré de difficulté (%) est le plus élevé. Même si le sentier ne comporte

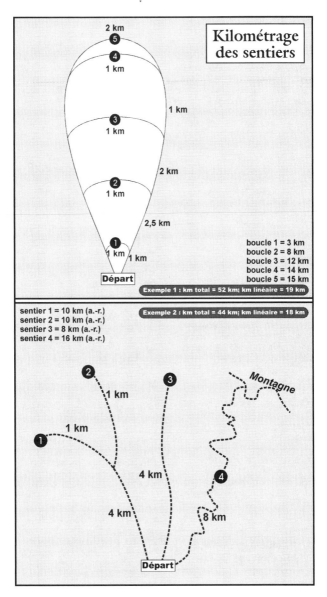

Kilométrage des sentiers

2 km
1 km
1 km
2 km
1 km
2,5 km
1 km
1 km
Départ

boucle 1 = 3 km
boucle 2 = 8 km
boucle 3 = 12 km
boucle 4 = 14 km
boucle 5 = 15 km

Exemple 1 : km total = 52 km; km linéaire = 19 km

sentier 1 = 10 km (a.-r.)
sentier 2 = 10 km (a.-r.)
sentier 3 = 8 km (a.-r.)
sentier 4 = 16 km (a.-r.)

Exemple 2 : km total = 44 km; km linéaire = 18 km

Montagne

1 km
1 km
4 km
4 km
8 km
Départ

qu'une pente difficile, il ne peut être désigné comme «facile». De plus, un sentier ne se divise pas en sections: il est évalué dans son ensemble.

À noter également que la longueur (km) d'un sentier n'influence aucunement le niveau de difficulté. Un sentier de 10 km n'est donc pas nécessairement plus difficile qu'un sentier de 5 km. Il est en effet plus long, mais non pas plus difficile. Informez-vous alors des différentes pentes que l'on retrouve dans les sentiers.

Les différents signaux

Le long des sentiers, le skieur reçoit de l'information à l'aide des différents signaux affichés. Trois catégories de messages y figurent:

1) Information: premiers soins, services (accueil, stationnement, refuge, restaurant, toilettes, etc.) et information sur les sentiers.

2) Réglementation: obligation (arrêt obligatoire, panneau «cédez le passage», etc.) et interdiction (entrée ou accès interdits, défense de..., etc.).

3) Danger: pente raide, virage prononcé, intersection, traverse de route, etc.

Perdu en forêt

Si le randonneur suit les sentiers balisés et vérifie régulièrement son parcours sur la carte (lors des arrêts et aux intersections), il y a alors très peu de risque qu'il se perde dans les bois. Il faut se rappeler qu'en cas de doute il

vaut mieux revenir sur ses pas plutôt que de continuer vers l'inconnu.

Malgré tout, il arrive que certains randonneurs se perdent en forêt, le plus souvent parce que les sentiers n'étaient pas bien balisés ou bien entretenus. Une fois que l'on est certain (!) de s'être égaré, il faut adopter une façon de faire qui soit logique et sécuritaire:

1. S'arrêter: dès que l'on a un doute, il faut s'arrêter immédiatement afin de ne pas continuer à s'enfoncer dans l'inconnu. Prendre une pause, manger et boire un peu, enfiler un vêtement chaud, permettront de retrouver son calme. Le mot d'ordre est alors «pas de panique», car cette dernière nous fera probablement prendre de mauvaises décisions.

Lampe frontale

2. Réfléchir: il faut prendre le temps nécessaire afin de se remémorer son parcours jusqu'à présent et se demander depuis quand et depuis où l'on croit faire fausse route: *Quelle heure est-il? De combien d'heures de lumière du jour disposons-nous? Pouvons-nous retourner sur nos pas? Qu'avons-nous dans nos sacs à dos (vêtements, eau, nourriture, lampe frontale, allumettes, boussole, etc.)? Des gens connaissent-ils notre itinéraire?*

3. **Observer:** il faut prendre le temps de bien regarder les alentours (lacs, ruisseaux, montagnes, vallées, champs, etc.), de même que la direction du soleil (à l'est au lever, à l'ouest au coucher, au sud à midi) et se rappeler de son parcours: sommets, montagnes avoisinantes, points de vue, sentiers linéaires ou boucles, etc.

4. **Planifier:** une fois que toutes les questions seront abordées, il faudra alors préparer une stratégie. Selon l'heure, la condition physique, l'équipement, la région et l'expérience des randonneurs, on peut décider de demeurer sur place et d'attendre au lendemain matin (appeler au secours, faire un feu, préparer un abri, etc.); de retourner sur ses pas si cela est encore possible (il est inutile de tenter de faire à skis de nouveau, en quelques heures, les 18 km qui nous ont demandé la journée); ou de tenter de retrouver le sentier, un lac ou une route (cartes et boussole, points de repère, etc.).

L'entretien mécanique

Tout le monde reconnaît l'importance d'un bon entretien mécanique sur les pentes de ski alpin. Le fait que les pistes soient travaillées mécaniquement assure une pratique du ski idéale et sécuritaire.

Il en va désormais de même pour le ski de fond. L'équipement d'entretien mécanique ayant beaucoup évolué, il est mainte-

nant possible, en tout temps, d'offrir des conditions de ski presque parfaites..., à condition d'y mettre le prix évidemment.

Sans entrer dans des détails trop techniques, nous avons noté trois grandes catégories d'équipement d'entretien des sentiers de ski de fond: petit équipement (1), équipement sur chenilles (2) et gros équipement spécialisé (3); cette information se retrouve sous «Équipement d'entretien» du tableau des données de chacun des centres.

Petit équipement (1)

Cette catégorie regroupe essentiellement les motoneiges auxquelles on fixe un traceur de sentiers de ski de fond.

Équipement sur chenilles (2)

Ce genre d'équipement, de type BR 100, Bombi, Tracktruck et autres, permet un meilleur traçage des sentiers et peut se déplacer dans des endroits difficiles où la motoneige ne peut faire le travail.

Gros équipement spécialisé (3)

Ce genre d'équipement sur chenilles, de type BR 160, BR 400 ou Piston Belly, permet un traçage optimal, car, en plus, il peut être muni d'un conditionneur à neige, ce qui permet de concasser la neige dure ou glacée pour en faire une bonne neige là où le traçage sera effectué. Ainsi, après une pluie, des froids intenses ou toute autre condition, les sentiers sont rapidement transformés et permettent un excellent ski. Quelques centres de ski de fond, dont le Mont-Sainte-Anne, le Mont-Orford, Les Forestiers et le P'Tit Train du Nord, possèdent un tel équipement.

Pour la raquette

De plus en plus de centres et de parcs entretiennent un réseau de sentiers aménagés uniquement pour la raquette. Certains sentiers sont alors damés mécaniquement et deviennent aisés à parcourir. Les sentiers de raquette non damés seront donc plus difficiles à parcourir s'il a neigé récemment et si aucun raquetteur n'est passé avant vous.

Ainsi, avant d'estimer le temps à parcourir un sentier de raquette, informez-vous à l'avance auprès du gestionnaire du lieu de l'état des sentiers et des précipitations récentes. Dans certains endroits (parc national de la Gaspésie, parc national des Monts-Valin, parc national du Mont-Mégantic, etc.), les chutes de neige sont aussi abondantes que fréquentes. Faire de la raquette dans un sentier qui vient de recevoir 30 cm ou 40 cm de neige fraîche s'avère particulièrement éprouvant, surtout avec de petites raquettes!

Climat et température

La température en montagne est différente de celle du niveau de la mer. En montagne, les changements de température sont plus fréquents et moins prévisibles. Il

n'est pas rare de voir en quelques minutes le ciel se couvrir et la tempête de neige se lever ou l'orage éclater. Inversement, le mauvais temps peut se dissiper aussi rapidement qu'il surgit.

Plusieurs randonneurs ont constaté que les hauts sommets étaient plus souvent ennuagés que les vallées et qu'ils recevaient d'importantes précipitations. Ce phénomène provient de l'air chaud de la vallée qui absorbe plus de vapeur d'eau que l'air froid de la montagne. Cette dernière force la masse d'air à monter et, par conséquent à se refroidir. Les vapeurs d'eau se concentrent, et la masse d'air ne peut retenir toute cette quantité d'eau. Les vapeurs d'eau deviennent donc visibles en se concentrant en nuages et se précipitent sous forme de brume, de neige ou de pluie.

Passé le sommet, la masse d'air redescend vers la vallée, se réchauffe, s'étend de nouveau, et le nuage se dissipe. Il fait à nouveau un temps superbe dans la vallée.

Plus on s'élève en altitude, plus la température baisse. Cette diminution est de l'ordre d'environ 1°C par 180 m d'élévation. À cela, il faut ajouter la force du vent, qui contribue à refroidir davantage l'air.

En montagne, la radiation solaire (luminosité) augmente aussi (de plus ou moins 3% pour 100 m d'élévation). Il ne faut donc pas hésiter à se munir de bonnes lunettes de soleil et à utili-

La température en fonction du facteur vent

Température en Celsius (°C)

Vitesse du vent km/h	10°	5°	-1°	-7°	-12°	-18°	-23°	-29°	-34°	-40°
Température équivalente avec vent (°C)										
0	10°	5°	-1°	-7°	-12°	-18°	-23°	-29°	-34°	-40°
8	9	3	-3	-9	-14	-20,5	-26	-32	-37,5	-44
16	5	-2	-9	-15	-23	-29,5	-36	-43	-50	-56,5
24	2	-6	-13	-20,5	-27,5	-37,5	-43	-50	-57,5	-64,5
32	0	-7,5	-15	-23	-32	-39	-47,5	-55	-63	-70,5
40	-1	-9	-18	-26	-34	-42	-51	-58,5	-66	-75
48	-2	-11	-19	-27,5	-36	-44,5	-52,5	-61	-69,5	-78
56	-3	-11,5	-20	-29	-37	-45	-55	-63	-72	-80
64	-3,5	-12	-21	-29,5	-38	-47,5	-56	-64,5	-73	-81,5

Conditions hivernales normales. Peu de danger à condition d'être bien vêtu, c'est-à-dire proportionnellement au froid.	Danger accrû	Grand danger
	Gelure des parties du corps exposées au vent	

ser des crèmes solaires. Un tapis de neige peut accroître la réflexion des rayons ultraviolets. Notez également que l'air est plus sec en montagne.

Le vent

En montagne, surtout sur les sommets dénudés, le vent est maître de la température. Si, au pied de la montagne, il vente passablement fort, il est probable qu'au sommet le vent sera déchaîné. Non seulement vous repousse- t-il sans cesse, mais il refroidit considérablement la température. Par exemple, s'il fait –7°C et que le vent souffle à une vitesse de 50 km/h, la température réelle (celle que l'on sent sur la peau) sera de –28°C. C'est pour cette raison qu'il faut toujours apporter des vêtements chauds, un bonnet de laine et un bon anorak. Dans les plaines, là où il n'y a pas d'arbres, le vent est également un facteur à considérer. Les jours de grand vent, on choisira plutôt un sentier en forêt.

Le savoir-vivre du randonneur

Le randonneur doit se rendre compte qu'il parcourt des montagnes que plusieurs milliers d'autres randonneurs sillonnent également. Si la forêt est en bon état lors de son passage, c'est que des gens soucieux de l'environnement l'ont traversée avant lui. Il faut donc faire en sorte que ceux qui suivront puissent également profiter de toute-

cette beauté. Il faut apprendre à respecter et à protéger la nature.

Pour cela, il faut toujours demeurer dans les sentiers afin de ne pas abîmer la végétation fragile et typique des montagnes. Il faut également respecter le type de ski (classique ou patin) permis dans le sentier. On doit faire des feux uniquement aux endroits où cela est permis. Il faut prendre du bois mort et non pas couper des arbres vivants, ainsi que prendre l'habitude de préparer les repas sur un réchaud et non sur un feu de bois. Si l'on doit faire un feu, il ne faut pas oublier de bien l'éteindre.

Il faut également camper aux endroits indiqués, rapporter tous ses déchets (l'aluminium et le plastique ne brûlent pas complètement), ne rien jeter dans les cours d'eau (savon, urine, nourriture, etc.), et respecter les animaux en s'abstenant de les nourrir.

Le randonneur doit également savoir vivre en groupe. Pour cela, il lui faut respecter le rythme établi en fonction de la personne la plus lente. Il faut respecter également la fatigue des autres pour que tous reviennent en forme et contents. Il faut savoir s'entraider, participer à toutes les tâches et respecter le besoin de calme et de silence des membres du groupe.

Le plus expérimenté du groupe est souvent nommé le «leader». Cela ne veut pas dire qu'il est le «patron» et qu'il prend seul les décisions importantes. Il doit demeurer à l'écoute du groupe.

Observer les oiseaux en hiver

L'observation des oiseaux et la randonnée à skis ou en raquettes vont de pair. Pour les ornithologues expérimentés, la raquette et le ski de fond sont les principaux moyens de locomotion afin de se rendre sur les différents sites d'observation. Pour le randonneur, l'observation des oiseaux relève davantage de la curiosité; c'est lorsqu'il en aperçoit un qu'il tente de l'identifier et de connaître sa façon d'agir. Bien que toutes les saisons soient propices à l'observation des oiseaux, il en a une qui mérite que l'on s'y attarde: l'hiver.

Y a-t-il autre chose que des moineaux à observer en hiver? Oh que oui! L'hiver est même considéré comme la saison idéale pour s'initier à l'ornithologie. Le fait qu'il n'y a pas de feuilles dans les arbres rend l'observation plus facile. De plus, il y a moins d'espèces d'oiseaux en hiver qu'en été, ce qui rend l'identification plus simple.

Le ski de fond et la raquette demeurent de bons moyens de déplacement afin d'aller observer les oiseaux dans leur habitat naturel. Selon les espèces qu'on veut voir, on aura à se déplacer en montagne, dans les plaines, dans les champs, le long d'une rivière, etc.

Un débutant peut très facilement faire l'observation d'une vingtaine d'espèces d'oiseaux, alors qu'un ornithologue expérimenté peut en repérer jusqu'à 80. Parmi les oiseaux les plus fréquemment observés en hiver, selon la ré-

Ski de fond et raquette au Québec

gion, on retrouve le geai bleu, le cardinal, le gros-bec, la mésange, la sittelle, le roselin, le bruant, le sizerin, le chardonneret et le jaseur.

Le randonneur attentif aura pris soin d'apporter quelques graines de tournesol afin d'attirer les mésanges, les sittelles, les sizerins et autres. Vous vous étonnerez de la curiosité de certains oiseaux qui, rapidement, iront jusqu'à manger dans votre main. Outre quelques graines de tournesol, le randonneur apportera une paire de jumelles et un petit guide d'observation afin de mieux s'y retrouver. À ce sujet, le livre de Roger Tory Peterson intitulé *Les oiseaux de l'est de l'Amérique du Nord* est un outil précieux que tout observateur devrait avoir dans son sac à dos.

Pour un guide couvrant tout le Québec, le livre de Normand David, *Les meilleurs sites d'observation des oiseaux au Québec*, est un choix judicieux. Le livre de Pierre Bannon intitulé *Où et quand observer les oiseaux dans la région de Montréal*, quant à lui, regorge de renseignements et de descriptions pertinentes. La région de Montréal, dans ce cas-là, s'étend de l'Ontario au lac Saint-Pierre et des Laurentides à la frontière américaine. Cette grande région métropolitaine est considérée comme la plus importante au Québec du point de vue ornithologique, car on y dénombre 350 espèces d'oiseaux!

Jumelles

Pour tout connaître sur le sujet ou acheter du matériel (jumelles, mangeoires, guides, affiches, etc.), l'apprenti ornithologue peut se rendre au:

Centre de conservation de la faune ailée
7950 rue de Marseille, Montréal, métro Honoré-Beaugrand
☎ *(514) 351-5861*

Ceux et celles qui désirent adhérer à un club d'ornithologie dans leur région doivent communiquer avec:

Association québécoise des groupes d'ornithologues (AQGO)
☎ *(514) 868-3074*
www.aqgo.qc.ca

La préparation d'une randonnée

Une randonnée d'une journée avec retour à la maison ne présente pas beaucoup de difficultés. Il faut cependant penser à l'aspect sécuritaire (trousse de premiers soins, vêtements chauds, lampe de poche, etc.), au cas où surviendrait un incident fâcheux.

Si la randonnée prévue s'effectue sur plusieurs jours et en groupe, il vaut mieux se préparer. D'abord, il faut organiser une réunion préparatoire où tous les membres seront présents, au moins une semaine avant l'expédition. Cette réunion servira à mieux se connaître, à tout planifier, à répartir les tâches et à souder l'esprit du groupe.

Lors de cette réunion, divers points seront abordés:

- présentation de chaque membre (nom, expérience, attentes);
- choix de l'itinéraire (avec cartes topographiques);
- élaboration des menus (repas énergétiques, légers et vite préparés);
- planification du matériel de groupe (tente, réchaud, etc.);
- équipement de chaque membre;
- vêtements de chaque membre;
- choix d'un chef de groupe (surtout si le groupe est inexpérimenté);
- prévision des difficultés (température, distances, etc.);
- réservations, s'il y a lieu;
- révision des connaissances (orientation, premiers soins, survie, etc.);
- répartition des tâches (achats, bouffe, matériel, etc.);
- organisation du transport (covoiturage);
- vérification de l'état de santé des membres (les personnes allergiques, cardiaques, diabétiques doivent mentionner leur état à l'avance);
- échange des numéros de téléphone;
- prévision d'un budget (bouffe, essence, locations).

Les enfants

D'emblée, les enfants adorent la neige, l'hiver, les jeux et la glissade. Comme skier n'est pas marcher mais bien glisser sur la neige, l'enfant est tout de suite intrigué par ce nouveau mode de déplacement qu'est le ski de fond. Il le sera tout autant par les raquettes qui lui permettent de marcher sur la neige sans s'y enfoncer.

L'adulte qui accompagne un enfant doit se rappeler que c'est lui qui doit s'adapter au rythme et aux découvertes de l'enfant, et non l'inverse. Il est donc hors de question d'effectuer de longues distances ou des randonnées avec peu d'arrêts. Devant ce genre de performance, l'enfant «décroche» rapidement et s'ennuie à coup sûr.

L'enfant aime être stimulé, intrigué, et relever de petits défis. Atteindre un refuge, un lac, une rivière ou des chutes devient un stimulant qui amène l'enfant à s'appliquer, à vouloir s'y rendre. L'enfant aime aussi s'arrêter fréquemment pour observer les oiseaux, les arbres, les pistes d'animaux et les coulées de glace, puis poser des questions.

En ce qui a trait aux gestes techniques, il est recommandé de ne pas trop intervenir au début. Il est préférable de laisser l'enfant découvrir la nouvelle activité et tenter d'effectuer par lui-même les ajustements requis. Il ne tardera pas à questionner pour apprendre, et c'est là le meilleur moment pour intervenir et pour suggérer des gestes techniques appropriés.

Le jeu est le meilleur moyen pour faire apprendre les gestes techniques. Faire de petits par-

Canards mallard

cours de slalom ou des ponts avec des bâtons, se suivre de près comme les wagons d'un train, dessiner toutes sortes d'objets dans la neige à l'aide de ses skis ou jouer au ballon en raquettes sont des jeux faciles à planifier et très appréciés des enfants.

Sur le plan vestimentaire, il ne faut pas trop habiller l'enfant, car il aura vite trop chaud..., puis trop froid. Pour les enfants comme pour les adultes, il faut privilégier le système «multicouche» (ou pelures d'oignon). Il ne faut pas oublier d'apporter une deuxième paire de mitaines et un bonnet de laine de rechange, de même que des jus de fruits, des muffins, des fruits, des noix et quelques gâteries-surprises.

Il n'y a pas d'âge pour aimer glisser sur la neige. Il est par contre évident qu'un enfant de trois ans risque davantage de vouloir s'amuser dans la neige plutôt que de réellement skier ou faire de la raquette. Mais si votre enfant est dégourdi et dynamique, sachez qu'il n'y a pas d'âge minimum requis pour tenter une première expérience.

Généralement, il est entendu qu'à partir de quatre ans les enfants sont admis dans certaines écoles de ski de fond. Le volet Jeannot Lapin du **programme Jackrabbit** (voir p 27) est d'ailleurs destiné aux enfants de quatre à six ans.

Les traîneaux

Le porte-bébé de type dorsal (ou ventral), si souvent utilisé en randonnée pédestre, n'est pas recommandé en ski de fond car le froid, les branches et les chutes représentent des dangers potentiels pour l'enfant. Il est donc de mise de se procurer (achat ou location) un traîneau afin de pouvoir partir en randonnée en toute sécurité.

Au Québec, les traîneaux **Baby Glider** et **Orby des neiges**, qui coûtent autour de 450$, ont la faveur des skieurs de fond. Ils sont bien construits, solides, et ont suffisamment d'espace pour pouvoir apporter de l'équipement supplémentaire ainsi que les collations. La demande étant assez forte et le prix relativement élevé, un traîneau pour enfants est assez facile à revendre après quelques mois ou années d'utilisation. Cependant, avant d'en acheter un, informez-vous auprès des centres de ski de fond que vous fréquentez régulièrement, car certains modèles détruisent les traces de skis et sont carrément interdits dans plusieurs centres. Et n'oubliez pas: l'enfant derrière vous dans son traîneau ne bouge pas et aura donc froid bien avant vous.

Animaux domestiques

Il est à noter que, dans la grande majorité des parcs et des centres de ski de fond, la présence d'animaux domestiques est interdite. Il est donc fortement déconseillé d'amener son chien dans les sentiers. À tout le moins faut-il s'informer auprès du parc, du centre, de l'organisme ou de la municipalité qui gère les sentiers que l'on veut emprunter.

L'équipement

Le randonneur à skis

ou en raquettes sera tenté, comme dans tout autre domaine, de suivre les courants de la mode lorsque viendra le temps de faire la tournée des boutiques pour l'achat de son équipement.

Depuis quelques années, le plein air s'est beaucoup modernisé. Les vêtements sont plus chics, les bottes plus légères et les accessoires plus raffinés. Cette nouvelle vague a rendu la randonnée visuellement plus attrayante, mais elle l'a surtout rendue plus agréable.

Naturellement, la mode et la technologie coûtent cher, et le plein air n'y échappe pas. Pour plusieurs, cet obstacle financier n'aura pas d'importance. Pour d'autres, un tel investissement ne saurait se justifier. La plupart des randonneurs ont commencé avec de l'équipement très rudimentaire, ce qui ne les a pas empêchés d'apprécier leurs randonnées. En se contentant d'un équipement confortable et avec lequel on sera en sécurité, on peut très bien parcourir les mêmes sentiers que le randonneur à la fine pointe de la technologie.

La randonnée à skis ou en raquettes n'étant pas une activité qui plaît nécessairement à tous, il est préférable de faire quelques essais avant d'investir dans un équipement coûteux. Il existe, partout au Québec, des établissements où l'on peut louer de l'équipement. Cette option permettra d'éviter des dépenses inutiles.

Les petits malheurs que peuvent occasionner les premières randonnées sont des repères importants lorsque vient le temps de déterminer ses besoins en équipement. L'expérience permet de discerner entre ce qui est nécessaire, ce qui est superflu et ce qui est utile mais peut attendre.

Nous vous recommandons fortement d'acheter votre équipement (matériel, habillement, accessoires, etc.) dans des boutiques spécialisées, et non dans des magasins à grandes surfaces. Vous serez alors servi par des spécialistes du ski de fond et de la raquette, et serez également mieux conseillé. Les boutiques spécialisées ne tiennent, en

Questions avant achat

Avant d'aller dans une boutique, vous devriez vous poser quelques questions, histoire de mieux vous connaître et, par le fait même, de mieux informer le vendeur, car si celui-ci tente de répondre à vos besoins, il ne peut pas «deviner» ce que vous recherchez:

- Combien de fois comptez-vous skier chaque hiver?
- Où ferez-vous le plus souvent du ski?
- Quel type de ski désirez-vous pratiquer?
- Prendrez-vous l'habitude de farter vos skis?
- Êtes-vous habile dans les montées et les descentes?
- Quel est votre budget total pour l'ensemble bottes-skis-fixations-bâtons?

général, que les meilleurs produits disponibles sur le marché. Soucieuses du service à la clientèle, les boutiques spécialisées tiennent à garder leurs clients et s'efforcent donc de vous offrir l'équipement adapté à «vos» besoins.

Depuis une quinzaine d'années, l'équipement a beaucoup évolué, les bottes devenant plus confortables et plus chaudes, les raquettes, les skis et les fixations plus performants. Avec l'arrivée de la technique du pas de patin et celle du virage télémark, des produits très techniques ont vu le jour, élargissant davantage la gamme des produits.

Le ski de fond

Afin de simplifier les choses, nous avons divisé la pratique du ski de fond en trois grandes catégories: loisir, sport et aventure.

Ski de loisir

Cette catégorie regroupe une très grande majorité de skieurs. En fait, elle regroupe tous ceux qui ne pratiquent pas le ski de performance ou le ski de longue randonnée. Le ski de loisir, ou de randonnée légère, rejoint donc un vaste public. Du débutant au skieur occasionnel, en passant par le skieur expérimenté mais non tourné vers la performance, ce type de ski est une activité où promenade, découverte, observation, plaisir et sécurité font bon ménage.

Bottes

C'est la pièce d'équipement la plus importante, celle qu'on pourra conserver même si l'on change de skis. La botte doit être chaude tout en étant très confortable. Le talon ne doit pas lever dans la botte, mais les orteils doivent bouger aisément. Si les orteils touchent au fond de la botte, on aura froid à coup sûr. Le prix variera selon la fabrication de la botte (cuir, nylon, vinyle, etc.). Il ne faut pas oublier d'essayer les deux bottes, avec la ou les paires de bas que l'on utilisera lors des randonnées.

Skis

Les skis de randonnée légère doivent être faciles à manœuvrer et solides. Plus larges que des skis de compétition, mais plus étroits que des skis de longue randonnée, les skis de randonnée légère ont une cambrure assez souple permettant une poussée plus facile, car le ski «s'écrasera» facilement à l'aide d'une simple poussée. La longueur des skis dépend de la taille, mais surtout du poids du skieur. On suggère généralement un ski qui arrive au poignet, bras tendu vers le haut. Les skieurs débutants ou peu expérimentés peuvent choisir des skis légèrement plus courts, donc plus facilement manœuvrables.

Le skieur doit également décider s'il veut des skis avec ou sans fartage. Bien qu'assez facile à maîtriser, le fartage demande quelques préparatifs avant chaque randonnée. Le ski sans fartage, à «système anti-recul mécanique» (écailles ou autres) nécessite peu d'entretien et offre un assez bon rendement.

Au sujet des skis avec «système anti-recul mécanique», il faut préciser qu'il est possible d'appliquer du fart afin d'augmenter davantage l'efficacité de la poussée, lorsque cela s'avère utile. Il est faux de croire que ce type de skis n'est réservé qu'aux seuls débutants. Plusieurs grandes courses internationales, où les conditions de fartage étaient plutôt difficiles, ont été gagnées avec des skis dotés d'un tel système. D'ailleurs, la compagnie Fischer a un modèle haut de gamme avec «système anti-recul mécanique» (RCS Double Crown) qui se vend plus de 400$. Au niveau des ventes, le ski à «système anti-recul mécanique» occupe, au Québec, à peine 30% du marché, alors que, dans l'Ouest canadien et en Europe, ce système occupe entre 60% et 70% du marché.

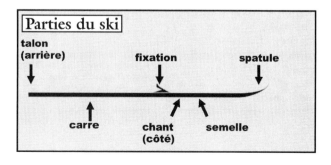

Parties du ski

talon (arrière) | fixation | spatule

carre | chant (côté) | semelle

Fixations

La fixation sert à relier l'avant de la botte au ski, laissant ainsi le pied libre afin d'exécuter des mouvements de poussée (propulsion).

La fixation traditionnelle (norme 75 mm), qui venait se verrouiller par-dessus l'avant de la semelle (avec trois trous sous celle-ci), n'est presque plus utilisée pour la randonnée légère. Par contre, elle est encore utilisée pour les skis de longue randonnée ou de télémark.

Les fixations les plus répandues sur le marché sont la Salomon SNS (Système Nordique Salomon) et la Rottefella NNN (Nouvelle Norme Nordique). Étroites (normalement 45 mm), légères et performantes, ces fixations assurent un bon maintien du pied et redistribuent efficacement l'énergie déployée. Il est conseillé de choisir d'abord les bottes qui vous conviennent, pour ensuite prendre les fixations qui les accompagnent.

Bâtons

Les bâtons doivent être légers et solides. La dragonne devra être ajustable, alors que la rondelle devra être adaptée au type de terrain où l'on skiera le plus souvent. Quant à la longueur, on recommande désormais que le bâton arrive à la hauteur de la clavicule.

Prix

Le prix d'un ensemble bottes-skis-fixations-bâtons de qualité, dans cette catégorie, varie entre 200$ et 350$.

Ski «sportif»

Cette catégorie, où la performance prédomine, inclut le ski d'entraînement et le ski de compétition. Le skieur recherchant vitesse, efficacité et contrôle, afin de skier plus vite et plus longtemps, s'équipera en conséquence.

Équipement

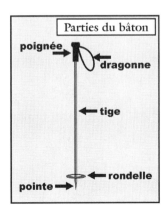

Parties du bâton

poignée →
dragonne
← tige
← rondelle
pointe →

Plusieurs sportifs pratiquant des disciplines telles que le vélo de montagne, le triathlon et le ski alpin se sont tournés vers le ski de fond sportif, voyant là une occasion formidable de garder la forme pendant l'hiver. L'arrivée de la technique du pas de patin (1984-1985) a créé un «boum» et ravivé le ski de fond sportif. Une nouvelle mode était née, les combinaisons aux couleurs flamboyantes apparaissant çà et là.

Le dilemme, pour un skieur qui veut se mettre à l'entraînement, est de choisir entre un équipement pour le pas classique et un équipement pour le pas de patin. Il est par contre possible d'opter pour un compromis et d'acheter un équipement de type «combi» pouvant servir aux deux styles. Évidemment, la performance en sera légèrement amoindrie.

Bottes

La botte pour le pas classique est généralement assez courte et enveloppe parfaitement le pied afin d'offrir une foulée ample, efficace et uniforme. La botte pour le pas de patin sera haute afin d'assurer une bonne stabilité latérale. En la matière, la compagnie Salomon, avec son modèle Racing 9 (Skate ou Classic), est la favorite des fondeurs de haut niveau et domine une large part du marché. Pour le skieur désirant alterner entre le pas classique et le pas de patin, il est possible d'opter pour une botte combinée (genre Salomon Active 8 SC). Le stabilisateur axial, servant au maintien de la cheville en pas de patin, peut être facilement enlevé pour la pratique du pas classique.

Test de cambrure?

Malgré l'arrivée du troisième millénaire, le test de la feuille de papier afin de vérifier si la cambrure du ski répond parfaitement à votre poids est toujours de rigueur. Lorsque vous achetez une nouvelle paire de skis de fond, ce test devrait obligatoirement être effectué.

La cambrure constitue la zone située sous le pied où l'on applique le fart de poussée. Lorsque l'on pousse sur le ski afin de se propulser, il faut que cette zone **puisse** toucher la neige (donc que la feuille de papier **ne puisse** bouger facilement) afin d'obtenir une bonne adhérence.

À l'inverse, lorsque l'on glisse, et qu'il n'y a donc moins de poids appliquer sur la cambrure, cette dernière ne doit pas être écrasée sur la neige (la feuille de papier doit donc bouger aisément) afin d'obtenir une bonne glisse.

Skis

Le prix d'un ski classique varie selon les matériaux utilisés pour sa conception. La longueur du ski conseillée est celle arrivant au poignet. Mais plus importante encore est la cambrure, car le skieur sportif devra effectuer des poussées dynamiques afin d'«écraser» davantage le ski. Un ski sportif a donc une cambrure plus prononcée et plus forte qu'un ski de randonnée légère.

En ce qui concerne le ski pour le pas de patin, il sera plus court, habituellement de 10 cm de moins qu'un ski classique, pour un meilleur contrôle. La construction du ski est différente, car la transmission des forces doit s'effectuer sur toute sa longueur.

Le ski combiné, ou «combi», d'une longueur se situant entre celle du ski classique et celle du ski de patin, permet d'effectuer des randonnées soit en pas classique, soit en pas de patin. Il faut par contre préparer ses skis (fartage) selon le pas choisi. Si l'on farte pour le pas classique, il est toujours possible d'effectuer du pas de patin; mais à l'inverse, avec seulement un fart de glisse appliqué pour le pas de patin, il devient très pénible de pratiquer le pas classique.

Fixations

En ce qui a trait à la fixation, ce qui différencie principalement une fixation pour le pas classique d'une fixation pour le pas de patin, c'est la pièce de réglage de tension. Pour le pas de patin, la tension sera plus forte. Pour un ski combiné, il est possible d'avoir une tension intermédiaire ou

d'alterner selon la pratique (il faut alors changer la pièce de tension).

Bâtons

Pour le pas classique, on choisira des bâtons à hauteur de clavicule, alors que, pour le pas de patin, les bâtons devront être plus longs, soit jusqu'entre le menton et le nez.

Prix

Le prix d'un ensemble bottes-skis-fixations-bâtons d'entraînement varie entre 500$ et 700$. Pour un ensemble de compétition, le prix peut facilement monter autour de 1 000$.

Ski d'aventure

Le ski d'aventure regroupe la longue randonnée à skis, sur des sentiers balisés mais non entretenus mécaniquement, le raid à skis ou hors-piste, où l'on ne suit aucun sentier, et le télémark sauvage.

Bottes

Les bottes sont très grosses, mieux isolées et très rigides afin de mieux supporter le pied et la cheville, car, dans la plupart des cas, le skieur d'aventure aura un gros sac à dos sur les épaules. Certaines bottes ont même des chaussons amovibles, comme en ski alpin, ce qui est très utile dans les refuges ou sous la tente.

Skis

Les skis sont larges, entre 50 mm et 70 mm, et offrent une bonne stabilité. En longue randonnée, le skieur aura souvent à «ouvrir» la

Équipement

piste, car les sentiers ne sont pas entretenus. Il existe des skis sans carres métalliques; mais pour un meilleur contrôle sur des plaques de glace, de la neige dure ou en descente, il est préférable d'opter pour des skis avec des carres métalliques.

Depuis peu, il existe des skis de fond hybrides, c'est-à-dire conçus tant pour le ski d'aventure (hors-piste) que pour le ski dans des sentiers tracés et entretenus mécaniquement. Comme il est trop tôt pour savoir si ce type de skis est promu à un brillant avenir, nous pouvons cependant avancer que ces skis résultent d'un compromis entre la stabilité d'un ski hors-piste et la glisse d'un ski classique. De plus, si vous prévoyez effectuer seulement quelques randonnées hors pistes ou longues randonnées par hiver, la location peut constituer un choix judicieux.

Fixations

Selon les bottes que l'on choisira, on optera pour des fixations de type Salomon (SNS BC), Rottefella (NNN II ou NNN BC) ou autres.

La fixation Rottefella 75 mm (modèle télémark, super-télémark, Villom, Riva ou autres) demeure extrêmement populaire dans le ski d'aventure. Très solides et fiables, la plupart de ces modèles peuvent être munis d'un câble qui, tout en faisant le tour du talon de la botte, assure un meilleur contrôle des skis.

Bâtons

Les bâtons les plus appréciés pour ce type de ski sont dits «télescopiques». Ils peuvent donc s'allonger ou se raccourcir selon le type de terrain (plat, montée, descente). La rondelle sera très grosse, car on parcourt des sentiers non entretenus où la neige est très abondante.

Prix

Le prix d'un ensemble bottes-skis-fixations-bâtons varie entre 500$ et 1 000$.

Sites internet de fabricants

Voici quelques sites de fabricants d'équipement de plein air.

A) bâtons
B) bottes de ski
C) farts
D) fixations
E) raquettes
F) skis

Alpina	B	www.alpinasports.com
Atlas	E	www.atlassnowshoe.com
Atomic	F	www.atomicsnow.com
Black Diamond	A	www.blackdiamondequipment.com
Exel	A	www.exel.net
Faber	E	www.fabersnowshoes.com
Fischer	A, B, F	www.fischer-ski.com
Garmont	B	www.garmont.com
GV	E	www.raquettesgv.com
Karhu	F	www.karhu.com
Leki	A	www.leki.com
Madshus	F	www.alpinasports.com/madshus.html
MSR	E	www.msrcorp.com
Peltonen	F	www.peltonenski.com
Rossignol	B, F	www.rossignol.com
Rottefela	D	www.rottefella.com
Salomon	B, D, F	www.salomonsports.com
Swix	A, C	www.swixsport.com
Toko	C	www.tokowax.com
TSL	E	www.tslsportequipment.com

Équipement

La raquette

La raquette en babiche est morte, vive la raquette! Si, comme plusieurs d'entre nous, votre dernière expérience en «raquettes traditionnelles» vous a laissé un mauvais souvenir où vous vous marchiez sur les raquettes, où vos harnais se désajustaient sans cesse et où vous étiez incapable de grimper ou de descendre la moindre petite butte sans risquer la chute, réjouissez-vous car une petite révolution a complètement métamorphosé cette activité! Les nouvelles raquettes dites «sportives ou modernes», sont étroites, solides, légères, faciles à enfiler, et d'une simplicité déconcertante à manœuvrer, autant sur le plat que dans les montées et les descentes.

Les parties

Le **cadre** de la raquette est généralement fabriqué d'aluminium, ce qui lui confère légèreté et résistance, tout en permettant une bonne glisse sur la neige.

Quant à lui, le **tamis** (ou plateforme) est fabriqué de plastique ou de caoutchouc renforcé. Certaines raquettes sont même fabriquées entièrement en plastique, cette structure monobloc remplaçant cadre et tamis.

Le **harnais**, ou système de fixation, sert à maintenir bien en place le pied. L'ajustement et le desserrage doivent pouvoir s'effectuer rapidement (et avec des gants!), car cette opération se déroule dehors, et parfois on aura à enlever et à remettre ses raquettes à plusieurs reprises au cours d'une même randonnée. De plus, le harnais doit pouvoir s'ajuster à n'importe quel type de bottes.

Le harnais est relié à un système de pivot qui permet de ramener aisément la raquette tout en faisant bien mordre les **crampons**. Ces derniers, situés sous l'avant et l'arrière du pied, sont habituellement fabriqués en acier ixoxydable. Indispensables dans les montées, les traverses, les descentes et sur les surfaces glacées, les crampons assurent une stabilité et une bonne adhérence en tout temps.

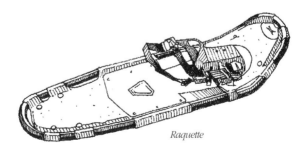

Raquette

Randonnée
ou expédition?

Avant d'acheter des raquettes, il est important de vous demander: quel type de randonnée désirez-vous pratiquer le plus souvent? Ferez-vous de la raquette dans des sentiers entretenus dans les centres de ski et les parcs du Québec ou irez-vous régulièrement grimper des sommets?

Certains modèles de raquettes sont davantage destinés à la randonnée tout-terrain (comptez entre 130$ et 300$), alors que d'autres sont conçus pour affronter spécifiquement les hautes montagnes et les très forts dénivelés. Dans ce dernier cas, le système fixation-pivot et les crampons devront être très solides et performants, ce qui augmente de beaucoup le prix (jusqu'à 425$). Parmi les marques de raquettes les plus vendues au Québec, notons Atlas, Tubbs, MSR, Faber, TSL et GV.

Notez qu'il existe désormais des raquettes destinées aux enfants.

Dimensions

Dernier point à considérer, mais non le moindre, la longueur et la largeur des raquettes. La plupart des fabricants proposant plusieurs modèles, divisés en trois ou quatre dimensions chacun, il peut être difficile de s'y retrouver!

Mentionnons d'abord que la grande majorité des raquettes ont entre 20 cm (8 pouces) et 25 cm (10 pouces) de largeur, et entre 60 cm (24 pouces) et 90 cm (36 pouces) de longueur. Les fabricants suggèrent pour

chacun de leur modèle un poids maximal de l'utilisateur, de 45 kg (100 livres) à 136 kg (300 livres).

Toutefois, souvenez-vous que ce poids est un indicatif de classement. Là encore, votre choix dépendra de l'utilisation que vous voulez en faire. L'engouement pour les nouvelles raquettes a entraîné trop d'acheteurs à choisir des raquettes trop petites pour leur poids. Elles sont peut être jolies, mais elles ne vous empêcheront pas de vous enfoncer dans la neige jusqu'aux cuisses! Ainsi, si vous ne pratiquez la raquette que dans des sentiers damés ou très passants, vous pouvez effectivement utiliser de petites raquettes. Par contre, si vous fréquentez des secteurs où personne n'est passé avant vous, vous devrez absolument vous munir de raquettes de plus grande dimension. Une personne pesant 80 kg devrait opter pour des raquettes dont le poids maximal recommandé tourne autour de 110 kg plutôt que celles dont le poids maximal recommandé est de 90 kg. De toute façon, ces raquettes sont tellement légères et faciles à manœuvrer que vous ne vous apercevrez pas de cette différence de dimensions.

Et les bâtons...

Les bâtons (télescopiques, de ski de fond ou de ski alpin) servent à maintenir l'équilibre du raquetteur, à la progression lors des montées et au contrôle du freinage lors des descentes. Bien que l'on puisse aisément faire de la raquette sans bâtons, ceux et celles qui en font l'essai les adoptent à coup sûr. Si vous n'avez pas de bâtons de ce type, sachez qu'il est aisé d'en trouver à très

Équipement

petit prix, notamment de vieux bâtons de ski alpin, dans certains magasins spécialisés dans l'équipement de sport usagé ou dans les «ventes de garage»!

Essayer c'est comparer!

Avant d'acheter des raquettes, ou si vous ne pouvez arrêter votre choix sur un modèle en particulier, il peut être très avantageux d'en faire d'abord la **location** (dans une boutique spécialisée, un parc ou un centre de ski) afin de connaître les avantages des différents modèles sur le marché. D'un autre côté, plusieurs randonneurs optent d'abord pour l'achat de raquettes tout-terrain, et, lorsque à l'occasion ils désirent aller grimper des sommets abruptes et glacés, ils louent tout simplement des raquettes plus performantes!

La location d'équipement

Qu'il s'agisse de raquette, de ski de randonnée légère, de ski sportif (pas classique ou pas de patin) ou de ski de longue randonnée, il est possible de louer l'équipement nécessaire. La plupart des centres de ski de fond louent l'équipement pour la randonnée légère et sportive, alors que certaines boutiques spécialisées louent, en plus, l'équipement pour la longue randonnée à skis. En règle générale, ces boutiques louent également ment des sacs à dos, des tentes, des sacs de couchage, etc.

Réparations

Le début de l'automne est la période tout indiquée pour effectuer une vérification complète de son équipement de plein air et de ski de fond. Une fermeture éclair brisée, un anorak déchiré, des manches trop longues ou trop courtes, un pantalon à ajuster, des bretelles de sac à dos usées ou inconfortables, un sac de couchage amoché, une tente en mauvais état: la liste peut être longue si cela fait plusieurs années que l'on endure les petits travers de son équipement.

Si votre équipement ou matériel de plein air se brise, avant de penser à le remplacer, il est possible de le faire réparer.

Montréal

De fil en montagne
515 rue Marie-Anne E., métro Mont-Royal
☎*(514) 522-1668*
www.defilenmontagne.com

Cordonnerie MICHO
1671 avenue Laurier Est, Plateau Mont-Royal
☎*(514) 524-8252*

Cordonnerie Carinthia
1407 rue Saint-Marc, métro Guy-Concordia
☎*(514) 935-8475*

Québec

Les ateliers Forest
195 3ᵉ Avenue, Limoilou
☎ *(418) 522-5444*

Accessoires

Une fois que l'on possède l'équipement de base pour le ski de fond ou la raquette, il faut se munir de quelques accessoires. Un petit sac à dos est indispensable si l'on veut apporter un peu de nourriture, une gourde, des vêtements supplémentaires, un appareil photo, une carte des sentiers, etc.

Si l'on skie ou fait de la raquette une journée entière sur de longs sentiers, il est préférable de se munir d'un sac à dos d'une capacité d'environ 30 l. Il devra être solide, comporter une ceinture et ne pas «ballotter» de gauche à droite, car cela est vraiment fatigant en randonnée.

Ceux et celles qui font de courtes balades ou qui font du ski d'entraînement optent généralement pour un «sac de taille», où ils peuvent mettre quelques petits trucs (farts, un peu de nourriture, clés, etc.).

Il importe d'apporter une gourde ou une bouteille isolante, une boisson chaude étant si réconfortante. Il faut également prévoir se munir de petites trousses de fartage, de réparation et de premiers soins. Une pommade pour les lèvres, une crème solaire et des lunettes de soleil sont très appréciées lors des journées sans nuage. De petites guêtres sur les bottes aideront à les garder plus longtemps tout en évitant que la neige s'y infiltre.

Pour la longue randonnée à skis ou en raquettes, le randonneur devra se munir d'un gros sac à dos (60 l à 70 l), d'un sac de couchage (trois-saisons pour les refuges), d'un matelas isolant, d'un réchaud, de gamelles, d'une lampe frontale, de vêtements de rechange, de nourriture, etc.

On retrouvera dans la trousse de réparation: spatule de rechange, ruban adhésif, corde de nylon, fil de laiton, couteau, tournevis et vis de rechange, fourchette de fixation, panier de rechange, colle époxyde à séchage rapide, trousse de couture.

À vos skis, prêt, fartez!

Exception faite des skis sans fartage et des skis pour le pas de patin où l'on applique seulement un fart de glisse, la semelle des skis de fond doit être fartée afin d'améliorer son rendement. Le fart de poussée permet une poussée stable et sans recul, alors que le fart de glisse permet une glisse plus longue et rapide.

Plusieurs sortes de farts sont disponibles sur le marché (en bâton, en tube, en aérosol, etc.), ce qui effraie malheureusement le skieur néophyte en la matière. Lorsqu'on achète des skis neufs, il est préférable, à moins d'y être habitué, de faire préparer les semelles de ses skis à la boutique. Le sablage de la semelle, le nettoyage et l'application d'un fart liant (servant à retenir le fart de poussée) seront alors exécutés.

Équipement

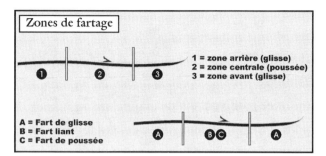

Zones de fartage

1 = zone arrière (glisse)
2 = zone centrale (poussée)
3 = zone avant (glisse)

A = Fart de glisse
B = Fart liant
C = Fart de poussée

Il ne restera plus qu'à appliquer un fart de poussée lors des randonnées.

On peut diviser le ski en trois zones de fartage.

Les zones arrière et avant (**1** et **3**) du ski sont appelées «zones de glissement» et reçoivent donc le fart de glissement. La zone centrale (**2**) est appelée «zone de poussée» et reçoit le fart de poussée. Généralement, les skieurs débutants ne font qu'appliquer du fart de poussée sous la zone centrale, sans se préoccuper des zones de glissement ou du fart liant, ce qui simplifie le travail. Sans fart liant, il faut appliquer plusieurs couches de fart de poussée pour obtenir de bons résultats.

Les farts de poussée les plus populaires sont ceux en pot de marque Swix. Un système de couleurs permet de différencier facilement les farts. On retrouve les farts polaire, vert, bleu, violet, rouge et jaune, entrecoupés des appellations «spécial» (fart plus dur) ou «extra» (fart plus mou).

Le débutant se procure généralement les farts **vert** (–7°C à –13°C), **bleu extra** (0°C à –7°C) et **rouge** (0°C à +3°C), puis

complète sa collection au fil des randonnées. Il existe également des farts universels (neige sèche ou neige mouillée) simplifiant ainsi le choix du fart approprié.

Selon la texture et la température de la neige, on appliquera le fart approprié. À noter que, dans la grande majorité des centres, un tableau mis à jour régulièrement indique quel fart il faut utiliser.

Le fart de poussée est appliqué sur la «zone de poussée» (zone centrale) en une mince couche, puis lissé et poli avec un liège synthétique (on peut également se servir de la paume de la main). Le long du sentier, il se peut que l'on ait à répéter l'opération afin d'obtenir une meilleure poussée.

Lorsque la neige est vieille, transformée ou très mouillée, habituellement lorsqu'il fait autour de 0°C ou plus chaud, l'utilisation du *klister* comme fart de poussée est très pratique. Vendu en tube (et même en aérosol), ce liquide collant que l'on étend sur la «zone de poussée» procure des heures de ski inoubliables et, souvent, un ski de printemps fantastique. Il existe un *klister* universel (–5°C à 10°C), en tube ou en aérosol, très apprécié des skieurs.

Fart dur, fart mou!

Le principe à retenir est qu'il vaut mieux débuter par un fart plus dur (pour une température plus basse), quitte à rajouter du fart plus mou (pour une température plus chaude) en cours de route afin d'obtenir une meilleure poussée. Donc, si votre ski glisse trop vers l'arrière, c'est que vous avez un fart trop dur et, si votre ski ne glisse pas suffisamment vers l'avant, c'est que vous avez un fart trop mou.

Pour connaître tous les secrets du fartage, le skieur se procurera le merveilleux guide *Fartage de ski de fond* de Malcolm Corcoran.

L'habillement

On ne le dira peut-être jamais assez: il faut toujours couvrir son corps pour qu'il garde sa température idéale (37°C), c'est-à-dire qu'il n'ait ni trop chaud ni trop froid. La tenue vestimentaire est donc très importante. Les vêtements isolent l'organisme de l'air ambiant: ils protègent autant de la chaleur que du froid. Prenez donc le temps de bien les choisir en fonction de l'activité que vous vous apprêtez à faire, et bien sûr, en fonction de la température extérieure. Par exemple, si vous partez en ski de fond avec seulement un manteau très bien isolé, vous risquez d'avoir rapidement trop chaud, et de geler si vous l'enlevez.

L'eau étant un bon conducteur thermique, il est important de porter des vêtements qui «respirent», c'est-à-dire qui gardent au chaud tout en laissant évacuer la transpiration. Quant aux parkas en goretex ou autres procédés du même type, ils laissent sortir la transpiration tout en protégeant de la pluie. Les fourrures polaires sont très utiles à ce point de vue. Elles gardent au chaud et ont l'avantage de sécher très rapidement, ce que ne peut faire la laine.

Le système multi-couches (aussi appelé «pelures d'oignon») est sans doute la meilleure façon de se vêtir pour effectuer une activité de plein air. Il permet d'enlever des couches de vêtements au fur et à mesure que l'on se réchauffe et d'en ajouter à volonté lorsqu'il fait froid ou lors des arrêts. Il ne faut jamais attendre de transpirer, mais simplement d'avoir chaud, pour enlever une couche de vêtements.

Les guêtres servent à empêcher la boue, les cailloux, la neige et l'eau de s'infiltrer dans les bottes. En plus, elles gardent le bas des jambes au chaud et protègent les bas et le pantalon de la saleté. Par

Équipement

mauvais temps, lorsque le sentier est très boueux, les guêtres (de 25$ à 60$) s'avèrent presque indispensables, surtout lors de longues randonnées.

Le système multicouche

Le système multicouche est composé, dans la grande majorité des cas, de trois types de vêtements. Par temps très froid, ou sur les sommets dénudés et exposés au vent, il n'est pas rare que le randonneur porte jusqu'à cinq ou six couches de vêtements superposés. Ces différentes couches de vêtements relèvent également des trois types de vêtements offrant un confort optimal lors d'exercices physiques en plein air.

Première couche

La première couche de vêtements est celle des sous-vêtements (haut et bas). Elle sert principalement à garder le corps au sec en expulsant l'humidité de la peau vers l'extérieur. Il est reconnu que, lorsqu'une surface de la peau reste humide, la perte de chaleur peut être jusqu'à 32 fois plus grande, d'où l'importance de demeurer au sec. Depuis quelques années, les sous-vêtements les plus efficaces sont ceux fabriqués de fibres polyester (100%) traitées. Minces et moulants, ils sont également très doux au toucher.

Notez qu'il existe jusqu'à quatre ou cinq différentes épaisseurs de sous-vêtements. Selon la saison, l'endroit visité, l'activité pratiquée et le confort recherché (personne frileuse ou non), on choisira celle qui convient le mieux.

Deuxième couche

La deuxième couche de vêtements a pour rôle de conserver la chaleur du corps tout en laissant passer l'humidité rejetée par la première couche. La fourrure polaire, aussi appelée *polar*, est depuis plusieurs années la reine incontestée de cette catégorie. Tout comme le sous-vêtement, la fourrure polaire est fabriquée de fibres polyester (100%) traitées. Bien qu'on utilise souvent les mêmes fibres, l'appellation pourra varier selon le fabricant.

Il existe également différentes épaisseurs de fourrure polaire (trois en général), la plus mince correspondant souvent au sous-vêtement le plus épais. La fourrure polaire, en plus de sécher très rapidement, offre un confort sans pareil. Elle est chaude lorsqu'il fait froid, tout en étant agréable lorsqu'il fait chaud, contrairement à la laine, insupportable par temps chaud.

Il faut se méfier des *polars* bon marché qui imitent les fourrures polaires, mais qui ne sont que des feutres brossés s'usant rapidement et conservant moins la chaleur du corps. À défaut de posséder une fourrure polaire, le randonneur optera pour un chandail de laine (et non de coton). La laine, même mouillée, offre l'avantage de conserver la chaleur.

Troisième couche

La troisième couche a pour rôle de protéger le corps des éléments extérieurs, soit du vent, de la pluie et de la neige. Le parka (plus long) ou le blouson (plus court) joue ce rôle, de même que le surpantalon. Le parka peut simplement couper le vent (coupe-vent), empêcher la pluie de pénétrer (imperméable), ou offrir ces deux protections à la fois (microporeux).

Le coupe-vent est idéal lorsque l'on pratique une activité physique intense (marche rapide, course à pied, vélo, ski de fond, etc.) par beau temps. Il est peu coûteux, mais ne résiste pas aux intempéries.

L'imperméable est extrêmement efficace par mauvais temps. Peu cher, il résiste aux pires intempéries, mais se transforme en véritable sauna lorsqu'on pratique une activité physique intense ou même modérée.

L'idéal pour la plupart des activités de plein air est le parka (avec ou sans le surpantalon), qui offre l'imperméabilité optimale tout en laissant évacuer la transpiration du corps vers l'extérieur. Le goretex, inventé il y a quelques années, est une membrane ajoutée lors de la fabrication d'un vêtement, rendant celui-ci imperméable tout en étant poreux. D'autres produits, généralement appliqués comme un enduit, offrent également une bonne protection contre les intempéries tout en laissant évacuer la sueur (Entrant, Sympatex, Triple Point, Dermoflex, etc.). Un tel parka ou blouson est assez coûteux (de 200$ à 500$), mais offre une superbe protection en toute saison, autant à la ville qu'en haute montagne. À surveiller: l'épaisseur (nombre de couches), la doublure, la coupe (selon sa taille), les poignets (ajustables) et surtout la ventilation (par exemple fermetures éclair sous les bras pour activités intenses).

Équipement

Selon la saison, un système multi-couches devrait comporter:

Pour le haut du corps:

* sous-vêtement qui respire (100% polyester traité, polypropylène, etc.);
* fourrure polaire (ou chandail de laine);
* parka;
* bonnet, bandeau ou casquette (souvenez-vous que l'on perd beaucoup de chaleur par la tête);
* gants ou mitaines.

Pour le bas du corps:

* sous-vêtement qui respire (100% polyester traité, polypropylène, etc.);
* pantalon léger et ample;
* surpantalon imperméable (en goretex ou autres);
* deux paires de bas pour éviter la friction (ex.: une paire en polypropylène et une autre en laine);
* guêtres.

L'habillement de jour

L'habillement de jour se présente ici comme une «tenue vestimentaire lors de la randonnée». Il faut distinguer entre tenue vestimentaire par temps froid et tenue vestimentaire par temps chaud.

Par temps froid

Pour isoler du froid, les mailles des fibres vestimentaires emprisonnent l'air qui se réchauffe. Le vêtement et l'air étant de pauvres conducteurs thermiques, ils constituent donc une barrière contre la déperdition de chaleur. Plus il y a d'air emprisonné près de la peau, meilleure est l'isolation. C'est pourquoi plusieurs couches de vêtements légers ou les vêtements doublés de fourrure, de plumes ou de tissus synthétiques (formés de plusieurs couches d'air emprisonné) constituent de meilleurs isolants qu'un seul vêtement d'hiver épais.
(McArdle & Katch)

Si l'on a froid, il faut commencer par se mettre un bonnet de laine ou, au moins, une casquette sur la tête, car l'organisme perd de 30% à 40% de sa chaleur par la tête.

Dans le froid, il faut toujours porter des vêtements secs et ne pas hésiter à se changer s'ils sont mouillés, car des vêtements mouillés, par la pluie ou la sueur, perdent jusqu'à 90% de leurs propriétés isolantes. À défaut d'avoir un parka pouvant protéger de la pluie (en goretex ou autres), il faut prévoir, en plus d'un parka en nylon ou en coton, un imperméable. Il ne faut jamais oublier un bonnet et des gants, car les soirées et les matins sont souvent frisquets en forêt.

Plus souvent qu'autrement, il faut marcher ou skier avec un sous-vêtement et un parka, peu importe qu'il fasse froid ou frais. Sinon, il faut attendre quelques minutes et, dès que l'on ressent une chaleur au niveau du corps, retirer la fourrure polaire (il ne faut pas attendre d'avoir chaud). La fourrure polaire est appréciée lors des arrêts (repas), sur les sommets ou par temps très froid.

Peu importe la saison, il est fortement déconseillé de porter des jeans, trop serrés, trop lourds et longs à sécher. Il est préférable de porter un pantalon fait d'un mélange coton-nylon, de velours côtelé ou même de coton (genre survêtement de jogging). À noter que le coton absorbe beaucoup l'eau, rendant le pantalon inconfortable (et froid en hiver). Les tissus les plus chauds sont (en ordre décroissant) la laine, le coton, la flanelle et le nylon.

Quelques boutiques de plein air au Québec

Bas-Saint-Laurent

Plein Vent
298 rue Lafontaine, Rivière-du-Loup
☎*(418) 867-8374*

Vélo Plein Air
324 rue Cathédrale, Rimouski
☎*(418) 723-0001*
www.velopleinair.qc.ca

Cantons-de-l'Est

Le Bivouac
210 rue Principale, Granby
☎*(450) 777-7949*
www.bivouac.qc.ca

La Randonnée
2325 rue King Ouest, Sherbrooke
☎*(819) 566-8882*

Gaspésie

Aventure Plein Air
38 boulevard Sainte-Anne Est, Sainte-Anne-des-Monts
☎*(418) 763-7588*

Lanaudière

Kaki
67 place Bourget Nord, Joliette
☎*(450) 753-5332 ou 800-268-7332*
www.kakipleinair.com

Laurentides

Aqua Plein Air Le Montagnard
80 boulevard Labelle, Sainte-Thérèse
☎*(450) 434-3909*
www.aquapleinair.com

Le Refuge Sports plein air
440 rue Saint-Georges, Saint-Jérôme
☎*(450) 438-5005*

Atmosphere
Les Factoreries Saint-Sauveur, Saint-Sauveur
☎*(450) 227-2155*

Le Comptoir Kanuk
390 rue Principale, Saint-Sauveur
☎*(450) 227-3939*

Laval

La Cordée
2777 boulevard Saint-Martin Ouest
☎*(514) 524-1106 ou 800-567-1106*
www.lacordee.com

Atmosphere
3912 autoroute 440 Ouest
☎*(450) 682-5998*
Place Rosemère, Rosemère
☎*(450) 435-3820*

André Jac Sport
5520 boulevard des Laurentides
☎*(450) 622-2410 ou 800-997-2410*
www.andrejac.com

Kaki
1680 boulevard de l'Avenir
☎*(450) 681-9859 ou 800-363-1101*
www.kakipleinair.com

Mauricie

Le Yéti
1400 boulevard des Récollets, Trois-Rivières
☎*(819) 373-2915*
363 5ᵉ Rue, Shawinigan
☎*(819) 537-1142*
www.leyeti.ca

Atmosphere
2930 boulevard des Récollets, Trois-Rivières
☎*(819) 370-3100*

Le Nordet Plein Air
1585 rue Royale, Trois-Rivières
☎*(819) 373-8860*

Maïkan Aventure
2206 boul. des Chenaux, Trois-Rivières
☎*(819) 694-7010 ou 877-694-7010*
www.maikan.ca

Le Pionnier
313 Saint-Joseph, La Tuque
☎*(819) 523-7681*

Montérégie

Atmosphere
Mail Champlain, Brossard
☎*(450) 671-8585*
Promenades Saint-Bruno, Saint-Bruno
☎*(450) 653-0599*

SAIL
1085 chemin de l'Industrie, Belœil
☎*(450) 467-5223 ou 800-363-9400*
www.sail.qc.ca

Boutique Courir
1085 chemin Chambly, Longueuil
☎*(450) 674-4436*
www.boutiquecourir.com

Montréal

La Cordée
2159 rue Sainte-Catherine Est, métro Papineau
☎*(514) 524-1106 ou 800-567-1106*
www.lacordee.com

Mountain Equipment Co-op
8989 boulevard de l'Acadie, Marché Central
☎*800-663-2667*
www.mec.ca/montreal

Le Yéti
5190 boulevard Saint-Laurent, métro Laurier
☎*(514) 271-0773*
www.leyeti.ca

Boutique Courir
4452 rue Saint-Denis, métro Mont-Royal
☎*(514) 499-9600*
www.boutiquecourir.com

Altitude
4140 rue Saint-Denis, métro Mont-Royal
☎*(514) 847-1515 ou 800-729-0322*
www.altitude-sports.com

Kaki
6575 rue Saint-Denis, métro Beaubien
☎*(514) 274-7122*
www.kakipleinair.com

Atmosphere
1610 rue Saint-Denis, métro Berri-UQAM
☎*(514) 844-2228*
Carrefour Angrignon, LaSalle
☎*(514) 365-1286*
Centre Fairview, Pointe-Claire
☎*(514) 694-8182*
Galeries d'Anjour, Anjou
☎*(514) 353-9000*

Québec et environs

Taïga
1200 avenue de Germain-des-Prés,
Sainte-Foy
☎*(418) 658-2742*

Mountain Equipment Co-op
405 rue Saint-Joseph Est
☎*(418) 522-8884*
www.mec.ca/quebec

La Vie Sportive
600 rue Bouvier, Québec
☎*(418) 623-8368 ou 888-347-7678*
www.viesportive.com

Atmosphere
Place Sainte-Foy, Sainte-Foy
☎*(418) 780-8035*
Mega Centre Lebourgneuf
☎*(418) 627-6665*

Latulippe
637 rue De Saint-Vallier Ouest, Québec
☎*(418) 529-0024*
www.latulippe.com

Lamontagne Sports
5690 rue Saint-Georges, Lévis
☎*(418) 837-2493*

Saguenay–Lac-Saint-Jean

Atmosphere
Place du Royaume, Chicoutimi
☎*(418) 545-4945*

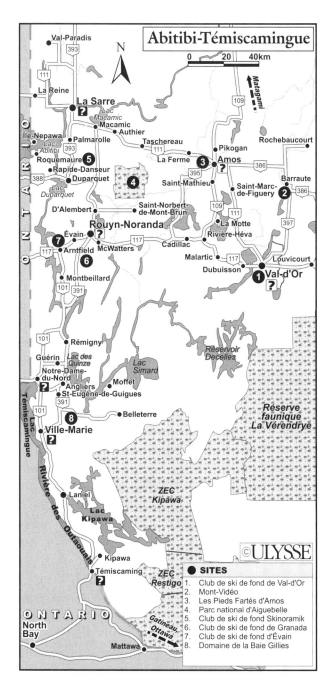

Abitibi-Témiscamingue

0   20   40km

Matagami

Val-Paradis
393
111
La Reine
La Sarre ❓
Lac Macamic
Macamic
Authier
Île-Nepawa
Lac Abitibi
Palmarolle
393
Taschereau
111
Pikogan
Rochebaucourt
109
Roquemaure ❺
La Ferme ❸ Amos ❓
386
Rapide-Danseur
388
Duparquet ❹
395
Saint-Mathieu
Barraute
Lac Duparquet
Saint-Marc-de-Figuery
386 ❷
D'Alembert
Saint-Norbert-de-Mont-Brun
109
La Motte
397
Rouyn-Noranda ❓
111
Rivière-Héva
Évain ❼ ❓
McWatters
Cadillac
117
Arntfield ❻
Malartic
117
Louvicourt
Montbeillard
Dubuisson ❶ Val-d'Or ❓
101 391

Rémigny
101
Réservoir Decelles
Guérin
Lac des Quinze
Lac Simard
Notre-Dame-du-Nord ❓
Angliers
Moffet
St-Eugène-de-Guigues
391
❽
Belleterre
Réserve faunique La Vérendrye
Ville-Marie ❓

Laniel
Lac Kipawa
ZEC Kipawa

Kipawa
Témiscaming ❓
ZEC Restigo

ONTARIO
North Bay
Gatineau, Ottawa

Mattawa

ONTARIO

Lac Témiscamingue

Rivière des Outaouais

©ULYSSE

● SITES

1. Club de ski de fond de Val-d'Or
2. Mont-Vidéo
3. Les Pieds Fartés d'Amos
4. Parc national d'Aiguebelle
5. Club de ski de fond Skinoramik
6. Club de ski de fond de Granada
7. Club de ski de fond d'Évain
8. Domaine de la Baie Gillies

Abitibi-Témiscamingue

A vec ses 100 000 lacs

et ses 150 000 habitants, la région de l'Abitibi-Témiscamingue peut sans doute être considérée comme la dernière frontière du Québec, en excluant le Grand Nord québécois et la Baie-James.

Quoique les riches terres bordant le lac Témiscamingue et la rivière des Outaouais aient été occupées dès le XIXe siècle, la colonisation de la majeure partie de la région ne commença qu'au début du siècle dernier.

Lieu de démarcation des eaux entre la vallée du Saint-Laurent et la baie James, le relief de l'Abitibi-Témiscamingue est cependant fort peu accidenté. On y vient bien sûr pour revivre la grande aventure de la «ruée vers l'or», mais surtout pour profiter des grands espaces qu'offrent les vastes forêts et les innombrables lacs. D'ailleurs, depuis 1995, des skieurs aventureux traversent le très imposant lac Abitibi (voir «Traversée du lac Abitibi», p 30).

Mont-Vidéo

Le Mont-Vidéo est avant tout une station de ski alpin, située à une cinquantaine de kilomètres au nord de Val-d'Or, mais il compte également un sentier de ski de fond qui fait le tour de la montagne.

Information

Mont-Vidéo
43 chemin du Mont-Vidéo, Barraute
☎ *(819) 734-3193 ou 866-734-3193*
www.montvideo.com

Hébergement sur place: oui

Services: stationnement, accueil, cafétéria, restaurant, bar

Location: raquette

Autres activités: ski alpin, glissade sur chambre à air

Ski de fond

Longueur des parcours: 9,2 km

Longueur linéaire du réseau: 9,2 km

Pas de patin: non

Randonnée nordique: non

Tarif: gratuit

École de ski: non

Équipement d'entretien: 3 (BR 400)

Réseau: 1 sentier fait le tour complet du mont Vidéo

Raquette

Longueur des parcours: 8 km

Tarif: gratuit

Réseau: 3 sentiers

Les Pieds Fartés d'Amos

Ce centre de randonnée à skis se trouve à 8 km à l'ouest de la ville d'Amos. On s'y rend par la route 395 puis par le chemin du lac Dudemaine.

Information

Les Pieds Fartés d'Amos
1 chemin Falardeau, Amos
☎*(819) 732-8453*

Hébergement sur place: non

Services: stationnement, accueil, salle de fartage, restauration

Location: non

Autres activités: glissade

Ski de fond

Longueur des parcours: 65 km

Longueur linéaire du réseau: 22,1 km

Pas de patin: 68 km

Randonnée nordique: non

Abris, relais, refuges: 3 relais

Tarif: 7$

École de ski: oui

Équipement d'entretien:
1 (motoneige)

Réseau: ce réseau formé de boucles compte 10 sentiers, dont 2 faciles, 5 difficiles et 3 très difficiles

Raquette

Longueur des parcours: 10 km

Abris, relais, refuges: 3 relais

Tarif: gratuit

Parc national d'Aiguebelle

Le parc national d'Aiguebelle est vraiment un secret bien gardé au Québec. En effet, très peu de skieurs en connaissent l'existence. Pourtant, ses 47 km de sentiers sauront émerveiller l'amateur de grands espaces blancs. On y trouve peu de hautes montagnes (le mont Dominant, haut de 566 m, est le point culminant de toute l'Abitibi), mais une trentaine de phénomènes géomorphologiques peuvent y être observés. Les formations rocheuses du parc, d'origine volcanique, ont 2,7 milliards d'années!

Le parc national d'Aiguebelle est situé entre les villes de Val-d'Or, d'Amos, de La Sarre et de Rouyn-Noranda. Au départ de Val-d'Or, il faut compter 110 km, en passant par Mont-Brun, pour atteindre l'entrée du parc (secteur Mont-Brun).

Abitibi-Témiscamingue

Information

Parc national d'Aiguebelle
1702 rang Hudon, Rouyn-Noranda
(Mont-Brun)
☎*(819) 637-7322*
www.parcsquebec.com

Hébergement sur place: 8 camps
rustiques et 2 chalets rustiques

Services: stationnement, accueil,
carte des sentiers

Location: raquette, traîneau,
équipement d'hébergement

Autres activités: non

Ski de fond

Longueur des parcours: 47 km

Pas de patin: non

Randonnée nordique: 35 km

Abris, relais, refuges: non

Tarif: compris dans le droit
d'accès

École de ski: non

Équipement d'entretien:
1 (motoneige)

Réseau: 8 sentiers, dont 5 faciles
et 3 difficiles

Raquette

Longueur des parcours: 5,5 km

Randonnée hors piste: non

Tarif: compris dans le droit
d'accès

Réseau: 2 sentiers

Autres centres de ski de fond de l'Abitibi-Témiscamingue

Club de ski de fond de Val-d'Or

Information

Club de ski de fond de Val-d'Or
chemin de l'Aéroport, Val-d'Or
☎*(819) 825-4398*

Hébergement sur place:
refuges

Services: stationne-
ment, accueil, salle de
fartage, casse-croûte

Location: ski de fond,
raquette, glissade

Autres activités:
glissade

Ours noir

Ski de fond

Longueur des parcours: 48 km

Pas de patin: oui

Abris, relais, refuges: 3 refuges

Tarif: 7$

École de ski: oui

Équipement d'entretien:
3 (BR 400)

Réseau: 6 sentiers, dont 1 facile, 3 difficiles et 2 très difficiles; 1 sentier éclairé (4 km)

Raquette

Longueur des parcours: 11 km

Abris, relais, refuges: 1 refuge

Tarif: gratuit

Réseau: 4 sentiers

Club de ski de fond de Granada

Information

Club de ski de fond de Granada
43 chemin Lavigne Est, Granada
☎*(819) 797-3677 ou 797-2305*

Services: stationnement, accueil, salle de fartage, restauration

Location: ski de fond

Autres activités: motoneige

Ski de fond

Longueur des parcours: 14 km

Abris, relais, refuges: 3 refuges

Tarif: 5$

Équipement d'entretien:
1 (motoneige)

Réseau: 4 sentiers, dont 2 faciles et 2 difficiles

Club de ski de fond d'Évain

Information

Club de ski de fond d'Évain
450 rue de l'Église, Évain
☎*(819) 768-2591*

Hébergement sur place: 1 refuge et 1 chalet

Services: stationnement, accueil, salle de fartage, casse-croûte

Location: ski de fond

Autres activités: sorties au clair de lune, glissade

Ski de fond

Longueur des parcours: 40 km

Pas de patin: 17 km

Abris, relais, refuges: 8 relais

Tarif: 6$

École de ski: oui

Équipement d'entretien:
1 (motoneige)

Réseau: 15 sentiers, dont 6 faciles, 5 difficiles et 4 très difficiles

Abitibi-Témiscamingue

Domaine de la baie Gillies

Information

Domaine de la baie Gillies
1771 chemin des Gillies, Fugèreville
☎*(819) 747-2548*
www.temiscamingue.net/
domaine.baiegillies

Hébergement sur place: oui (sur réservation)

Services: stationnement, accueil

Location: ski de fond

Autres activités: glissade, pêche blanche, patin

Ski de fond

Longueur des parcours: 10 km

Tarif: gratuit

Équipement d'entretien:
1 (motoneige)

Réseau: 3 sentiers, dont 2 faciles et 1 difficile

Raquette

Longueur des parcours: 4 km

Randonnée hors piste: oui

Tarif: gratuit

Club de ski de fond Skinoramik

Information

Club de ski de fond Skinoramik
2ᵉ Rang Est, Sainte-Germaine-Boulé
☎*(819) 787-6922*

Services: stationnement, salle de fartage, patrouille

Location: ski de fond

Autres activités: glissade

Ski de fond

Longueur des parcours: 40 km

Abris, relais, refuges: 2 abris

Tarif: 5$

Équipement d'entretien:
1 (motoneige)

Réseau: 7 sentiers, dont 3 faciles, 2 difficiles et 2 très difficiles

Raquette

Longueur des parcours: 5,1 km

Tarif: gratuit

Réseau: 2 sentiers

Huard

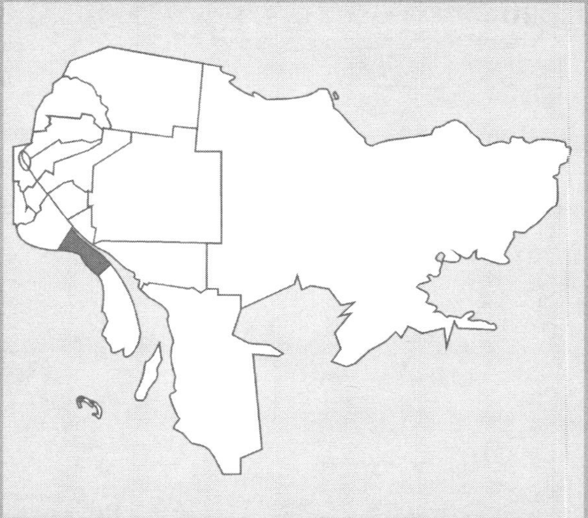

Bas-Saint-Laurent

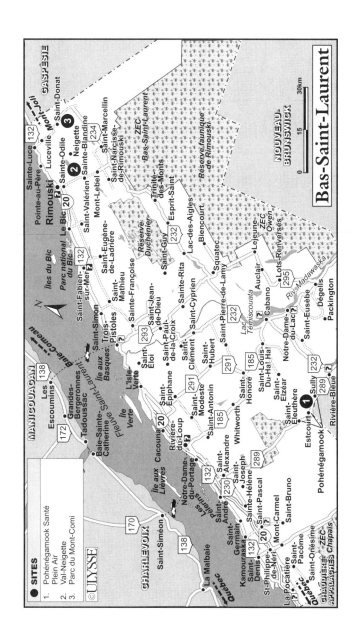

Bas-Saint-Laurent

● SITES

1. Pohénégamook Santé
   Plein Air
2. Val-Neigette
3. Parc du Mont-Comi

© ULYSSE

NOUVEAU-BRUNSWICK

0   15   30km

Très pittoresque,

le Bas-Saint-Laurent s'étire le long du fleuve depuis la petite ville de La Pocatière jusqu'à Sainte-Luce, et s'étend jusqu'aux frontières avec les États-Unis et le Nouveau-Brunswick.

En plus de sa zone riveraine, aux terres très propices à l'agriculture, le Bas-Saint-Laurent comprend une grande région agro-forestière, aux paysages légèrement vallonnés et riches de nombreux lacs et cours d'eau.

Pohénégamook Santé Plein Air

Le centre de vacances Pohénégamook Santé Plein Air offre depuis 1971 une gamme complète d'activités de plein air, et ce, toute l'année durant. Le nom de «Pohénégamook» vient de l'amérindien et signifie «endroit du campement, lieu de repos». Le climat de relaxation et de détente qui prédomine ici permet l'acquisition d'habitudes de vie saines. D'ailleurs, le centre Pohénégamook se spécialise dans les soins du corps (bains relaxants, algothérapie, enveloppement aux huiles essentielles, massages, pressothérapie, etc.).

Le réseau des sentiers de ski de fond est bien développé et accueille également les fondeurs pour la journée seulement. En sillonnant l'un des sentiers, le skieur est presque assuré de faire la rencontre d'un ou plusieurs des quelques centaines de chevreuils vivant dans le ravage!

Information

Pohénégamook Santé Plein Air
1723 chemin Guérette, Pohénégamook
☎ (418) 859-2405 ou 800-463-1364
www.pohenegamook.com

Hébergement sur place: auberge, chalets, pavillons, maisonnettes

Services: stationnement, accueil, salle de fartage, restauration, bar, carte des sentiers

Location: ski de fond, raquette

Autres activités: glissade, patin, voile à skis, cerf-volant, observation du chevreuil, sauna finlandais, soins du corps, etc.

Ski de fond

Longueur des parcours: 63 km

Longueur linéaire du réseau: 33 km

Pas de patin: non

Randonnée nordique: 10 km

Abris, relais, refuges: 1 relais et 1 abri

Tarif: 6$

École de ski: oui

Équipement d'entretien:
1 (motoneige)

Réseau: 9 sentiers, dont 5 faciles, 2 difficiles et 2 très difficiles

Parcours suggérés:
○ **Facile: La Lièvre** (3 km). Tout au long de cette boucle familiale, il est fréquent d'apercevoir des lièvres et des chevreuils.

□ **Difficile: La Cariacou** (7 km). Cette boucle offre plusieurs beaux points de vue sur le lac Pohénégamook. Peut-être y apercevrez-vous *Ponik*, ce monstre marin surnommé «La bête du Lac», qui, depuis 1870, alimente les récits de ceux qui prétendent l'avoir observé!

◇ **Très difficile: La Lynx** (12 km). Ce sentier permet de partir pour la journée, car un refuge (La Garnouille) accueillera les fondeurs qui auront pris soin d'apporter une collation. C'est sur ce sentier que l'on a le plus de chance d'observer des chevreuils.

Raquette

Longueur des parcours: 11,8 km

Randonnée hors piste: oui

Abris, relais, refuges:
1 relais

Tarif: 6$
(compris dans le droit d'accès)

Réseau:
3 sentiers

Autres centres de ski de fond du Bas-Saint-Laurent

Val Neigette

Information

Val Neigette
25 rue du Givre, Sainte-Blandine
☎ *(418) 735-2800*
www.libertel.org/valneigette

Services: stationnement, accueil, salle de fartage, restauration, bar

Autres activités: ski alpin, glissade sur chambre à air

Ski de fond

Longueur des parcours: 25 km

Pas de patin: 25 km

Tarif: 6$

École de ski: oui

Équipement d'entretien:
3 (BR 400)

Réseau: 4 sentiers, dont 2 faciles et 2 difficiles

Écureuil

Raquette

Randonnée hors piste: oui

Tarif: gratuit

Parc du Mont-Comi

Information

Parc du Mont-Comi
300 chemin du Plateau, Saint-Donat-de-Rimouski
☎ *(418) 739-4858 ou 866-739-4859*
www.mont-comi.qc.ca

Hébergement sur place: copropriétés, chambrettes (groupes)

Services: stationnement, accueil, salle de fartage, restauration, bar, garderie

Location: ski de fond, raquette

Autres activités: ski alpin, marche

Ski de fond

Longueur des parcours: 25 km

Pas de patin: 9 km

Randonnée nordique: oui

Abris, relais, refuges: 4 relais

Tarif: 5$

École de ski: oui

Équipement d'entretien: 2 (BR)

Réseau: 11 sentiers, dont 4 faciles, 6 difficiles et 1 très difficile

Raquette

Randonnée hors piste: oui

Tarif: gratuit

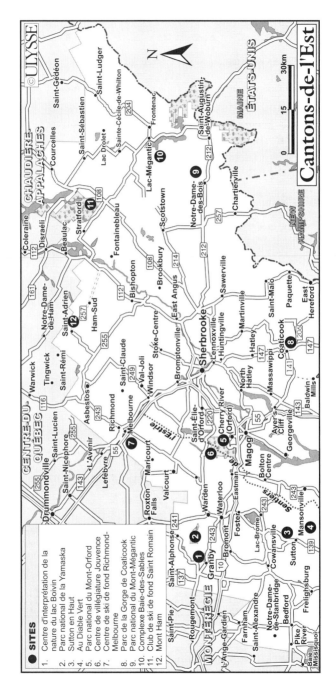

Cantons-de-l'Est

© ULYSSE

● SITES

1. Centre d'interprétation de la nature du lac Boivin
2. Parc national de la Yamaska
3. Sutton en Haut
4. Au Diable Vert
5. Parc national du Mont-Orford
6. Centre de villégiature Jouvence
7. Centre de ski de fond Richmond-Melbourne
8. Parc de la Gorge de Coaticook
9. Parc national du Mont-Mégantic
10. Complexe Baie-des-Sables
11. Club de ski de fond Saint Romain
12. Mont Ham

Cantons-de-l'Est

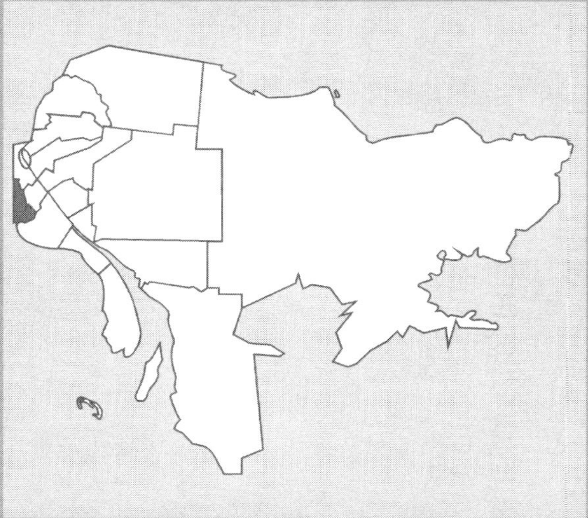

Paysages montagneux

et riche patrimoine architectural confèrent aux Cantons-de-l'Est un cachet particulier qui rappelle à bien des égards la Nouvelle-Angleterre.

Situés à l'extrême sud du territoire québécois, à même les contreforts des Appalaches, ils constituent l'une des plus belles régions du Québec. Entre de gracieux vallons et des montagnes aux sommets arrondis se cachent de petits villages fort pittoresques caractérisés par une architecture très souvent d'inspiration anglo-saxonne. La région touristique des Cantons-de-l'Est est réputée pour ses magnifiques petites auberges, gîtes touristiques et hôtels, ainsi que pour sa gastronomie et ses antiquaires.

Seulement à environ une heure de route de Montréal, elle est devenue un lieu de villégiature très populaire. Les montagnes offrent en hiver de superbes sentiers de ski de fond et de belles pistes de ski alpin.

Pains

Centre d'interprétation de la nature du lac Boivin

Le Centre d'interprétation de la nature du lac Boivin (CINLB) couvre un terrain de 300 ha situé en banlieue de la municipalité de Granby, au bord du lac Boivin.

Information

Centre d'interprétation de la nature du lac Boivin
700 rue Drummond, Granby
☎ *(450) 375-3861*

Services: stationnement, accueil, carte des sentiers

Location: non

Autres activités: marche (9,7 km), ornithologie

Ski de fond

Longueur des parcours: 18 km

Pas de patin: non

Randonnée nordique: non

Abris, relais, refuges: non

Tarif: gratuit

École de ski: non

Équipement d'entretien:
1 (motoneige)

Réseau: 2 sentiers, avec possibilité de raccourci

Parc national de la Yamaska

D'une superficie de 12 km², ce parc se trouve à une dizaine de kilomètres de la ville de Granby. Véritable îlot de verdure où montagnes et vallons côtoient le réservoir Choinière, il offre de jolis sentiers de ski de fond.

Information

Parc national de la Yamaska
1780 boulevard David-Bouchard, Granby
☎ *(450) 776-7182*
www.parcsquebec.com

Services: stationnement, accueil, salle de fartage, casse-croûte, carte des sentiers

Location: non

Autres activités: marche (3 km), glissade, pêche blanche

Ski de fond

Longueur des parcours: 28 km

Longueur linéaire du réseau: 28 km

Pas de patin: non

Randonnée nordique: non

Abris, relais, refuges: 2 relais

Tarif: 8,50$ + droit d'accès

École de ski: non

Équipement d'entretien:
1 (motoneige)

Réseau: 7 sentiers faciles (parcours variant de 5,2 km à 18,6 km)

Raquette

Longueur des parcours: 15 km linéaires

Randonnée hors piste: non

Abris, relais, refuges: 2 relais

Tarif: compris dans le droit d'accès

Réseau: 3 boucles; La Rivière (3 km), La Digue (4 km) et La Grande Baie (12 km)

Sutton en Haut

Le centre de ski de fond Sutton en Haut, situé tout près (800 m) de la station de ski alpin Mont Sutton, offre des vues panoramiques ainsi qu'un réseau de sentiers très diversifié. Érablières et forêt de conifères viennent accentuer la beauté de ce paysage montagneux.

Le point de départ des sentiers se trouve juste à côté de l'hôtel Horizon. Le réseau est dense et comporte plusieurs intersections, ce qui vous permet de changer de parcours à tout moment si un sentier donné ne vous plaît pas (trop difficile ou trop facile).

Information

Sutton en Haut
297 rue Maple, Sutton
☎ *(450) 538-2271*
www.geocities.com/suttonenhaut/

Hébergement sur place: Hôtel Horizon (☎*450-538-3212*)

Services: stationnement, accueil, salle de fartage, patrouille, carte des sentiers

Location: ski de fond, télémark, raquette

Autres activités: non

Ski de fond

Longueur des parcours: 58 km

Longueur linéaire du réseau: 40 km

Pas de patin: 7 km

Randonnée nordique: 6 km

Abris, relais, refuges: refuge chauffé

Tarif: 8,50$

École de ski: non

Équipement d'entretien: 1 (motoneige)

Réseau: 15 sentiers, dont 6 faciles, 5 difficiles et 4 très difficiles. Un sentier (n° 1) s'étend de l'autre côté de la route.

Parcours suggérés:
○ **Facile: 25** (2,5 km aller). Bois très dense constitué de sapins. Le sentier mène au refuge.

□ **Difficile: 20** (2,2 km aller). Le sentier longe un ruisseau où l'on observe une petite gorge (glace et rocher) dont la beauté varie selon la densité de la neige.

◇ **Très difficile: 60a** (3 km aller). Plus de 350 m de dénivellation. Vues exceptionnelles du haut de la montagne et tout au long du parcours.

Raquette

Longueur des parcours: 8 km

Randonnée hors piste: oui

Tarif: 4$

Réseau: 1 sentier principal proposant diverses boucles

Au Diable Vert

Située tout près du Parc d'environnement naturel de Sutton, la station de montagne Au Diable Vert se révèle être un véritable camp de base pour qui veut explorer les montagnes avoisinantes en raquettes ou en randonnée nordique à skis.

Information

Au Diable Vert
169 rue Staines, Glen Sutton
☎ *(450) 538-5639 ou 888-779-9090*
www.audiablevert.qc.ca

Hébergement sur place: auberge, chalet, refuges, camping d'hiver

Services: stationnement, carte des sentiers, randonnées guidées

Location: ski nordique, raquette

Autres activités: non

Ski de fond

Longueur des parcours: 5 km

Pas de patin: non

Randonnée nordique: 5 km

Abris, relais, refuges: 2 refuges (nuitée seulement)

Tarif: 5$

École de ski: non

Équipement d'entretien: aucun

Réseau: 2 sentiers principaux, assez difficiles. Notez que le réseau rejoint celui du Parc d'environnement naturel de Sutton ainsi que celui des Sentiers de l'Estrie, ce qui permet un énorme choix de parcours.

Raquette

Longueur des parcours: 8 km

Randonnée hors piste: oui

Abris, relais, refuges: 2 refuges (nuitée seulement)

Tarif: 5$

Réseau: une boucle principale, Le coureur des bois (3 km), ainsi que plusieurs courtes boucles. Notez que le réseau rejoint celui du Parc d'environnement naturel de Sutton ainsi que celui des Sentiers de l'Estrie, ce qui permet un énorme choix de parcours.

Parc national du Mont-Orford

Cantons-de-l'Est

Le parc national du Mont-Orford devint officiellement un parc de récréation en 1979, mais le début des activités organisées y remonte à 1938.

En ce qui a trait au ski de fond, il offre un choix varié de sentiers aménagés. Le parc organise aussi plusieurs autres activités, dont un safari faunique (ski de fond ou raquette), au cours duquel il est possible de faire la rencontre de cerfs de Virginie, de découvrir des pistes de lynx ou d'observer les quartiers d'hiver du castor.

Information

Parc national du Mont-Orford
accueil Le Cerisier, autoroute 10, sortie 118, puis route 141 Nord
☎*(819) 843-9855 ou
800-665-6527 (réservations)
www.parcsquebec.com*

Hébergement sur place: 3 refuges et une tente prospecteur

Services: stationnement, accueil, boutique, casse-croûte, salle de fartage, patrouille, premiers soins, carte des sentiers

Location: ski de fond, raquette, traîneau pour enfants

Autres activités: marche (3 km), ski alpin, camping d'hiver, interprétation de la nature

Ski de fond

Longueur des parcours: 70 km

Longueur linéaire du réseau: 46 km

Pas de patin: 45 km

Randonnée nordique: non

Abris, relais, refuges: 1 relais et 3 refuges

Tarif: 9,50$ + droit d'accès

École de ski: oui

Équipement d'entretien: 3 (BR 400+)

Réseau: 13 sentiers, dont 3 faciles, 5 difficiles et 5 très difficiles. Un sentier facile de 7 km relie le parc du Mont-Orford et le Centre de villégiature Jouvence.

Parcours suggérés:
○ **Facile: 1** (6,7 km aller). Le sentier longe l'étang, puis monte jusqu'au camping et en fait le tour.

◇ **Très difficile: 6**, **7**, **8**, **9** et **5** (16,2 km). Ce parcours se fait tout entier en forêt, et l'on y est à l'abri du vent.

◇ **Très difficile: 10** et **11** (8,3 km). Le sentier passe par le relais Le Vieux Camp. Beau point de vue sur le petit lac et la forêt. Belle descente de 1,5 km.

Raquette

Longueur des parcours: 16 km

Randonnée hors piste: non

Abris, relais, refuges: 3 refuges

Tarif: compris dans le droit d'accès

Réseau: 2 sentiers principaux proposant diverses possibilités de parcours

Centre de villégiature Jouvence

Le Centre de villégiature Jouvence est situé tout juste au nord du parc national du Mont-Orford. On y trouve une foule d'activités quatre-saisons, et toute la famille y est la bienvenue. De plus, il est possible de séjourner sur place, et des forfaits «club tout compris» sont proposés. Toutefois, vous ne pouvez y stationner pour la journée, le stationnement étant réservé aux résidants. Par contre, un sentier de ski de fond facile (7 km) relie le centre de villégiature au parc national du Mont-Orford.

Information

Centre de villégiature Jouvence
131 chemin de Jouvence, Orford
☎ *(450) 532-3134 ou 800-567-3134*
www.jouvence.com

Hébergement sur place: oui (obligatoire)

Services: stationnement, restauration

Location: non

Autres activités: pour les résidants seulement

Ski de fond

Longueur des parcours: 13 km

Pas de patin: non

Randonnée nordique: non

Abris, relais, refuges: 1 relais

École de ski: non

Équipement d'entretien:
2 (Bomby)

Réseau: 7 sentiers, dont 4 faciles et 3 difficiles, en plus du sentier facile de 7 km qui relie le centre au parc national du Mont-Orford

Raquette

Longueur des parcours: 6,2 km

Abris, relais, refuges: 1 relais

Réseau: 3 sentiers, dont 2 faciles et 1 difficile

Centre de ski de fond Richmond-Melbourne

Situé à Richmond-Melbourne, ce centre de ski de fond est un organisme sans but lucratif administré et dirigé par des bénévoles. À proximité de l'autoroute 55, il offre un bon choix de sentiers de tous niveaux.

Information

Centre de ski de fond Richmond-Melbourne
70 chemin Lay, Melbourne
☎(819) 826-3869 ou 826-3228

Services: stationnement, accueil, salle de fartage, casse-croûte, bar

Location: ski de fond, traîneau pour enfants

Autres activités: soirée de ski au flambeau (février)

Ski de fond

Longueur des parcours: 47 km

Longueur linéaire du réseau: 47 km

Pas de patin: non

Randonnée nordique: non

Abris, relais, refuges: 1 abri et 2 refuges chauffés

Tarif: 9$

École de ski: oui (sur demande)

Équipement d'entretien:
1 (motoneige)

Réseau: 15 sentiers, dont 5 faciles, 6 difficiles et 4 très difficiles

Renard roux

Parc de la Gorge de Coaticook

I a gorge de Coaticook est un phénomène naturel très spectaculaire. Mesurant 750 m de longueur, avec des parois de 50 m de hauteur, la gorge accueille les eaux tumultueuses de la rivière Coaticook. Cette rivière coule sur 47 km, soit du lac Norton, aux États-Unis, jusqu'à la rivière Massawippi et la rivière Saint-François. Le nom de Coaticook proviendrait de *koattegok*, qui signifie «rivière des pins», nom donné par les Abénaquis qui vécurent sur les lieux pendant plus d'un siècle.

Ouvert depuis janvier 1996, le réseau de sentiers de ski de fond du parc fait le bonheur des skieurs et des familles de la région grâce à un bon choix de parcours et aux beautés indéniables du site.

Information

Parc de la Gorge de Coaticook
400 rue Saint-Marc, Coaticook
☎ *(819) 849-2331 ou 888-lagorge*
www.gorgedecoaticook.qc.ca

Services: stationnement, accueil, casse-croûte, carte des sentiers

Location: ski de fond, raquette, glissade

Autres activités: glissade, traîneau à chiens (réservation)

Ski de fond

Longueur des parcours: 50 km

Pas de patin: non

Randonnée nordique: non

Abris, relais, refuges: 2 refuges

Tarif: 7$

École de ski: non

Équipement d'entretien:
1 (motoneige)

Réseau: 12 sentiers, dont 6 faciles et 6 difficiles

Raquette

Longueur des parcours: 25 km

Tarif: 7$ (compris dans le droit d'accès)

Réseau: 4 sentiers

Parc national du Mont-Mégantic

Le parc national du Mont-Mégantic fut le premier parc québécois créé depuis le moratoire de 1986, décrété par le ministère du Loisir, de la Chasse et de la Pêche (MLCP) d'alors. Ce parc en est un de conservation, c'est-à-dire qu'il vise la protection et la mise en valeur d'éléments représentatifs du patrimoine naturel.

Le mont Mégantic (1 105 m), situé à quelque 60 km à l'est de la ville de Sherbrooke, est, bien sûr, célèbre grâce à son observatoire astronomique, qui accueille plus de 20 000 visiteurs chaque année. La montagne a toutefois beaucoup plus à offrir, et le potentiel de développement d'un grand réseau de sentiers y est considérable.

Déjà près d'une cinquantaine de kilomètres de sentiers de ski de fond y sont aménagés. La neige y est abondante, et la saison de ski s'y veut l'une des plus longues au Québec, puisqu'on peut pratiquer ce sport à une altitude variant entre 450 m et 1 100 m. La saison se termine généralement à la mi-avril, alors qu'il fait beau et chaud dans la vallée, mais, sur le mont Mégantic, les conditions demeurent souvent bonnes jusqu'au début du mois de mai!

Information

Parc national du Mont-Mégantic
189 route du Parc, Notre-Dame-des-Bois
☎ *(819) 888-2941 ou 866-888-2941*
www.parcsquebec.com

Hébergement sur place: 7 refuges, 4 tentes prospecteurs et 13 plates-formes pour le camping d'hiver

Services: stationnement, accueil, bar-restaurant, transport de bagages, salle de fartage, patrouille, carte des sentiers

Location: ski de fond, raquette, glissade

Autres activités: activités d'astronomie, glissade

Ski de fond

Longueur des parcours: 46 km

Longueur linéaire du réseau: 38 km

Pas de patin: non

Randonnée nordique: 8,2 km

Abris, relais, refuges: 6 refuges et 4 tentes prospecteurs

Tarif: 8$ + droit d'accès

École de ski: non

Équipement d'entretien: 1 (motoneige)

Réseau: 8 sentiers, dont 2 faciles, 4 difficiles et 2 très difficiles

Parcours suggérés:
○ **Facile: 2** et **2a** (6,1 km a.-r.). Cette boucle, qui suit un sentier boisé, offre une magnifique vue sur le village et la campagne environnante.

□ **Difficile: Le Grand Tour** (boucle de 18 km). Ce parcours emprunte les sentiers n°s 1, 1A, 3 et 2. Il permet d'effectuer le tour de la montagne Noire et offre un beau point de vue sur le mont Orford.

◇ **Très difficile: Expert** (boucle de 18 km, sentier nordique). Ce parcours, qui suit les sentiers n°s 1, 5, 4b, 4a puis 1, mène au chemin de l'Observatoire (et non à l'Observatoire), à quelque 950 m d'altitude, là où la neige est d'une blancheur exceptionnelle. Beaux points de vue.

Raquette

Longueur des parcours: 28 km

Randonnée hors piste: non

Abris, relais, refuges: 5 refuges et 4 tentes prospecteurs

Tarif: compris dans le droit d'accès

Réseau: 6 sentiers, dont celui du mont Notre-Dame (boucle de 6,2 km) qui passe par le sommet (905 m). Aussi la boucle de la Grande-Ourse (6,5 km) et celle du mont Saint-Joseph, du col et de la Grande-Ourse (9 km). Quant à lui, le sentier du mont Mégantic (11,4 km aller-retour) mène au sommet et au refuge de la Voie Lactée (10 places), situé à 1 090 m d'altitude.

Chouette

Mont Ham

D'une altitude respectable de 713 m, le mont Ham a l'avantage d'être bien distinct dans le secteur, car il n'est pas entouré de grosses montagnes qui lui feraient de l'ombre. En plus du réseau de sentiers de ski de fond qui parcourt le pied de la montagne, il est possible de grimper, à pied, au sommet dégarni du mont Ham, d'où la vue panoramique est tout simplement éblouissante.

Information

Mont Ham
103 route 257, Ham-Sud
☎ *(819) 828-3608*
www.mtham.qc.ca

Services: stationnement, accueil, casse-croûte, carte des sentiers

Location: non

Autres activités: marche (4,1 km)

Ski de fond

Longueur des parcours: 6 km

Pas de patin: non

Randonnée nordique: non

Abris, relais, refuges: non

Tarif: 4$

École de ski: non

Équipement d'entretien: 1 (motoneige)

Réseau: 1 sentier facile

Raquette

Longueur des parcours: 16 km

Randonnée hors piste: oui

Tarif: 3,50$

Réseau: 4 sentiers, dont 2 mènent au sommet du mont Ham

Autres centres de ski de fond des Cantons-de-l'Est

Club de ski de fond Saint-Romain

Information

Club de ski de fond Saint-Romain
320 chemin Dostie, Saint-Romain
☎*(418) 486-2305*

Services: stationnement, accueil, carte des sentiers

Ski de fond

Longueur des parcours: 12 km

Abris, relais, refuges: 1 refuge

Tarif: 7$

Équipement d'entretien: 1 (motoneige)

Réseau: 2 sentiers, dont 1 facile et 1 difficile

Complexe Baie-des-Sables

Information

Complexe Baie-des-Sables
505 route 263 Sud, Lac-Mégantic
☎*(819) 583-3965*
www.campingquebec.com/baiedessables

Services: stationnement, restauration

Ski de fond

Longueur des parcours: 30 km

Abris, relais, refuges: 2 refuges

Tarif: 7$

Équipement d'entretien: 1 (motoneige)

Réseau: 7 sentiers, dont 2 faciles, 4 difficiles et 1 très difficile

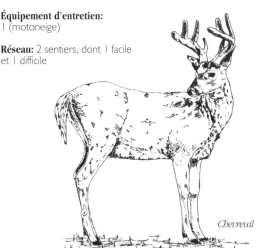

Chevreuil

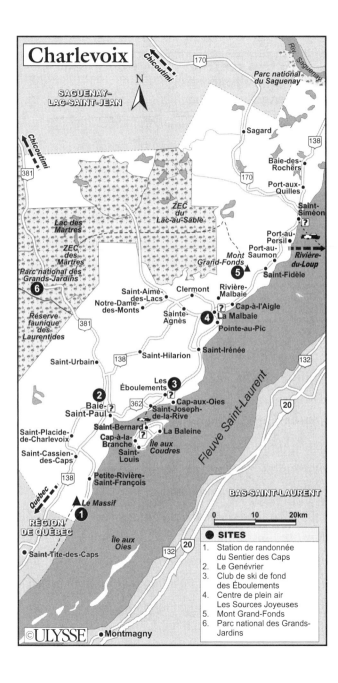

Charlevoix

SAGUENAY–LAC-SAINT-JEAN

Chicoutimi

170

N

Parc national du Saguenay

Rív. Saguenay

• Sagard

138

Chicoutimi

381

Baie-des-Rochers

170

Port-aux-Quilles

ZEC du Lac-au-Sable

Saint-Siméon
?

Lac des Martres

Port-au-Persil

ZEC des Martres

Port-au-Saumon

Rivière-du-Loup

Mont Grand-Fonds
5 ▲

Parc national des Grands-Jardins

Saint-Fidèle

6

Saint-Aimé-des-Lacs

Clermont

Rivière-Malbaie

Réserve faunique des Laurentides

Notre-Dame-des-Monts

Sainte-Agnès

4 ?

Cap-à-l'Aigle

La Malbaie

381

Pointe-au-Pic

Saint-Urbain •

138

Saint-Hilarion

Saint-Irénée

132

Les Éboulements

3 ?

Fleuve Saint-Laurent

20

2

Baie-
Saint-Paul •

?

362

Cap-aux-Oies

Saint-Joseph-de-la-Rive

Saint-Placide-de-Charlevoix

Saint-Bernard •

La Baleine

Cap-à-la-Branche

?

Île aux Coudres

Saint-Cassien-des-Caps

Saint-Louis

Petite-Rivière-Saint-François

BAS-SAINT-LAURENT

Québec

138

▲ *Le Massif*
1

RÉGION DE QUÉBEC

Île aux Oies

Saint-Tite-des-Caps •

132

20

©ULYSSE • Montmagny

| 0 | 10 | 20km |

● SITES

1. Station de randonnée du Sentier des Caps
2. Le Genévrier
3. Club de ski de fond des Éboulements
4. Centre de plein air Les Sources Joyeuses
5. Mont Grand-Fonds
6. Parc national des Grands-Jardins

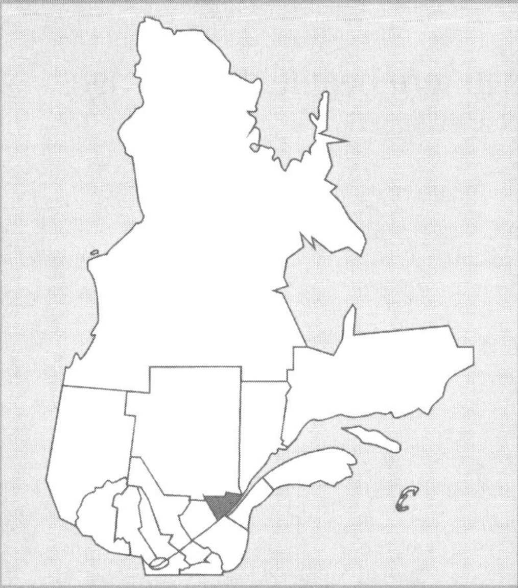

Charlevoix

La singulière beauté des paysages de Charlevoix séduit les artistes depuis des générations.

Depuis Saint-Joachim jusqu'à l'embouchure de la rivière Saguenay, la rencontre du fleuve et des montagnes a su y sculpter des paysages envoûtants et poétiques. Tout au long de cette rive qu'agrémente un chapelet de vieux villages se succèdent d'étroites vallées et des montagnes tombant abruptement dans les eaux salées du Saint-Laurent. Au-delà des berges s'étend un territoire sauvage et montagneux où la taïga se substitue parfois à la forêt boréale.

À la richesse du patrimoine architectural et aux paysages exceptionnels s'allient une faune et une flore d'une éblouissante variété. Déclarée réserve mondiale de la biosphère par l'UNESCO en 1988, la région de Charlevoix abrite des espèces animales et florales uniques. Profondément nichée dans l'hinterland, une partie du territoire est constitué d'un environnement ayant les propriétés de la taïga, ce qui est tout à fait remarquable à cette latitude, et abrite différentes espèces animales, entre autres le caribou et le grand loup d'Arctique.

Une longue randonnée à skis de 100 km, **La Traversée de Charlevoix** (voir p 272), permet, pendant une semaine, d'avoir un contact privilégié et étroit avec cette région sauvage et spectaculaire aux montagnes sublimes.

Caribou

De très vieilles montagnes

La région de Charlevoix abrite les plus vieilles montagnes du monde. Ce territoire de 6 000 km² est situé au cœur du Bouclier canadien. Les Laurentides y déferlent en cascades géantes jusqu'à se fondre aux eaux salées du fleuve Saint-Laurent. D'autre part, l'île aux Coudres était une ancienne petite montagne laurentienne située sur le bord du fleuve, laquelle s'engouffra durant le tremblement de terre de 1663, pour réapparaître sous forme d'une petite île bordée d'écueils.

Le mont des Éboulements a surgi il y a 350 millions d'années, soulevé par la chute d'un météorite qui a géographiquement défini la région. Le passage de gigantesques glaciers de 3 km à 5 km d'épaisseur, l'invasion de la mer de Champlain jusqu'à 180 m d'altitude et les tremblements de terre qui affectent régulièrement la région ont aussi contribué à accentuer le relief de ce paysage.

Charlevoix

Centre de ski de fond du sentier des Caps

Le Centre de ski de fond du sentier des Caps fait partie du déjà réputé réseau de sentiers dénommé «Sentier des Caps de Charlevoix». Si, du côté de Saint-Tite-des-Caps, on y trouve le sentier de longue randonnée (voir p 271), du côté de Petite-Rivière-Saint-François loge désormais le centre de ski de fond. Ce centre est en fait situé au sommet de la station de ski alpin Le Massif, de loin la plus spectaculaire station de tout le Québec.

Information

Centre de ski de fond du sentier des Caps
2 rue Leclerc, angle route 138, Saint-Tite-des-Caps, à côté de l'auberge du Capitaine
☎ *(418) 823-1117 ou 866-823-1117*
www.sentierdescaps.com

Hébergement sur place: 3 refuges

Services: stationnement, accueil, salle de fartage, carte des sentiers, restauration, boutique

Location: ski de fond, raquette

Autres activités: ski alpin (au Massif)

Ski de fond

Longueur des parcours: 65 km

Pas de patin: non

Randonnée nordique: 20 km

Abris, relais, refuges: 3 refuges et 1 relais

Tarif: 9,50$

École de ski: oui

Équipement d'entretien: 3 (BR 400)

Réseau: 7 sentiers formant des boucles, dont 2 faciles (3 km et 8,7 km), 2 difficiles (4,5 km et 7,5 km) et 3 très difficiles (7,5 km, 11,7 km et 22 km)

Raquette

Longueur des parcours: 17,7 km

Abris, relais, refuges: 2 refuges

Tarif: 5$

Réseau: 2 sentiers (6 km et 11,7 km) menant aux refuges

Le Genévrier

Le Genévrier a vu le jour en 1966, mais c'est à partir de 1977 qu'il est devenu un centre de «séjour-destination quatre-saisons» avec activités intégrées.

Situé au cœur de la vallée de Baie-Saint-Paul, à 2 km du village, Le Genévrier accueille les skieurs de fond pour une journée, une fin de semaine ou une semaine.

Des chalets confortables rendent le séjour agréable.

Information

Le Genévrier
1175 boul. Mgr-De Laval, Baie-Saint-Paul
☎ *(418) 435-6520 ou 877-435-6520*
www.genevrier.com

Hébergement sur place: 35 chalets

Services: stationnement, accueil, restauration, carte des sentiers

Location: ski de fond, patin, glissade

Autres activités: patin (anneau de glace de 200 m), glissade sur chambre à air

Ski de fond

Longueur des parcours: 12 km

Longueur linéaire du réseau: 9 km

Pas de patin: non

Randonnée nordique: non

Abris, relais, refuges: 1 refuge

Tarif: 5,50$

École de ski: non

Équipement d'entretien: 1 (motoneige)

Réseau: 3 sentiers, dont 2 faciles et 1 difficile

Raquette

Randonnée hors piste: oui

Tarif: 5,50$

Mont Grand-Fonds

Mont Grand-Fonds, situé au nord de La Malbaie, est bien plus qu'une station de ski alpin. C'est aussi un centre réunissant un grand nombre d'activités hivernales dans de superbes conditions d'enneigement.

Côté ski de fond, plus de 100 km de sentiers balisés et entretenus offrent aux skieurs de tout niveau des panoramas éblouissants.

Information

Mont Grand-Fonds
1000 chemin des Loisirs, La Malbaie
☎ *(418) 665-0095 ou 877-665-0095*
www.montgrandfonds.com

Hébergement sur place: non

Services: stationnement, accueil, salle de fartage, restauration, bar, boutique, garderie, patrouille

Location: ski de fond, raquette

Autres activités: ski alpin, glissade

Ski de fond

Longueur des parcours: 160 km

Longueur linéaire du réseau: 80 km

Pas de patin: 20 km

Randonnée nordique: 20 km

Abris, relais, refuges: 4 refuges

Tarif: 13$

École de ski: non

Équipement d'entretien: 1 (motoneige)

Réseau: 15 sentiers, dont 3 faciles, 5 difficiles et 7 très difficiles

Raquette

Longueur des parcours: 7,5 km

Randonnée hors piste: non

Tarif: 5$

Réseau: 5 sentiers

Parc national des Grands-Jardins

Le parc national des Grands-Jardins est également surnommé l'«îlot du Grand Nord québécois», car il abrite une faune et une flore subarctiques. Plus du tiers de sa superficie est composé de taïga (pessière à cladonie), soit la forêt clairsemée des régions nordiques. Tapis de lichens, fleurs nordiques, bouleaux nains et épinettes noires donnent au site une allure d'immense jardin, d'où son nom. Le parc fut créé en 1981, mais il faisait déjà partie du parc des Laurentides depuis 1895.

L'observation du caribou est, depuis quelques années,

Charlevoix

l'attraction majeure des lieux. En 1909, il abritait 400 caribous, mais la chasse eut vite raison de ce troupeau, car, moins de 10 ans plus tard, il n'en restait plus un seul! Il a fallu attendre 1969 pour voir de nouveau des caribous dans le parc. En trois ans, 82 caribous y furent introduits. En 1985, le troupeau se composait d'à peine 70 bêtes, mais aujourd'hui il se porte bien et en compte autour de 125.

Depuis peu, le parc national des Grands-Jardins a enfin ouvert ses portes aux amateurs d'activités hivernales. Du refuge La Galette (route 381), un réseau de plus de 40 km de sentiers de ski de fond permet une bonne exploration du milieu. Du ski de fond à la journée est maintenant possible tous les jours.

Information

Parc national des Grands-Jardins
refuge La Galette (par la route 381)
☎ *(418) 439-1227 ou 866-702-9202*
www.parcsquebec.com

Hébergement sur place: 4 chalets, 2 refuges

Services: stationnement, salle de fartage, transport des bagages, carte des sentiers

Location: non

Autres activités: non

Ski de fond

Longueur des parcours: 40 km

Longueur linéaire du réseau: 40 km

Pas de patin: non

Randonnée nordique: 40 km

Abris, relais, refuges: 2 refuges

Tarif: droit d'accès

École de ski: non

Équipement d'entretien: 1 (motoneige)

Réseau: 4 sentiers, dont 3 faciles et 1 difficile

Raquette

Longueur des parcours: 5 km
Abris, relais, refuges: 2 refuges

Tarif: droit d'accès

Réseau: 1 sentier ainsi que les chemins du parc

Autres centres de ski de fond de Charlevoix

Club de ski de fond des Éboulements

Information

Club de ski de fond des Éboulements
196 G chemin Sainte-Catherine, Les Éboulements
☎ *(418) 635-2244 ou 635-2542*

Services: stationnement, accueil, carte des sentiers, salle de fartage

Ski de fond

Longueur des parcours: 16 km

Longueur linéaire du réseau: 16 km

Abris, relais, refuges: 2 relais

Tarif: 5$

Équipement d'entretien: 1 (motoneige)

Réseau: une longue boucle de 16 km repasse par le chalet, offrant des sections faciles et difficiles; le sentier traverse 10 fois la rivière du Moulin

---

Centre de plein air Les Sources Joyeuses

Information

Centre de plein air Les Sources Joyeuses
141 rang Sainte-Madeleine, La Malbaie
☎ *(418) 665-4858*

Services: stationnement, accueil, salle de fartage, casse-croûte

Location: ski de fond, raquette, patin

Autres activités: marche (5,5 km), patin, glissade

Ski de fond

Longueur des parcours: 82 km**Longueur linéaire du réseau:** 35 km

Pas de patin: 10 km

Abris, relais, refuges: 1 relais et 2 tipis chauffés

Tarif: 7$

École de ski: oui

Équipement d'entretien: 1 (motoneige)

Réseau: 12 sentiers, dont 6 faciles, 3 difficiles et 3 très difficiles

Raquette

Longueur des parcours: 11 km

Abris, relais, refuges: 1 relais et 2 tipis chauffés

Tarif: 2$

Réseau: 3 sentiers

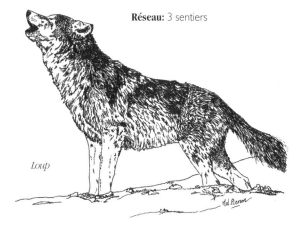

Loup

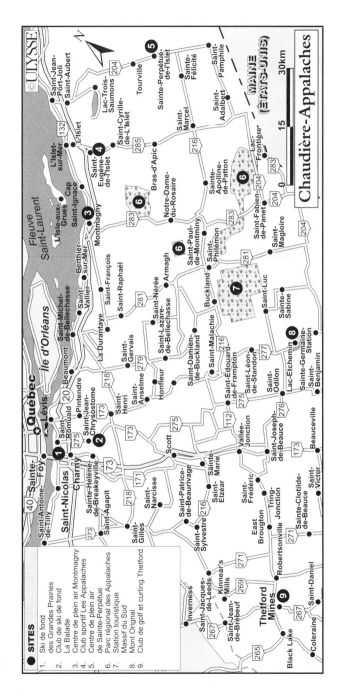

Chaudière-Appalaches

SITES

1. Ski de fond des Grandes Prairies
2. Club de ski de fond La Balade
3. Centre de plein air Montmagny
4. Club sportif Les Appalaches
5. Centre de plein air de Sainte-Perpétue
6. Parc régional des Appalaches
7. Station touristique Massif du Sud
8. Mont Orignal
9. Club de golf et curling Thetford

MAINE (ÉTATS-UNIS)

Fleuve Saint-Laurent

Île d'Orléans

©ULYSSE

0   15   30km

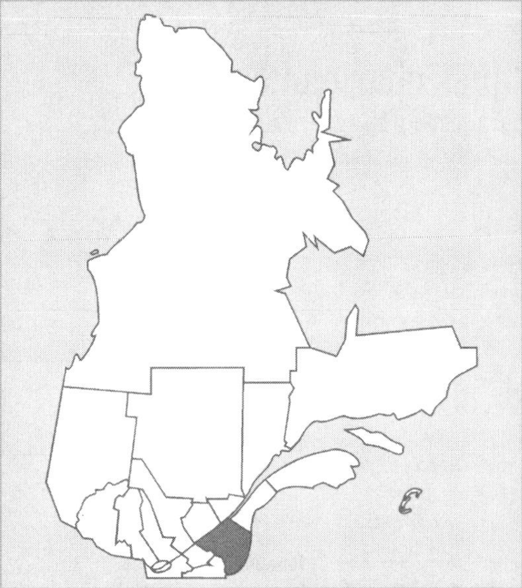

Chaudière-Appalaches

Quelques charmantes villes

au caractère géographique très distinct se regroupent dans la région de Chaudière-Appalaches.

Sur la rive sud du Saint-Laurent, face à Québec, la région s'ouvre sur une vaste plaine fertile avant de lentement grimper vers les contreforts des Appalaches jusqu'à la frontière avec les États-Unis. La rivière Chaudière, qui prend sa source dans le lac Mégantic, la traverse, puis se jette dans le fleuve Saint-Laurent à la hauteur des ponts de Québec.

Centre de plein air de Montmagny

Le Centre de plein air de Montmagny se trouve à 18 km au sud de la ville du même nom et à 80 km de la ville de Québec, sur la rive sud du fleuve Saint-Laurent.

Note: à partir de l'hiver 2005, le centre devrait changer de gestionnaire. Avant de vous y rendre, communiquez avec l'office de tourisme de Montmagny (☎800-463-5643).

Information

Centre de plein air Montmagny
route 283 Sud, Montmagny
☎(418) 248-7294

Services: stationnement, accueil, salle de fartage, casse-croûte, carte des sentiers

Location: ski de fond, raquette

Autres activités: glissade

Ski de fond

Longueur des parcours: 60 km

Longueur linéaire du réseau: 42 km

Pas de patin: 15 km

Randonnée nordique: 10 km

Abris, relais, refuges: 2 refuges

Tarif: 7$

École de ski: oui (sur demande)

Équipement d'entretien: 2 (tracteur à chenilles)

Réseau: 12 sentiers, dont 6 faciles, 5 difficiles et 1 très difficile

Parcours suggérés:
○ **Facile: 3 La Lièvre** (3,5 km). Petite boucle sur un territoire boisé et vallonné.

□ **Difficile: 4 La Montagne** (6 km). Ce parcours emprunte les sentiers n°^{os} 4, 10 et 1. Il comporte plusieurs bonnes montées. Un beau point de vue permet d'admirer le village de Notre-Dame-du-Rosaire, la pente de ski Grande Coulée ainsi que le massif du Sud.

◇ **Très difficile: 30 L'Inconnu** (10 km). Ce sentier de randonnée nordique longe en partie la rivière Inconnue, comporte de grandes montées et offre quelques points de vue sur la forêt avoisinante.

Les sentiers mènent le skieur sur les premiers contreforts des Appalaches, où, du haut des vallons, la vue sur la Côte-du-Sud et la région de Charlevoix est fameuse.

Raquette

Longueur des parcours: 8,5 km

Randonnée hors piste: oui

Abris, relais, refuges: 1 refuge

Tarif: 3$

Réseau: 2 sentiers

Club sportif Les Appalaches

Situé au sud de Saint-Eugène et à mi-distance entre Québec et Rivière-du-Loup, le Club sportif Les Appalaches a été fondé en 1960 et est exploité essentiellement par des bénévoles. Le Club sportif Les Appalaches est l'un des rares centres au Québec où skieurs de fond et motoneigistes font bon ménage. Quelques sentiers se croisent, de sorte que le respect et la prudence sont de mise.

Information

Club sportif Les Appalaches
25 chemin des Appalaches Est, Saint-Eugène
☎ *(418) 247-3271*

Hébergement sur place: 2 refuges

Services: stationnement, accueil, salle de fartage, restauration, bar, boutique, carte des sentiers

Location: ski de fond

Autres activités: glissade, motoneige (location à proximité)

Ski de fond

Longueur des parcours: 50 km

Longueur linéaire du réseau: 50 km

Pas de patin: non

Randonnée nordique: non

Abris, relais, refuges: 5 refuges

Tarif: 7$

École de ski: non

Équipement d'entretien: 2 (BR 100)

Réseau: 11 sentiers, dont 2 faciles, 3 difficiles et 6 très difficiles

Arbres

Parc régional des Appalaches

Situé à l'est de la région touristique de Chaudière-Appalaches, le parc régional des Appalaches fut créé en 1997. Grâce au partenariat de huit municipalités de la région, le parc s'est développé de façon très rapide. Divisé en 10 sites naturels répartis dans cinq secteurs, entre Montmagny et la frontière canado-américaine (Maine), il propose un grand nombre de parcours de ski de fond et de raquette. Un parc à découvrir absolument!

Information

Parc régional des Appalaches
21 route des Chutes, Sainte-Lucie-de-Beauregard
☎*(418) 223-3423 ou 877-827-3423*
www.parcappalaches.com

Hébergement sur place: gîtes, chalets, refuges, camping

Services: stationnements, accueil, casse-croûte, boutique, carte des sentiers, transport des bagages, navette, guides accompagnateurs

Location: raquette

Autres activités: glissade

Ski de fond

Longueur des parcours: 115 km

Longueur linéaire du réseau: 115 km

Pas de patin: 22 km

Randonnée nordique: 55 km

Abris, relais, refuges: 4 refuges et plusieurs abris (*lean-to*)

Tarif: 6$ (gratuit pour le ski nordique)

École de ski: non

Équipement d'entretien: 3 (appareils avec concasseur à neige)

Réseau: 10 sentiers, dont 4 faciles, 3 difficiles et 3 très difficiles

Raquette

Longueur des parcours: 55 km

Randonnée hors piste: oui

Abris, relais, refuges: 4 refuges et plusieurs abris (*lean-to*)

Tarif: gratuit

Réseau: 6 sentiers

Station touristique Massif du Sud

Nichée dans les contreforts des Appalaches, la Station touristique Massif du Sud permet de découvrir les plus hauts sommets appalachiens compris entre le mont Mégantic (Cantons-de-l'Est) et les Chic-Chocs (Gaspésie).

Information

Station touristique Massif du Sud
1989 route du Massif, Saint-Philémon
☎*(418) 469-3676*
www.massifdusud.com

Hébergement sur place: copropriétés, chalets, refuges

Services: stationnement, accueil, salle de fartage, restauration, boutique, garderie, patrouille, carte des sentiers

Location: ski de fond, raquette

Autres activités: ski alpin, motoneige, équitation, télémark

Ski de fond

Longueur des parcours: 56 km

Longueur linéaire du réseau: 36 km

Pas de patin: 10 km

Randonnée nordique: non

Abris, relais, refuges: 5 refuges

Tarif: 8,50$ (12,50$ avec le télésiège)

École de ski: oui

Équipement d'entretien: 1 (motoneige)

Réseau: 7 sentiers, dont 1 facile, 3 difficiles et 3 très difficiles

Raquette

Longueur des parcours: 15 km

Randonnée hors piste: oui

Abris, relais, refuges: 5 refuges

Tarif: 3,50$

Réseau: 6 sentiers

Mont Orignal

Le centre de ski de fond Mont Orignal se trouve près de Lac-Etchemin, dans la Beauce. Il est géré par la station de ski alpin du même nom.

Information

Mont Orignal
158 rang du Mont-Orignal, Lac-Etchemin
☎*(418) 625-1551 ou 877-335-1551*
www.montorignal.com

Hébergement sur place: chalets en montagne

Services: stationnement, accueil, salle de fartage, bar, douches, restaurant

Location: ski de fond, raquette, ski alpin

Autres activités: ski alpin, glissade sur chambre à air

Ski de fond

Longueur des parcours: 41,4 km

Pas de patin: non

Randonnée nordique: non

Abris, relais, refuges: 1 relais

Tarif: 8$

École de ski: non

Équipement d'entretien: 1 (motoneige)

Réseau: 5 sentiers, dont 3 faciles, 1 difficile et 1 très difficile

Chaudière-Appalaches

Autres centres de ski de fond de Chaudière-Appalaches

Ski de fond des Grandes Prairies

Information

Ski de fond des Grandes Prairies
1936 4ᵉ Rue, Saint-Romuald
☎ *(418) 839-1919*

Services: stationnement, accueil, salle de fartage, carte des sentiers, boutique, patrouille

Ski de fond

Longueur des parcours: 30 km

Pas de patin: 11 km

Tarif: 4$

École de ski: oui

Équipement d'entretien: 1 (BR 60)

Réseau: 8 sentiers, dont 6 faciles et 2 difficiles

Club de ski de fond La Balade

Information

Club de ski de fond La Balade
705 rue du Moulin, Saint-Jean-Chrysostome
☎ *(418) 839-2709 (conditions de ski) ou (418) 839-1551*

Services: stationnement, accueil, restauration, salle de fartage, carte des sentiers

Location: ski de fond

Ski de fond

Longueur des parcours: 27 km

Longueur linéaire du réseau: 27 km

Pas de patin: 8 km

Abris, relais, refuges: 1 refuge

Tarif: 6$

École de ski: oui

Équipement d'entretien: 3 (BR 180 avec conditionneur à neige)

Réseau: 11 sentiers, dont 1 facile, 7 difficiles et 3 très difficiles

Centre de plein air de Sainte-Perpétue

Information

Centre de plein air de Sainte-Perpétue
rang Taché Est, Sainte-Perpétue
☎ *(418) 359-3363*

Services: stationnement, accueil, salle de fartage, restauration

Autres activités: glissade, motoneige

Ski de fond

Longueur des parcours: 37 km

Abris, relais, refuges: 1 relais

Tarif: 4$

Réseau: 7 sentiers, dont 3 faciles, 2 difficiles et 2 très difficiles

---

Club de golf et curling Thetford

Information

Club de golf et curling Thetford
1 rue du Golf, Thetford Mines
☎*(418) 335-2931 ou 335-9707*

Services: stationnement, accueil, bar

Ski de fond

Longueur des parcours: 35 km

Abris, relais, refuges: l refuge

Tarif: 3$

Équipement d'entretien:
l (motoneige)

Réseau: 6 sentiers, dont 5 faciles et l difficile

Merle d'amérique

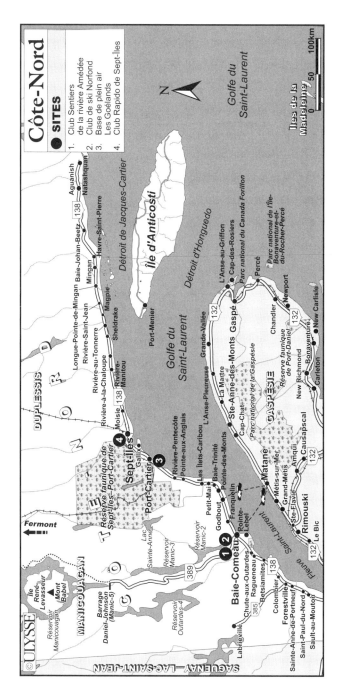

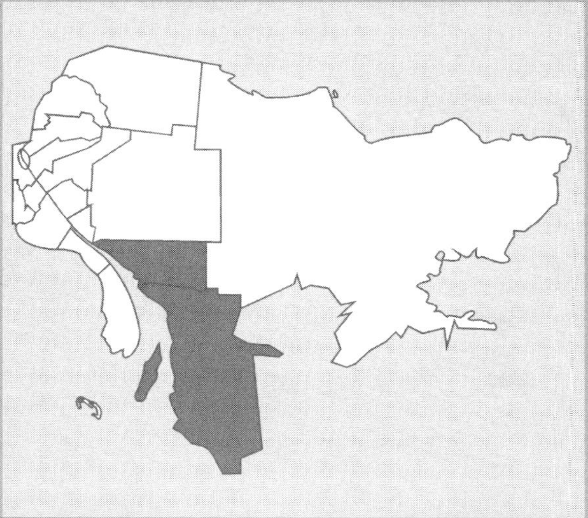

Côte-Nord

Longeant le fleuve,

la Côte-Nord englobe les régions touristiques de Manicouagan et de Duplessis.

Couverte d'une riche forêt boréale, Manicouagan est aussi dotée d'un fabuleux réseau hydrographique servant à alimenter les huit centrales électriques du complexe Manic-Outardes. Pour les amants de la nature et du plein air, le parc régional de Pointe-aux-Outardes rend possible l'observation d'une multitude d'espèces d'oiseaux, alors que les **monts Groulx** (voir p 278), loin dans l'hinterland, offrent de belles occasions d'expédition à skis aux plus aventureux.

Pays de grands espaces et de nature sauvage, Duplessis offre aux visiteurs la jouissance de son calme et la richesse de sa faune et de sa flore. On y vient aussi, et avec raison, pour s'émerveiller devant les splendeurs de l'île d'Anticosti et de l'étonnant archipel de Mingan.

Club Sentiers de la rivière Amédée

Le Club Sentiers de la rivière Amédée se trouve à Baie-Comeau en bordure de la rivière Amédée. Ce site fut choisi pour la présentation des épreuves de ski de fond lors de la finale provinciale des Jeux du Québec en

1993. Pendant la saison de ski, le club organise des randonnées au clair de lune ainsi que diverses cliniques portant sur le ski de fond.

Il est à noter que le chalet principal est désormais situé au Club de golf de Baie-Comeau.

Information

Club Sentiers de la rivière Amédée
1700 rue de Bretagne, Baie-Comeau
☎ *(418) 295-1818*

Services: stationnement, accueil, salle de fartage, carte des sentiers, patrouille

Location: ski de fond

Autres activités: clinique de fartage, randonnée au clair de lune

Ski de fond

Longueur des parcours: 27 km

Pas de patin: 15,5 km

Randonnée nordique: non

Abris, relais, refuges: 2 relais

Tarif: 6$

École de ski: oui

Équipement d'entretien: 1 (motoneige)

Réseau: 10 sentiers, dont 3 faciles, 4 difficiles et 3 très difficiles

Parcours suggérés:
○ **Facile: 1 L'Amicale** (2,5 km). Ce sentier plat traverse un terrain de golf.

□ **Difficile: 2 Boucle** (2,5 km). Ce parcours traverse la rivière Amédée et offre quelques belles montées, de même qu'un beau point de vue sur le secteur Mingan de la ville de Baie-Comeau.

◇ **Très difficile: 4 Côteaux** (3 km). Ce tracé, qui traverse plusieurs fois la rivière Amédée, mène au lac du même nom où un relais (chalet B) attend le skieur.

Club de ski Norfond

Le Club de ski Norfond se trouve à une dizaine de kilomètres de la ville de Baie-Comeau, près de la station de ski alpin Mont Ti-Basse. Le site est parsemé de magnifiques lacs et rivières ainsi que de montagnes.

Information

Club de ski Norfond
☎*(418) 296-2484*
www.norfond.cjb.net

Services: stationnement, accueil, salle de fartage, carte des sentiers

Location: non

Autres activités: non

Ski de fond

Longueur des parcours: 40 km

Longueur linéaire du réseau: 30 km

Pas de patin: 10 km

Randonnée nordique: 9,6 km

Abris, relais, refuges: 3 relais

Tarif: 6$

École de ski: non

Équipement d'entretien: 3 (BR 100)

Réseau: 12 sentiers, dont 3 faciles, 1 difficile et 8 très difficiles. Deux sentiers sont réservés à la randonnée nordique. Un sentier de 4 km est éclairé.

Parcours suggérés:
○ **Facile: 1 Grand Boulevard** (7,3 km). Ce sentier, que l'on peut parcourir en pas alternatif ou en pas de patin, passe par deux relais et offre quelques beaux points de vue le long de la rivière aux Anglais.

□ **Difficile: 4 Baladeuse** (1,5 km). Il faut d'abord emprunter le sentier n° 1. Seul sentier difficile, La Baladeuse longe le lac Borne.

◇ **Très difficile: 3 Montagnarde** (2,1 km). Il faut d'abord emprunter le sentier n° 1, qui offre beaucoup de montées et de descentes ainsi que quelques points de vue.

Castor

Côte-Nord

Base de plein air Les Goélands

La Base de plein air Les Goélands, qui existe depuis une vingtaine d'années, est située à 12 km à l'ouest de Port-Cartier. On y propose une grande variété d'activités de plein air tout au long de l'année (randonnée pédestre, vélo de montagne, canot rabaska, tir à l'arc, etc.) de même que des services de restauration et d'hébergement.

Information

Base de plein air Les Goélands
route 138, Port-Cartier
☎ *(418) 766-8706*
www.multimania.com/bpag

Hébergement sur place: oui

Services: stationnement, accueil, restauration, salle de fartage, carte des sentiers

Location: ski de fond

Autres activités: randonnée de nuit à la pleine lune, motoneige, glissade

Ski de fond

Longueur des parcours: 23 km

Longueur linéaire du réseau: 23 km

Pas de patin: non

Randonnée nordique: non

Abris, relais, refuges: l relais et l chalet

Tarif: 8$

École de ski: non

Équipement d'entretien: l (motoneige)

Réseau: 11 sentiers, dont 5 faciles, 2 difficiles et 4 très difficiles

Raquette

Longueur des parcours: 23 km

Randonnée hors piste: oui

Abris, relais, refuges: l refuge

Tarif: gratuit

Réseau: même réseau que celui de ski de fond

Club Rapido de Sept-Îles

Le Club Rapido de Sept-Îles offre un magnifique réseau de sentiers dans un cadre enchanteur. Les sentiers parcourent la forêt et permettent d'effectuer de jolies randonnées à deux pas de la ville. Très dynamique, le Club Rapido a célébré ses 25 ans en 1999, avec la présence de Pierre Harvey.

Information

Club Rapido de Sept-Îles
accès par la route 138
☎ *(418) 968-4011*
www.pages.globetrotter.net/ skidefondrapido/

Services: stationnement, accueil, salle de fartage, restaurant, carte des sentiers, patrouille

Location: ski de fond

Autres activités: clinique de fartage, randonnée de nuit

Ski de fond

Longueur des parcours: 35,3 km

Longueur linéaire du réseau: 35,3 km

Pas de patin: 14,9 km

Randonnée nordique: non

Abris, relais, refuges: 1 refuge (chalet des bénévoles)

Tarif: 9$

École de ski: non

Équipement d'entretien: 1 (motoneige)

Réseau: 11 sentiers, dont 4 faciles, 3 difficiles et 4 très difficiles

Raquette

Longueur des parcours: 8 km

Randonnée hors piste: oui

Tarif: 2$

Réseau: 5 sentiers

Grand héron

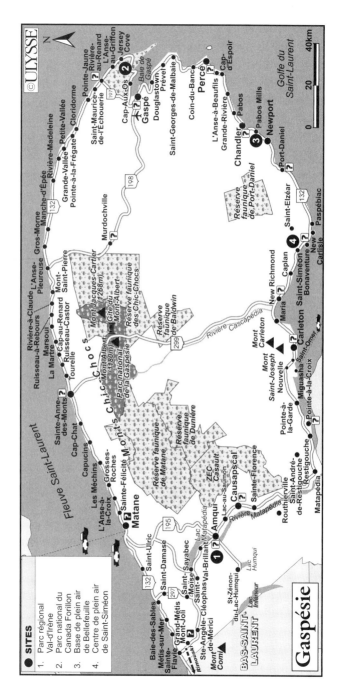

Gaspésie

Terre mythique

à l'extrémité est du Québec, la Gaspésie fait partie des rêves de tous ceux qui caressent, souvent longtemps à l'avance, le projet d'en faire enfin le «tour»; de traverser ses splendides paysages côtiers, là où les monts Chic-Chocs plongent abruptement dans les eaux froides du Saint-Laurent; de se rendre, bien sûr, jusqu'au fameux rocher Percé; de prendre le large pour l'île Bonaventure et de visiter l'extraordinaire parc national du Canada Forillon; enfin, de lentement revenir en longeant la baie des Chaleurs et en sillonnant l'arrière-pays par la vallée de la Matapédia.

Dans ce beau «coin» du Québec, aux paysages si pittoresques, des gens fascinants et accueillants tirent encore leur subsistance, en grande partie, des produits de la mer. La grande majorité des Gaspésiens habitent de petits villages côtiers, laissant le centre de la péninsule recouvert d'une riche forêt boréale. On y retrouve le plus haut sommet du Québec méridional, dans cette partie de la chaîne des Appalaches que l'on nomme les monts Chic-Chocs.

Parc régional Val-d'Irène

Situé à Sainte-Irène, près d'Amqui, le parc régional Val-d'Irène est avant tout une station de ski alpin réputée pour ses conditions d'enneigement exceptionnelles et la longueur de sa saison (de novembre à la fin avril). Avec les meilleures conditions de neige au Québec, il est étonnant d'y retrouver aussi peu de sentiers de ski de fond.

Information

Parc régional Val-d'Irène
115 route Val-d'Irène, Sainte-Irène
☎ *(418) 629-3450*
☎ *(418) 629-3101 (conditions de ski)*
www.val-direne.com

Hébergement sur place: 24 appartements

Services: stationnement, chalet principal, salle de fartage, restauration, garderie, resto-pub au sommet de la montagne

Location: non

Autres activités: ski alpin, glissade sur chambre à air, motoneige

Les Chic-Chocs: les montagnes rocheuses du Québec

Le nom des Chic-Chocs provient du mot micmac *sigsôg*, qui signifie «rochers escarpés» ou «montagnes rocheuses». Contrairement à ce qu'on en dit, ce massif gaspésien, formé d'un haut plateau étroit, ne constitue pas l'extrémité septentrionale de la chaîne nord-américaine des Appalaches, laquelle enjambe le golfe du Saint-Laurent pour aboutir au Long Range, sur l'île de Terre-Neuve.

Muraille infranchissable selon les Amérindiens des siècles derniers, le massif des Chic-Chocs est encore aujourd'hui un territoire à accès restreint. Plus haute portion des Appalaches au Québec, lesquelles sont nommées ici les monts Notre-Dame, qui franchissent la frontière canado-américaine dans les Cantons-de-l'Est, les Chic-Chocs abritent des écosystèmes très particuliers.

Ski de fond

Longueur des parcours: 11 km

Longueur linéaire du réseau: 11 km

Pas de patin: 6 km

Randonnée nordique: non

Abris, relais, refuges: 1 relais

Tarif: 10$

École de ski: non

Équipement d'entretien: 3 (BR 400)

Réseau: 2 sentiers, dont 1 facile et 1 difficile

Raquette

Longueur des parcours: 4,5 km

Randonnée hors piste: oui

Tarif: gratuit

Réseau: 1 sentier qui mène au sommet de la montagne

Parc national du Canada Forillon

Le parc national du Canada Forillon, situé sur la pointe de la péninsule gaspésienne, est en fait une presqu'île s'avançant dans l'océan. Falaises sculptées par la mer, anses, plages et caps vous

Gaspésie

donnent l'impression d'être au bout du monde.

Trois entrées permettent d'accéder au réseau de sentiers.

Information

Parc national du Canada Forillon
122 boul. de Gaspé, Gaspé
☎ *(418) 368-5505*
☎ *(418) 368-5221 (conditions de ski)*
www.parcscanada.gc.ca/forillon

Services: stationnements, bâtiment de services, carte des sentiers

Location: non

Autres activités: camping d'hiver, traîneau à chiens

Ski de fond

Longueur des parcours: 55 km

Pas de patin: non

Randonnée nordique: 15 km

Abris, relais, refuges: 4 refuges

Tarif: 5$, gratuit pour la randonnée nordique

École de ski: non

Équipement d'entretien: 1 (motoneige)

Réseau: 5 sentiers, dont 2 faciles et 3 difficiles

Raquette

Randonnée hors piste: oui

Abris, relais, refuges: 1 refuge

Tarif: gratuit

Autres centres de ski de fond de la Gaspésie

Base de plein air de Bellefeuille

Information

Base de plein air de Bellefeuille
70 route de la Plage, Pabos Mills (Chandler)
☎ *(418) 689-6727*
www.basedebellefeuille.com

Hébergement sur place: chalets

Services: stationnement, accueil, restauration

Location: ski de fond, raquette

Autres activités: glissade, patin

Ski de fond

Longueur des parcours: 18 km

Tarif: 5$

Équipement d'entretien:
1 (motoneige)

Réseau: le réseau compte 4 sentiers faciles

Raquette

Longueur des parcours: 5 km

Tarif: 5$ (compris dans le droit d'accès)

Réseau: 1 sentier

Centre de plein air de Saint-Siméon

Information

Centre de plein air de Saint-Siméon
rang 3, Saint-Siméon
☎ *(418) 534-4057 ou 534-2155*

Services: stationnement, accueil, restauration

Autres activités: marche, glissade

Ski de fond

Longueur des parcours: 22,7 km

Abris, relais, refuges: 1 refuge

Tarif: gratuit

Équipement d'entretien:
1 (motoneige)

Réseau: 5 sentiers, dont 3 faciles et 2 difficiles

Raquette

Randonnée hors piste: oui

Tarif: gratuit

Lanaudière

● **SITES**

1. Les sentiers de la Presqu'île
2. Chez Ti-Jean ski de fond
3. Centre de plein air
   Chez Martine
4. Havre familial
5. Centre touristique de la
   Montagne-Coupée
6. Centre de plein air
   Saint-Jean-de-Matha
7. Forêt Ouareau
8. Club de ski de fond de
   Saint-Donat
9. La pourvoirie Trudeau
10. Auberge Matawinie

© ULYSSE

0   10   20km

Région de lacs et de rivières,

de terres cultivées, de forêts sauvages et de grands espaces, Lanaudière s'étend de la plaine du Saint-Laurent jusqu'au début du plateau laurentien.

Une des premières zones de colonisation de la Nouvelle-France, Lanaudière possède un héritage architectural exceptionnel, en même temps qu'elle maintient vivantes plusieurs traditions populaires héritées des temps anciens.

Les sentiers de la Presqu'île

Le centre Les sentiers de la Presqu'île, situé à Le Gardeur, donc tout près de Montréal, est un centre à vocation familiale, car les sentiers y sont, en grande majorité, faciles et comportent peu de pentes. Chose intéressante et fort populaire, on y retrouve un sentier de ski de fond où il est permis d'amener son chien.

Information

Les sentiers de la Presqu'île
2001 rue Jean-Pierre, Le Gardeur
☎(450) 585-0121 ou 581-6877
www.sentiers.tripod.com

Services: stationnement, accueil, salle de fartage, restaurant

Location: ski de fond

Autres activités: marche (6,5 km), ski de fond avec chien, randonnées à la pleine lune

Animaux domestiques: admis, dans un sentier de ski de fond et deux sentiers de marche

Ski de fond

Longueur des parcours: 48 km

Pas de patin: non

Randonnée nordique: non

Abris, relais, refuges: non

Tarif: 6,50$

École de ski: non

Équipement d'entretien: 1 (motoneige)

Réseau: 9 sentiers, dont 7 faciles et 2 difficiles, offrant des boucles de 2,6 km à 7,5 km. Le sentier **Snoopy** (boucle de 7,5 km) est le sentier dans lequel il est permis de skier en compagnie de son chien (même sans laisse).

Centre de plein air Chez Martine

En activité depuis 1975, le Centre de plein air Chez Martine fut racheté en 2000. Voulant relancer ce centre à caractère familial, on rénova le chalet et améliora considérablement le réseau de sentiers.

Information

Centre de plein air Chez Martine
1135 rang Double, Saint-Lin-Laurentides
☎*(450) 439-7687*

Services: stationnement, accueil, salle de fartage, restauration, bar, salle de réception, carte des sentiers

Location: ski de fond, raquette, patin, glissade

Autres activités: patin, glissade, cliniques de fartage, randonnées au flambeau, randonnées à la pleine lune, cabane à sucre

Ski de fond

Longueur des parcours: 60 km

Longueur linéaire du réseau: 25 km

Pas de patin: 14 km

Randonnée nordique: non

Abris, relais, refuges: non

Tarif: 8$

École de ski: oui

Équipement d'entretien: 3 (Piston Bully avec conditionneur à neige)

Réseau: 12 sentiers, dont 4 faciles, 5 difficiles et 3 très difficiles

Parcours suggérés:
○ **Facile: 5** (boucle de 3,5 km). Sentier large et parcours tout en forêt.

☐ **Difficile: 9** (boucle de 8 km). Sentier tracé en double sur presque toute sa longueur, traversant de jolis sous-bois.

◇ **Très difficile: 12** (boucle de 12,5 km). Ce sentier menant à un sommet (pas de point de vue) propose de folles descentes et des virages serrés.

Raquette

Longueur des parcours: 4 km

Randonnée hors piste: oui

Tarif: 8$ (compris dans le droit d'accès)

Réseau: 2 sentiers (1 km et 3 km)

Havre familial

Le Havre familial (autrefois Camp Marcel), situé à 32 km au nord de Joliette, est une réalisation des frères de Saint-Gabriel. Axé avant tout sur les vacances familiales, il accueille également des groupes (de travail, autonomes ou scolaires) et des skieurs de fond à la journée. Le Havre familial est entouré d'une grande forêt de feuillus et de conifères. Agrémenté de deux lacs, il offre beauté, confort et joie de vivre.

Information

Havre familial
1085 rang Havre-Familial, Sainte-Béatrix
☎*(450) 883-2271 ou 888-883-2271*
www.lequebec.net/havrefamilial

Hébergement sur place: auberge et chalets

Lanaudière

Services: stationnement, accueil, restauration, douches

Location: non

Autres activités: patin, glissade sur chambre à air, hébertisme

Ski de fond

Longueur des parcours: 29,5 km

Longueur linéaire du réseau: 11,5 km

Pas de patin: non

Randonnée nordique: non

Abris, relais, refuges: 1 refuge chauffé

Tarif: 8$

École de ski: non

Équipement d'entretien: 2 (Bombi)

Réseau: 5 sentiers, dont 1 facile, 2 difficiles et 2 très difficiles

Parcours suggérés:
○ **Facile: 1 Les Castors** (2,5 km). Cette petite boucle facile emprunte un sentier boisé et mène au lac Castors, où l'on aperçoit un barrage de castors.

□ **Difficile: 3 La Falaise** (5 km). Ce parcours, qui longe en partie une falaise, offre quelques beaux points de vue. Il arrive régulièrement qu'on y observe des pistes de lièvre et de renard.

◇ **Très difficile: 5 Le Glacier** (8,5 km). Ce tracé mène au magnifique lac Beaupré, d'où l'on voit de superbes falaises.

Raquette

Longueur des parcours: 6 km

Abris, relais, refuges: 1 refuge chauffé

Tarif: 8$ (compris dans le droit d'accès)

Réseau: 1 sentier principal et quelques sentiers secondaires. Les raquettes sont prêtées gratuitement.

Centre touristique de la Montagne-Coupée

Le Centre touristique de la Montagne-Coupée, près de Saint-Jean-de-Matha, possède un centre de ski de fond de première qualité offrant un superbe réseau de sentiers, des paysages magnifiques et des infrastructures de très haut niveau.

Les sentiers sont larges et très bien entretenus. On y trouve plusieurs kilomètres de pistes pour les adeptes du pas de patin. L'Auberge de la Montagne-Coupée, offrant détente et fine cuisine, promet, quant à elle, un séjour de grand luxe.

Information

**Centre touristique de la
Montagne-Coupée**
204 rue de la Montagne-Coupée, Saint-
Jean-de-Matha
☎ *(450) 886-3845 ou
800-363-8614 (auberge)*
www.montagnecoupee.com

Hébergement sur place: auberge
et motel

Services: stationnement, accueil,
salle de fartage, boutique de ski,
restauration, halte garderie (fin de
semaine), carte des sentiers

Location: ski de fond, raquette

Autres activités: non

Ski de fond

Longueur des parcours: 65 km

Longueur linéaire du réseau:
44,5 km

Pas de patin: 55 km

Randonnée nordique: non

Abris, relais, refuges: I refuge

Tarif: 12$

École de ski: oui

Équipement d'entretien: 3
(Piston Bully avec conditionneur à
neige)

Réseau: 14 sentiers, dont 5
faciles, 6 difficiles et 3 très difficiles; 10 de ces sentiers peuvent
être parcourus en pas de patin.

Parcours suggérés:
○ **Facile: 4,5 km**. Jolie boucle
qui parcourt champs et vallons.

☐ **Difficile: 9 km**. Cette boucle
longe la rivière L'Assomption et
offre deux points de vue donnant
sur la vallée de la rivière.

◇ **Très difficile: 4 km**. Cette
boucle mène au sommet de la
montagne Coupée, où l'on découvre un point de vue formidable sur Montréal ainsi que sur
l'auberge.

Raquette

Randonnée hors piste: oui

Abris, relais, refuges: I refuge

Tarif: 12$ (compris dans le droit
d'accès)

Centre de plein air Saint-Jean-de-Matha (Club de golf Saint-Jean-de-Matha)

Situé à 7 km de la municipalité du
même nom, le Centre de plein
air Saint-Jean-de-Matha offre un
beau réseau de sentiers pour le
ski de fond, aménagé sur le terrain du Club de golf Saint-Jean-
de-Matha et ses environs, de
même qu'il propose plusieurs
autres activités qui sauront plaire
à toute la famille. Les «super-
glissoires» pour chambres à air
par exemple, avec remontées
mécaniques, combleront sûre-
ment les amateurs de sensations
fortes.

Information

Centre de plein air Saint-Jean-de-Matha (Club de golf de Saint-Jean-de-Matha)
945 chemin Pain de Sucre (route 131)
☎ *(450) 886-9321 (ski) ou*
(450) 886-9301 (Auberge du Pro)
www.golfsaintjeandematha.qbc.net

Hébergement sur place: Auberge du Pro

Services: stationnement, accueil, salle de fartage, atelier (ajustements et réparations), restaurant, cafétéria, bar

Location: ski de fond, raquette, patin, glissade

Autres activités: glissade, rafting sur neige, patin (anneau de glace de 700 m), traîneau à chevaux

Porc-épic

Ski de fond

Longueur des parcours: 71,5 km

Pas de patin: 7,5 km

Randonnée nordique: non

Abris, relais, refuges: 3 refuges
Tarif: 8$

École de ski: non

Équipement d'entretien:
3 (BR 160 et BR 400 avec conditionneur à neige)

Réseau: 10 sentiers, dont 3 faciles, 4 difficiles et 3 très difficiles

Parcours suggérés:
○ **Facile: 1 La Promenade**
(3 km). Léger faux plat à travers la forêt.

□ **Difficile: 2 Le Bouleau** (7 km). Parcours vallonné et boisé où pas de patin et pas alternatif se côtoient. Il y a donc possibilité de passer de l'un à l'autre si la fatigue ou la technique posent des problèmes.

◇ **Très difficile: 4 Le Sommet** (14,5 km). Parcours très accidenté, mais sentier suffisamment large. Ce sentier mène à trois sommets, d'où la vue sur le club de golf, l'auberge et les alentours est très jolie. Au deuxième sommet, un refuge permet de se reposer. Le retour offre de très belles et longues descentes.

Raquette

Longueur des parcours: 71,5 km

Randonnée hors piste: non

Abris, relais, refuges: 3 refuges

Tarif: 5$

Réseau: même que celui du ski de fond

Forêt Ouareau

La Forêt Ouareau constitue un immense territoire sauvage qui s'étend sur les cinq municipalités que sont Chertsey, Entrelacs, Notre-Dame-de-la-Merci, Saint-Côme et Saint-Alphonse-Rodriguez.

Information

Forêt Ouareau
accueil Notre-Dame-de-la-Merci, 1500 route 125
☎ *(819) 424-1865*
www.mrcmatawinie.qc.ca

Hébergement sur place: 3 refuges

Services: stationnement, accueil, salle de fartage, carte des sentiers

Location: non

Autres activités: non

Ski de fond

Longueur des parcours: 61,2 km

Longueur linéaire du réseau: 61,2 km

Pas de patin: non

Randonnée nordique: 25,6 km

Abris, refuges: 3 refuges

Tarif: 8$

École de ski: non

Équipement d'entretien:
1 (motoneige)

Réseau: 18 sentiers, dont 2 faciles, 10 difficiles et 6 très difficiles réservés à la randonnée nordique

Parcours suggérés:
○ **Facile: 6 La Balade** (6 km a.-r.). Ce sentier mène au relais chauffé Prud'homme, à mi-chemin du parcours.

□ **Difficile: 15 La Loutre** (13,9 km a.-r.). Ce sentier passe dans la vallée, contourne le lac de la Loutre et mène au relais du même nom.

◇ **Très difficile: A Massif via Prud'homme** (boucle de 8,6 km). Ce sentier de randonnée nordique comporte cinq points de vue, dont celui du sommet du Massif, d'où la vue porte, par beau temps, jusqu'au mont Tremblant.

Raquette

Longueur des parcours: 10 km

Randonnée hors piste: oui

Tarif: 5$ (gratuit du côté du secteur Grande Vallée de Chertsey)

Réseau: 1 sentier aménagé (4,5 km aller seulement) au départ de l'accueil Notre-Dame-de-la-Merci. Outre ce sentier, les sentiers de randonnée pédestre du secteur Grande Vallée de Chertsey sont également accessibles en raquettes.

Fleur

Lanaudière

Club de ski de fond Saint-Donat

La magnifique région de Saint-Donat, perchée à plus de 400 m d'altitude, offre des saisons froides toutes blanches et pleines d'intérêt pour les amateurs d'activités hivernales.

Le Club de ski de fond de Saint-Donat, appuyé par la municipalité et la Chambre de commerce de Saint-Donat, gère et entretient le réseau des sentiers de la région. Trois secteurs bien distincts composent le domaine skiable: La Donatienne, Vue des Cimes et La Montagne Noire. À ces trois secteurs s'ajoute le parc national du Mont-Tremblant (secteur La Pimbina), situé à 11 km de Saint-Donat.

Information

Chambre de commerce de Saint-Donat
536 rue Principale, Saint-Donat
☎ *(819) 424-2833 ou 888-783-6628*
www.saint-donat.info
www.saint-donat.org/pleinair

Services: stationnements, accueil, salle de fartage, carte des sentiers

Location: non

Autres activités: glissade, patin (2 km)

Ski de fond

Longueur des parcours: 32 km

Longueur linéaire du réseau: 21 km

Pas de patin: 8 km

Randonnée nordique: 6,4 km

Abris, relais, refuges non

Tarif: 5$

École de ski: non

Équipement d'entretien: 1 (motoneige)

Réseau: le réseau se divise en trois secteurs.

1) Secteur La Donatienne: ce secteur fait partie du parc des Pionniers (chemin Hector Bilodeau). Trois sentiers faciles parcourent le site. Le sentier La Donatienne fait 5,8 km (boucle), et le sentier Le Golf, qui prolonge le premier, fait 3 km. Pour sa part, le sentier 6 (3 km), qui débute près du restaurant et motel La Cuillère à Pot parcourt une érablière puis va rejoindre la route 329.

2) Secteur La Réserve: ce secteur propose plusieurs sentiers (ski nordique et raquette) des plus spectaculaires reliant la station de ski La Réserve et les environs. La dénivellation s'avère parfois assez importante, mais le point de vue situé au sommet des pistes de ski alpin est exceptionnel.

3) Secteur La Montagne Noire: le sentier de La Montagne Noire, qui mène au magnifique sommet du même nom (875 m), fait partie du réseau de longue randonnée de l'**Inter-Centre** (voir p 269).

Le sentier de 6,4 km (aller seulement) est très difficile et comporte des montées et des descentes très soutenues, la dénivellation étant de 450 m. Comme il s'agit d'un sentier de randonnée nordique, donc non entretenu mécaniquement, il faut prévoir un horaire flexible, surtout après une chute de neige.

Tout au long du parcours, six panneaux descriptifs favorisent une meilleure connaissance de la région de Saint-Donat. De magnifiques points de vue permettent d'apprécier lacs et montagnes. De plus, il est possible d'observer le site de l'écrasement, en 1943, d'un avion militaire.

Jumelles

On peut se procurer gratuitement, à la Chambre de commerce de Saint-Donat, un excellent petit dépliant descriptif du sentier de La Montagne Noire.

Auberge Matawinie

Située près de Saint-Michel-des-Saints, l'Auberge Matawinie offre beaucoup plus que du ski de fond. Il s'agit en effet d'un centre axé sur la santé, la détente et les activités de plein air.

Comme il est permis d'y skier à la journée seulement, le skieur en profitera pour refaire le plein d'énergie, de grand air et de tran-

quillité. Ceux qui résident à l'auberge en profiteront pour se laisser dorloter grâce aux nombreux forfaits disponibles (massages, bains thérapeutiques, soins du corps, forfaits-santé, etc.).

Information

Auberge Matawinie
1260 chemin Centre-Nouvel-Air, Saint-Michel-des-Saints
☎ *(450) 833-6371 ou 800-361-9629*
www.matawinie.com

Hébergement sur place: auberge et chalets

Services: stationnement, accueil, salle de fartage, restauration, spa

Location: ski de fond, raquette, patin

Autres activités: patin, glissade, motoneige, traîneau à chiens, marche

Ski de fond

Longueur des parcours: 30 km

Pas de patin: non

Randonnée nordique: non

Abris, relais, refuges: non

Tarif: 10$

École de ski: initiation (en séjour seulement)

Équipement d'entretien:
1 (motoneige)

Réseau: 4 sentiers, dont 2 faciles et 2 difficiles

Lanaudière

Raquette

Longueur des parcours: 9,9 km

Randonnée hors piste: oui

Tarif: compris dans le droit d'accès (équipement fourni)

Réseau: 3 sentiers (1,4 km, 3 km et 5,5 km)

Autres centres de ski de fond de Lanaudière

Chez Ti-Jean ski de fond

Information

Chez Ti-Jean ski de fond
825 rang Petit-Saint-Esprit, L'Épiphanie
☎*(450) 588-5980*

Services: stationnement, accueil, salle de fartage, restauration, boutique

Location: ski de fond

Ski de fond

Longueur des parcours: 34 km

Pas de patin: 6,2 km

Abris, relais, refuges: 2 relais

Tarif: 7$

Équipement d'entretien: 2 (Bombi)

Réseau: 7 sentiers, dont 3 faciles, 2 difficiles et 2 très difficiles

La pourvoirie Trudeau

Information

La pourvoirie Trudeau
4535 chemin Brassard, Saint-Zénon
☎*(450) 884-5432 ou 800-293-5432*
www.pourvoirietrudeau.com

Hébergement sur place: chalets, refuges, tente prospecteur, tipi

Services: stationnement, accueil, salle de fartage, transport des bagages, service de guide, carte des sentiers

Location: raquette

Animaux domestiques: admis, en laisse seulement

Ski de fond

Longueur des parcours: 48 km

Randonnée nordique: 48 km

Abris, relais, refuges: 2 refuges

Tarif: 5$

Raton laveur

École de ski: sur demande

Autres activités: longue randonnée, traîneau à chiens, «ski joring», télémark sauvage, pêche blanche, accompagnement du trappeur, coucher en tipi

Équipement d'entretien: aucun

Réseau: 5 sentiers, dont 1 facile, 3 difficiles et 1 très difficile. De plus, on y trouve plusieurs possibilités d'effectuer des parcours hors piste et de télémark.

Raquette

Randonnée hors piste: oui

Abris, relais, refuges: 2 refuges

Tarif: 5$ (compris dans le droit d'accès)

Réseau: le territoire de la pourvoirie s'étend sur 52 km^2.

Cabane à sucre

Centre de villégiature

le plus réputé au Québec, la belle région des Laurentides attire de nombreux visiteurs en toute saison.

Depuis longtemps, on «monte dans le nord» pour s'y détendre et apprécier la beauté des paysages. Les lacs, les montagnes et les forêts sont particulièrement propices à la pratique d'activités sportives diverses de même qu'aux balades.

Comme les Laurentides possèdent la plus grande concentration de stations de ski alpin en Amérique du Nord, lorsque l'hiver se pointe, ce sport y devient roi. Le ski de fond, quant à lui, prend de plus en plus d'ampleur, et l'apparition de nouveaux centres, tel le parc linéaire Le P'tit Train du Nord, donne un second souffle à cette activité familiale par excellence.

Les quelques villages qui s'éten-dent au pied des montagnes sont très souvent coquets et agréables. De l'hôtel de luxe à l'auberge familiale, en passant par l'auberge de jeunesse, les

● SITES

1. Parc national d'Oka
2. Parc régional du Bois de Belle-Rivière
3. Parc du Domaine Vert
4. Les Sentiers de la Cabane
5. Centre de ski de fond La Randonnée
6. Parc linéaire le P'tit Train du Nord
7. Parc régional de la Rivière-du-Nord
8. Ski de fond Bellefeuille
9. Centre de ski de fond Gai-Luron
10. Les sentiers de la gare de Prévost
11. Municipalité de Saint-Hyppolite
12. Sainte-Anne-des-Lacs
13. Saint-Sauveur
14. Centre de ski de fond Morin-Heights
15. Réseau Plein Air Saint-Adolphe-d'Howard
16. Auberge du Lac à la Loutre
17. Plein air Sainte-Adèle
18. Centre de ski de fond Sainte-Marguerite
19. Centre de ski de fond L'Estérel
20. Centre de ski Far Hills
21. Centre de ski de fond Val-David
22. Club Plein Air Sainte-Agathe-Sud
23. Centre de ski de fond du Parc des Campeurs
24. L'Interval
25. Le P'Tit Bonheur
26. Ski de fond Mont-Tremblant
27. Parc national du Mont-Tremblant
28. Club de ski de fond Labelle
29. Centre de ski de fond Ferme-Neuve
30. La Forêt récréotouristique de la Montagne du Diable

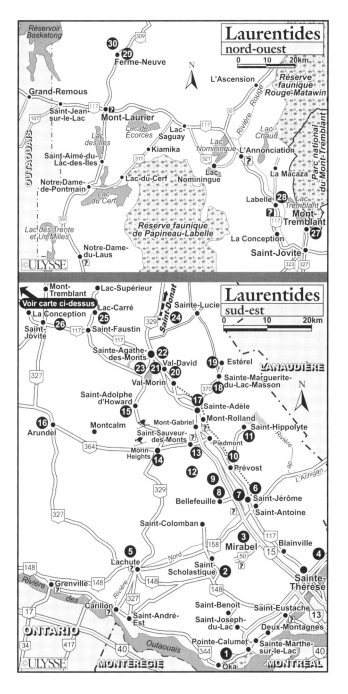

différentes possibilités
d'hébergement y assurent un
séjour des plus mémorables.

Regroupement de ski de fond des Laurentides

Le Regroupement de ski de fond
des Laurentides (RSFL), avec
Rémi Brière comme directeur
exécutif, est un organisme sans
but lucratif qui existe depuis mai
2000. Le RSFL a comme intérêt
principal de regrouper tous les
intervenants du monde du ski de
fond de la région des Laurentides
afin d'assurer le développement
d'objectifs communs. L'organisme regroupe les centres de ski
de fond, les clubs récréatifs et
compétitifs, les skieurs de fond,
les écoles de ski de fond et toute
personne ayant à cœur le développement du ski de fond dans la
région.

La principale mission du RSFL est
la mise en valeur de la pratique
du ski de fond tant au niveau
récréatif que compétitif ainsi que
des activités hivernales connexes
telles que la raquette et la randonnée. De plus, le Regroupement vise la mise en marché d'un
laissez-passer commun regroupant plusieurs centres de ski de
fond des Laurentides.

Ainsi, en 2004, 19 centres faisaient partie du RSFL. En devenant membre de l'un de ces
centres, vous pouvez vous procurer la carte Réseau (15$), qui
vous permet de skier gratuitement pour une journée dans
chacun des 18 autres centres. De
plus, le RSFL propose le Passe-
port Laurentides (150$), qui

permet un accès illimité aux 19
centres membres! Le nombre de
«passeports» est malheureusement, quant à lui, limité.
Information au Café de la Gare
de Sainte-Adèle (Mont-Rolland):
1000 rue Saint-Georges,
☎(450) 229-5886.

**Regroupement de ski de fond
des Laurentides**
300 rue Longpré, bureau 110, Saint-
Jérôme
☎(450) 436-4051

Parc national d'Oka

Le parc national d'Oka, situé à
seulement 50 km de Montréal,
offre d'agréables sentiers de ski
de fond dans un décor riche et
varié. Il est possible, dans la
même journée, de skier le long
du lac des Deux Montagnes, puis
dans une érablière et le long
d'une grande baie, pour finalement s'offrir une colline où quelques montées et descentes imposent un bon contrôle de ses
skis. Depuis 1995, le parc offre
un excellent réseau de sentiers
pour le pas de patin.

Information

Parc national d'Oka
2020 chemin d'Oka
☎(450) 479-8365 ou 888-parc-oka
www.parcsquebec.com

Services: stationnement, accueil,
salle de fartage, restauration,
premiers soins, patrouille, boutique, douches, carte des sentiers

Location: ski de fond, raquette, traîneau pour enfants, sac de couchage

Autres activités: marche (3,5 km), glissade, animation (groupes scolaires), patinage sur le lac, camping d'hiver

Ski de fond

Longueur des parcours: 50 km

Longueur linéaire du réseau: 50 km

Pas de patin: 30,5 km

Randonnée nordique: non

Abris, relais, refuges: 4 relais chauffés

Tarif: 8,50$ + droit d'accès

École de ski: oui

Équipement d'entretien: 3 (BR 160)

Réseau: 8 sentiers, dont 5 faciles, 1 difficile et 2 très difficiles. Un sentier est éclairé (La Pinède, 4 km).

Parcours suggérés:
○ **Facile: 6 La Crête** (5 km a.-r.). Cette boucle sillonne les emplacements de camping d'été et longe en partie le lac des Deux Montagnes. Beau point de vue sur le lac.

□ **Difficile: 3 La Grande Baie** (16 km a.-r.). Ce sentier offre plusieurs variantes et permet d'en raccourcir le parcours à plusieurs endroits. Le sentier qui mène à la Grande Baie passe par une jolie érablière et offre quelques beaux points de vue.

◊ **Très difficile: 5 La Colline** (16,4 km a.-r.). Ce tracé se trouve de l'autre côté de la route 344. Il mène au sommet du calvaire d'Oka (152 m) et offre de superbes points de vue sur la région. Quelques bonnes montées (et surtout descentes) exigent une bonne maîtrise des techniques du ski de fond.

Raquette

Longueur des parcours: 6,5 km

Randonnée hors piste: non

Tarif: compris dans le droit d'accès

Réseau: 2 sentiers (l'Écureuil et la Montée)

Parc du Domaine Vert

Le parc du Domaine Vert n'est situé qu'à une vingtaine de kilomètres au nord de Montréal, près de l'autoroute des Laurentides (15), mais il a beaucoup à offrir aux amateurs d'activités de plein air quatre-saisons et, en particulier, aux skieurs de fond.

Il s'agit d'une magnifique réalisation inter-municipale des villes de Boisbriand, Blainville, Sainte-Thérèse et Mirabel. D'une superficie de 640 ha, il s'impose comme le rendez-vous familial par excellence. Si près des grands centres urbains, on s'y sent tout de même partout en «plein bois». Le programme des activités est très bien élaboré et très bien conçu.

Laurentides

Pour ceux qui ont envie d'une nuit calme et paisible au fond des bois, le parc loue à prix modiques des petits chalets rustiques pouvant recevoir 6 personnes de même qu'un grand chalet pouvant en loger 24.

Information

Parc du Domaine Vert
10423 montée Sainte-Marianne, Mirabel
☎ *(450) 435-6510*
www.domainevert.com

Hébergement sur place: chalets (réservation)

Services: stationnement, accueil, restauration, salle de fartage, carte des sentiers

Location: ski de fond, raquette, glissade

Autres activités: patin, glissade, marche (3 km), classes «neige»

Ski de fond

Longueur des parcours: 50 km

Pas de patin: non

Randonnée nordique: non

Abris, relais, refuges: non

Tarif: 6,50$

École de ski: oui (enfants seulement)

Équipement d'entretien: 3

Réseau: le réseau, qui compte 9 sentiers, est divisé en deux secteurs aménagés de part et d'autre de la montée Sainte-Marianne. Il n'y a pas de sentiers très difficiles, juste quelques petites pentes fortes mais courtes. La plupart des sentiers sont faciles.

Parcours suggérés:
○ **Facile: Bob Lacourse** (11 km a.-r.). Ce sentier boisé est assez facile, mais il faut faire attention car il comporte deux descentes raides. Il est fréquent d'y apercevoir des lièvres.

□ **Difficile: Le Lièvre** (18 km a.-r.). Ce tracé s'étend du côté gauche de la montée Sainte-Marianne. Il faut d'abord emprunter le sentier Bob Lacourse, puis passer le tunnel pour rejoindre le sentier accidenté Le Lièvre dans une belle forêt mature.

Raquette

Longueur des parcours: 7 km

Randonnée hors piste: oui

Tarif: 5$ par voiture

Réseau: 2 sentiers

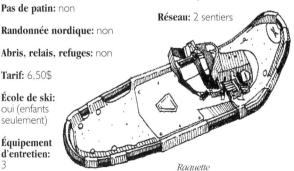

Raquette

Parc régional du Bois de Belle-Rivière

Le parc régional du Bois de Belle-Rivière est situé à 65 km de Montréal, à mi-chemin entre Saint-Eustache et Lachute, juste à l'ouest de l'ancien aéroport de Mirabel. Il tire son nom du petit village historique de Belle-Rivière, dont il représente la partie boisée.

Information

Parc régional du Bois de Belle-Rivière
9009 route Arthur-Sauvé (route 148), Mirabel
☎ *(450) 258-4924*
www.ville.mirabel.qc.ca

Hébergement sur place: refuges

Services: stationnement, accueil, casse-croûte, carte des sentiers

Location: raquette (pour enfants), glissade

Autres activités: marche (6 km), «trottinette des neiges», glissade

Animaux domestiques: admis, en laisse seulement

Ski de fond

Longueur des parcours: 7,5 km

Abris, relais, refuges: refuges

Tarif: 3$

Équipement d'entretien:
1 (motoneige)

Réseau: un sentier facile formant une boucle et ceinturant le bois, et quelques petits sentiers permettant des raccourcis

Raquette

Longueur des parcours: 3 km

Randonnée hors piste: oui

Abris, relais, refuges: 2 refuges

Tarif: 3$ (compris dans le droit d'accès)

Réseau: 1 sentier

Centre de ski de fond La Randonnée

À quelques kilomètres de Lachute, le centre de ski de fond La Randonnée a changé sa signalisation pour la rendre conforme aux normes de la Régie de la sécurité dans les sports du Québec (RSSQ). De plus, une nouvelle carte des sentiers de ski de fond a été produite et est maintenant offerte en plusieurs points du réseau de sentiers.

Selon l'année, le centre accueille le départ ou l'arrivée du **Marathon canadien de ski** (voir p 29).

Information

Centre de ski de fond La Randonnée
155 rue Perron, Brownsburg-Chatham
☎ *(450) 533-6687*

Services: stationnement, poste d'accueil, salle de fartage

Laurentides

Location: ski de fond

Autres activités: non

Ski de fond

Longueur des parcours: 25 km

Longueur linéaire du réseau: 25 km

Pas de patin: non

Randonnée nordique: non

Abris, relais, refuges: refuge

Tarif: 7$

École de ski: non

Équipement d'entretien: 2 (Terri 2030)

Réseau: 9 sentiers, tous difficiles

Parcours suggéré:
☐ **Difficile: 1 La Randonnée** (5 km a.-r.) et **5 La Rivière** (1,5 km aller). Ce parcours longe la rivière Dalesville et permet d'admirer de superbes arbres (pruches, érables) centenaires.

Parc linéaire Le P'tit Train du Nord

Le parc linéaire Le P'tit Train du Nord est officiellement devenu propriété publique en juin 1994, même si l'on y skiait depuis 1991. Devenant ainsi le plus long sentier de la région, il emprunte l'ancienne voie ferrée du Canadien Pacifique (CP) qui permettait de «monter dans le nord» en train pour y pratiquer, entre autres, le ski alpin et le ski de fond.

Le parcours skiable, qui relie Saint-Jérôme et Val-David, ne présente aucune difficulté majeure, car il est assez plat et droit; ce sentier linéaire de 42 km (aller seulement) est large, permet aussi bien la pratique du pas alternatif que celle du pas de patin et passe par les municipalités de Saint-Jérôme, Prévost, Piedmont, Mont-Rolland, Sainte-Adèle, Val-Morin et Val-David.

Information

Parc linéaire Le P'tit Train du Nord
Association touristique des Laurentides (ATL)
☎ *(450) 436-8532 ou 800-561-nord*

Hébergement sur place: plusieurs gîtes touristiques, hôtels et motels le long du réseau

Services: multiples, dans chaque municipalité le long du réseau; un guide du parc (gratuit) présente tous les services.

Location: à la gare de Mont-Rolland *(☎229-5886)* et dans plusieurs municipalités le long du réseau

Autres activités: non

Ski de fond

Longueur des parcours: 84 km

Longueur linéaire du réseau: 42 km

Pas de patin: 42 km

Randonnée nordique: non

Abris, relais, refuges: plusieurs anciennes gares désaffectées le long du sentier

Tarif: 7$

École de ski: non

Équipement d'entretien:
3 (BR 400 avec conditionneur à neige)

Réseau: 1 sentier linéaire de 42 km à double trace (pas classique et de patin)

Parcours suggéré: le tronçon qui s'étend entre la gare de Sainte-Marguerite-Station et Val-Morin est de toute beauté; le sentier longe la rivière du Nord, et l'on aperçoit les chutes Glen Wexford.

Les Laurentides: terrain de jeu des Montréalais

Dès que les citadins montréalais entendent le mot «Laurentides», dans leur esprit défilent alors les images d'un immense territoire montagneux et lacustre, leur terrain de jeu favori. D'ailleurs, «leurs» Laurentides ne se trouvent qu'à quelques encablures de la métropole du Québec. Pourtant la chaîne montagneuse des Laurentides franchit la frontière ontarienne en Outaouais, défile jusqu'à Charlevoix et expire dans l'hinterland de la Côte-Nord. Aussi la région ludique des Laurentides ne couvre-t-elle en fait qu'une portion des montagnes éponymes. Enfin, les routes à voies multiples qui y conduisent écourtent de beaucoup la durée du trajet depuis que le P'tit Train du Nord a rendu son dernier souffle, il y a belle lurette.

La région des Laurentides – les Laurentides des Montréalais – s'étend depuis la rivière des Mille Îles, ce cours d'eau qui borde l'île Jésus au nord de Laval, jusqu'au nord de Mont-Laurier, et ce, entre les régions de l'Outaouais et de Lanaudière. Elle est sillonnée de trois grandes rivières qui arrosent son territoire: la Lièvre, la rivière Rouge et la rivière du Nord. Ces «chemins qui marchent», et qui portent où l'on veut aller, servirent autrefois pour le commerce de la fourrure, puis pour le flottage du bois (la drave). Aujourd'hui, nombre d'urbains viennent jouer dans leurs eaux en canot, en kayak ou en raft.

Laurentides

Sac à dos

Parc régional de la Rivière-du-Nord

Le parc régional de la Rivière-du-Nord est régi par les municipalités de Bellefeuille, Lafontaine, Prévost et Saint-Jérôme. Il est situé le long de la rivière du Nord entre l'autoroute des Laurentides (15) et la route 117. L'entrée du secteur Saint-Jérôme se voit de l'autoroute, là où celle-ci passe de trois à deux voies (sortie 45).

Bien organisé, il offre plusieurs types d'activités et accueille les groupes scolaires ou autres. L'accent est mis sur l'écologie et permet à tous de se familiariser avec la flore et la faune de la région. Il possède en outre de superbes chutes, les chutes Wilson (18 m), situées dans le secteur Saint-Jérôme. À noter que le parc offre 17 km de sentiers pédestres hivernaux, ce qui est plutôt rare.

Information

Parc régional de la Rivière-du-Nord
1051 boulevard International, Saint-Jérôme
☎ *(450) 431-1676*

Services: stationnement, accueil, salle de fartage, carte des sentiers

Location: ski de fond, raquette

Autres activités: marche (17 km), glissade

Ski de fond

Longueur des parcours: 27 km

Longueur linéaire du réseau: 18 km

Pas de patin: 5 km

Randonnée nordique: 3 km

Abris, relais, refuges: 2 refuges

Tarif: 4$ par voiture

École de ski: non

Équipement d'entretien: 2 (K2)

Réseau: 12 sentiers, dont 6 faciles et 6 difficiles

Parcours suggérés:
○ **Facile: Le Barrage** (3,4 km a.-r.). Ce sentier traverse d'abord le pont d'où l'on peut admirer les chutes Wilson (18 m). Il longe la rivière du Nord et mène à la voie ferrée (parc linéaire Le P'tit Train du Nord).

☐ **Difficile: Le Draveur** (2,7 km a.-r.). Ce tracé longe le côté sud de la rivière du Nord avec une belle vue des chutes Wilson et quelques pentes. On y trouve également deux belvédères.

Raquette

Randonnée hors piste: oui

Abris, relais, refuges: 2 refuges

Tarif: 4$ par voiture

Ski de fond Bellefeuille

Blotti au creux des premières montagnes des Laurentides depuis 1996, le centre familial Ski de fond Bellefeuille propose un bon choix de sentiers pour tous les goûts.

Information

Ski de fond Bellefeuille
1216 des Lacs, Saint-Jérôme
☎*(450) 431-2395*
www.skidefond.port5.com

Services: stationnement, accueil, salle fartage, carte des sentiers

Location: ski de fond, raquette

Autres activités: non

Ski de fond

Longueur des parcours: 12 km

Longueur linéaire du réseau: 12 km

Pas de patin: non

Randonnée nordique: non

Abris, relais, refuges: non

Tarif: 5$

École de ski: non

Équipement d'entretien: 2 (Bombi)

Réseau: 9 sentiers, dont 3 faciles, 5 difficiles et 1 très difficile

Raquette

Longueur des parcours: 6 km

Randonnée hors piste: oui

Tarif: 3$

Réseau: 1 sentier

Laurentides

Centre de ski de fond Gai-Luron

Situé tout près du centre familial Ski de fond Bellefeuille, le centre de ski de fond Gai-Luron propose aussi un bon choix de parcours. D'ici peu, un sentier devrait d'ailleurs permettre aux skieurs de passer d'un centre à l'autre.

Information

Centre de ski de fond Gai-Luron
1435 montée Sainte-Thérèse, Saint-Jérôme
☎(450) 224-5302

Services: stationnement, accueil, salle de fartage, restauration

Location: ski de fond, raquette

Autres activités: non

Ski de fond

Longueur des parcours: 28 km

Pas de patin: non

Randonnée nordique: non

Abris, relais, refuges: 2 refuges

Tarif: 9$

École de ski: oui (sur demande)

Équipement d'entretien: 2 (BR 100)

Réseau: 5 sentiers, dont 2 faciles, 2 difficiles et 1 très difficile

Raquette

Longueur des parcours: 6 km

Randonnée hors piste: oui

Abris, relais, refuges: 1 refuge

Tarif: 9$ (compris dans le droit d'accès)

Réseau: 2 sentiers

Les sentiers de la gare de Prévost

Ceux et celles qui désirent pratiquer le ski de randonnée nordique dans un grand nombre de sentiers non entretenus mécaniquement, sans avoir à se déplacer trop loin au nord de Montréal, seront comblés par ce réseau.

La signalisation n'étant pas toujours au rendez-vous, chaque randonnée devient une petite aventure... La carte des sentiers (vendue à la gare de Prévost) s'avère donc un outil précieux!

Information

Les sentiers de la gare de Prévost
1272 rue de la Traverse, Prévost
☎(450) 224-2105

Services: stationnement, accueil (gare de Prévost), restauration, carte des sentiers (2$)

Location: non

Autres activités: non

Feuille d'érable

Ski de fond

Longueur des parcours: 25 km (estimé)

Pas de patin: non

Randonnée nordique: en totalité

Abris, relais, refuges: non

Tarif: gratuit

École de ski: non

Équipement d'entretien: aucun

Réseau: très peu de sentiers faciles, mais une multitude de sentiers nordiques difficiles et très difficiles, dont les MOC, Wizard, Wilson North, Johannsen East et Flight's Delight

Raquette

Randonnée hors piste: oui

Tarif: gratuit

Réseau de ski de fond de Morin-Heights

Morin-Heights se veut l'un des berceaux du ski de fond au Québec. L'un des plus vieux clubs de ski de fond au Canada, le Viking Club, y est d'ailleurs toujours en activité, et ce, depuis 1929. Le réseau de ski de fond de Morin-Heights (Centre de ski de fond Morin-Heights et Corridor aéro-bique), situé juste à l'entrée du village, offre plusieurs services aux skieurs.

Le réseau de sentiers est immense et communique avec plusieurs autres réseaux et municipalités. Par contre, la moitié des parcours suivent des sentiers nordiques, donc non entretenus mécaniquement. La mode du «ski-entraînement» n'a pas encore envahi la région, si bien qu'on peut encore y faire du «ski-aventure», c'est-à-dire effectuer de très longs parcours sans croiser âme qui vive.

Information

Centre de ski de fond Morin-Heights
612 rue du Village, Morin-Heights
☎ *(450) 226-2417*
www.morin-heights.com

Services: stationnement, salle de fartage, restauration, atelier de réparation, carte des sentiers ($)

Location: ski de fond

Autres activités: non

Ski de fond

Longueur des parcours: 120 km

Longueur linéaire du réseau: 120 km

Pas de patin: 12 km

Randonnée nordique: 60 km

Abris, relais, refuges: 1 abri

Tarif: 8$ (donne aussi accès au Corridor aérobique)

Laurentides

École de ski: cours privés seulement

Équipement d'entretien:
1 (motoneige)

Réseau: le réseau est complexe et dense; il serait bon de se procurer la carte des sentiers afin de mieux s'y retrouver. Sur les 30 sentiers de ski de fond, 21 sont de randonnée nordique.

Arbre

Parcours suggérés:
○ **Facile: 05 Le Bell** (2,5 km). Belle boucle en forêt.

□ **Difficile: 2 La Triangle** (boucle de 12 km). Cette boucle permet de sillonner le village de Morin-Heights et les montagnes entourant le lac Écho.

◇ **Très difficile: 12 Lover's Leap** (boucle de 11 km). Cette boucle de randonnée nordique s'effectue en quatre heures environ selon les conditions de ski. Le départ se fait de l'Auberge Suisse, d'où l'on emprunte le sentier Swiss (n° 10), puis le sentier Lover's Leap (n° 12) jusqu'au sentier Viking West (n° 9). On revient ensuite vers ce dernier jusqu'à la route 329, que l'on franchit pour emprunter le sentier Bouchette (n° 8) jusqu'au point de départ.

Raquette

Longueur des parcours: 20 km

Tarif: gratuit

Réseau: 8 sentiers, situés dans le réseau de la station de ski alpin **Ski Morin Heights** (☎*450-226-1515* ou ☎*514-871-0101*). Cette station fait aussi la location de raquettes, et il est possible de prendre la remontée mécanique (*7$*) afin de se rendre directement au sommet de la montagne pour ensuite descendre en raquettes.

Information

Le Corridor aérobique
50 chemin du lac Écho (pavillon d'accueil)
☎*(450) 226-1220 ou 226-3232*
www.morin-heights.com

Services: stationnement, accueil, salle de fartage

Location: oui (au centre de ski de fond Morin-Heights)

Autres activités: non

Ski de fond

Longueur des parcours: 18 km

Longueur linéaire du réseau: 9 km

Pas de patin: 9 km

Randonnée nordique: non

Abris, relais, refuges: non

Tarif: 8$ (donne aussi accès au centre de ski de fond Morin-Heights)

École de ski: non

Équipement d'entretien:
1 (motoneige)

Réseau: 1 sentier linéaire (9 km aller seulement), qui débute à Morin-Heights et mène jusqu'au village de Monfort (Wentworth-Nord). Le Corridor aérobique est aussi relié au réseau de sentiers du centre de ski de fond Morin-Heights.

Réseau Plein Air Saint-Adolphe-d'Howard

Le club de plein air Saint-Adolphe-d'Howard, qui gère le réseau, se veut des plus dynamiques et accueillants. Courte et longue randonnées à skis ou en raquettes, coucher en refuge ou en camping, initiation au ski de fond ou au camping d'hiver, randonnées à la pleine lune et autres randonnées guidées (groupes) figurent au programme des activités proposées.

Le réseau des sentiers de ski de fond et de raquette étant assez complexe, il est conseillé de se procurer la carte des sentiers (2$), disponible au centre de service ainsi que dans plusieurs commerces de la municipalité.

Information

Réseau Plein Air Saint-Adolphe-d'Howard
1672 chemin du Village, Saint-Adolphe-d'Howard
☎ *(819) 327-3519*
www.stadolphedhoward.qc.ca

Hébergement sur place: 2 refuges et 3 tentes prospecteurs

Services: stationnement, accueil, salle de fartage, casse-croûte, carte des sentiers *(2$)*

Location: ski de fond, raquette, patin

Autres activités: randonnée à la pleine lune, camping d'hiver; patin et glissade dans la municipalité

Animaux domestiques: admis, dans les sentiers de raquette uniquement

Ski de fond

Longueur des parcours: 80 km

Longueur linéaire du réseau: 80 km

Pas de patin: non

Randonnée nordique: 55 km

Abris, relais, refuges: 2 refuges et 3 tentes prospecteurs

Tarif: 7$

École de ski: oui

Équipement d'entretien:
1 (motoneige)

Laurentides

Réseau: 35 sentiers, dont 3 faciles, 25 difficiles et 7 très difficiles

Parcours suggérés:
☐ **Difficile: La Sapinière** et **La Jaune** (boucle de 10 km). Ce parcours emprunte deux boucles combinées passant par une tente prospecteur.

☐ **Difficile: La Canadienne** et **Fleur de Lys** (30 km aller-retour). Ce joli sentier forestier, qui débute à Saint-Adolphe, mène au club de ski de fond de Sainte-Agathe (parc des Campeurs). À 3 km de Saint-Adolphe se trouve le refuge du lac Newman.

Raquette

Longueur des parcours: 25 km

Randonnée hors piste: oui

Abris, relais, refuges: 2 refuges et 3 tentes prospecteurs

Tarif: 7$ (compris dans le droit d'accès)

Réseau: 10 sentiers, dont 1 facile, 5 difficiles et 4 très difficiles. À noter que les chiens sont acceptés dans les sentiers de raquette.

Plein air Sainte-Adèle

Le réseau de sentiers de Plein air Sainte-Adèle est vaste et couvre plusieurs municipalités. À l'ouest, il parcourt le secteur de la station de ski alpin Le Chanteclerc, puis continue jusqu'à Sainte-Adèle-Nord. Au nord de l'autoroute des Laurentides (15), les sentiers sillonnent le mont Alouette et vont jusqu'à Sainte-Marguerite-Station, où passe le parc linéaire Le P'tit Train du Nord. Plusieurs stationnements et points de départ ponctuent les six secteurs du réseau de Plein air Sainte-Adèle.

Depuis la fusion des municipalités de Mont-Rolland et de Sainte-Adèle, l'organisme Plein air Sainte-Adèle, qui relève de la municipalité du même nom, s'occupe également du réseau de sentiers de ski de fond. Le village de Mont-Rolland, situé à deux pas de Sainte-Adèle, au cœur des Laurentides, a su garder tout son charme d'antan et son petit côté paisible. Plusieurs sentiers de ski de fond célèbres, tels que la Wizard et la Johannsen, passent par Mont-Rolland. De plus, le parc linéaire Le P'tit Train du Nord traverse littéralement le village. Il est donc possible de chausser ses skis dans le village même, à la gare, pour ensuite partir à l'aventure sur un des nombreux sentiers du réseau.

Information

Plein air Sainte-Adèle
1200 rue Claude-Grégoire, Sainte-Adèle
☎(450) 229-9605, poste 207

Services: plusieurs stationnements (dont Golf par 3 du Chanteclerc, plage municipale, Pavillon des Arts de Sainte-Adèle)
Location: à la gare de Mont-Rolland

Autres activités: marche et patin (anneau sur le lac Sainte-Adèle)

Ski de fond

Longueur des parcours: 40 km

Pas de patin: 11 km

Randonnée nordique: 3 km

Abris, relais, refuges: non

Tarif: gratuit

École de ski: non

Équipement d'entretien:
3 (BR 160)

Réseau: 10 sentiers, dont 2 faciles, 7 difficiles et 1 très difficile. Il serait très utile de se procurer la carte des sentiers, disponible au bureau touristique.

Parcours suggérés:
○ **Facile: 15 La Grand Jaune**
(7 km a.-r.). Stationnement à l'usine de pompage du lac Matelé. Le sentier longe les lacs Matelé et Richer jusqu'au sentier n° 11 (Loup-Garou). Le retour se fait par le même sentier ou par le sentier n° 15. **Attention:** il serait bon de communiquer avec le bureau touristique (☎450-229-3729) avant de se rendre dans ce sentier, car des coupes forestières sont prévues dans le secteur.

□ **Difficile: 1 L'Adéloise Ouest**
(12 km a.-r.). Stationnement à l'usine de pompage du lac Matelé. Empruntez d'abord le sentier n° 15 (La Grand Jaune) puis le sentier n° 1 jusqu'au lac Millette.

Centre de ski de fond L'Estérel

Le centre de ski de fond L'Estérel est un des centres les mieux organisés, et tout y est mis en œuvre pour que le skieur, quel que soit son niveau d'expérience, puisse profiter de conditions idéales. Établi à quelque 330 m d'altitude, le centre jouit en effet de très bonnes conditions de ski; les sentiers sont très bien entretenus et, pour la plupart, de faible longueur.

Centre familial par excellence, avec son hôtel luxueux (Hôtellerie Champêtre) et ses nombreux services, cet endroit s'avère également excellent pour s'initier à la promenade en traîneau à chiens.

Niché dans un beau coin des Laurentides, le centre de ski de fond L'Estérel a été désigné par la revue *Snow Country* comme le troisième meilleur centre de ski de fond au Canada en 1992.

Information

Centre de ski de fond L'Estérel
39 boulevard Fridolin-Simard, Estérel
☎*(450) 228-2571 ou 888-378-3735*
www.esterel.com

Laurentides

Hébergement sur place: hôtel

Services: stationnement, accueil, salle de fartage, cafétéria, boutique de ski, carte des sentiers

Location: ski de fond, raquette, patin

Autres activités: patin, traîneau à chiens, motoneige

Ski de fond

Longueur des parcours: 85 km

Longueur linéaire du réseau: 55 km

Pas de patin: 12 km

Randonnée nordique: 25 km

Abris, relais, refuges: 1 refuge

Tarif: 8$

École de ski: oui

Équipement d'entretien: 2 (Bombi)

Réseau: 13 sentiers, dont 4 faciles, 5 difficiles et 4 très difficiles

Parcours suggérés:
○ **Facile: 7 Vison** (2,7 km). Ce sentier traverse d'abord le lac Dupuis pour ensuite sillonner un petit bois où il est possible d'apercevoir des pistes de lièvre et même de renard.

□ **Difficile: 12 Belette** (4 km). Ce tracé parcourt une forêt à la flore diversifiée et passe près d'un petit lac.

◇ **Très difficile: 13 Orignal** (6,2 km). Ce sentier, qui traverse une magnifique érablière, offre de belles montées et descentes ainsi qu'un point de vue sur le lac Dupuis.

Raquette

Longueur des parcours: 18 km

Abris, relais, refuges: 1 refuge

Tarif: 4$

Réseau: 5 sentiers, de 1 km à 6,5 km

Centre de ski Far Hills

Situé à Val-Morin, le centre de ski Far Hills offre un des plus beaux réseaux de sentiers de ski de fond des Laurentides. Depuis longtemps découvert et fréquenté par les skieurs étasuniens, ce centre de ski, avec son superbe hôtel et son excellente cuisine, est un lieu parfait pour les vacances hivernales.

Le choix des balades est immense, d'autant plus que le réseau de sentiers rejoint d'autres réseaux, dont celui de Val-David (sous réserve). Lacs, montagnes et superbes points de vue offrent aux skieurs un panorama unique.

Information

Centre de ski Far Hills
chemin Far Hills, Val-Morin
☎ *(819) 322-2014, 800-567-6636 ou (514) 990-4409 (de Montréal)*
www.farhillsinn.com

Hébergement sur place: auberge

Services: stationnement, accueil, salle de fartage, boutique (location et réparation), restauration, carte des sentiers

Location: ski de fond, raquette

Autres activités: non

Ski de fond

Longueur des parcours: 50 km (sous réserve)

Longueur linéaire du réseau: 43 km

Geai bleu

Pas de patin: 16,5 km

Randonnée nordique: 30 km

Abris, relais, refuges: 1 refuge

Tarif: 7$

École de ski: oui

Équipement d'entretien: 1 (motoneige)

Réseau: 15 sentiers (sous réserve), dont 3 faciles, 8 difficiles et 4 très difficiles. Le réseau offre des parcours variés et une belle diversité quant à la difficulté des sentiers.

Parcours suggérés:
○ **Facile: 3 Le Réseau Kelly** (4 km a.-r.). Petite boucle passant par le lac Amigo.

□ **Difficile: 9 La Boucle Pemberton** (5 km a.-r.). Cette boucle fait le tour du mont Pemberton puis celui du mont Lavallée.

◇ **Très difficile: 5b La Sud-Ouest** (7,4 km a.-r.). Ce sentier mène à deux points de vue sur la région.

Raquette

Longueur des parcours: 3 km

Randonnée hors piste: non

Tarif: 7$ (compris dans le droit d'accès)

Réseau: 1 sentier

Centre de ski de fond Val-David

Val-David est l'un des plus pittoresques villages des Laurentides. Bien niché au pied des monts Césaire, Condor et King, Val-David est le rendez-vous des amateurs d'activités de plein air quatre-saisons. Berceau de l'escalade au Québec, Val-David possède également un réseau de sentiers de ski de fond des plus intéressants, sans compter que la pratique du télémark sauvage s'y développe d'année en année.

Val-David, surnommé «Le village enchanté», est également réputé pour ses artistes et ses artisans, ses restaurants et la variété de ses

Laurentides

lieux d'hébergement (auberge de jeunesse, gîtes touristiques, auberges, hôtel de luxe, etc.).

Le réseau de sentiers de ski de fond communique avec d'autres réseaux, dont celui de Far Hills (sous réserve), ce qui permet une infinité de parcours de tous niveaux. Enfin, le parc linéaire Le P'tit Train du Nord passe au centre du village.

Information

Centre de ski de fond Val-David
2501 rue de l'Église, Val-David
☎ *(819) 322-2900, poste 235 ou 888-322-7030, poste 235*
www.valdavid.com

Services: stationnement, accueil à l'hôtel La Sapinière (sous réserve), salle de fartage, restauration, carte des sentiers

Location: oui (à la boutique Ski ce Loue et au Chalet Beaumont)

Autres activités: patin, glissade, escalade de glace, visite d'ateliers artisanaux

Ski de fond

Longueur des parcours: 25 km (sous réserve)

Longueur linéaire du réseau: 25 km

Pas de patin: 4 km

Randonnée nordique: 5 km

Abris, relais, refuges: 1 abri

Tarif: 7$

École de ski: oui (sur réservation)

Équipement d'entretien: 1 (motoneige)

Réseau: 13 sentiers, dont 4 faciles, 5 difficiles et 4 très difficiles. Le réseau se rattache à d'autres réseaux, offrant ainsi un vaste choix de parcours, et, comme il est assez dense, il serait bon de se procurer la carte des sentiers élaborée par le centre de ski de fond.

Parcours suggérés:
☐ **Difficile:** (10 km a.-r.). Du parc linéaire Le P'tit Train du Nord, le trajet emprunte le sentier Belle-Étoile puis la montée de L'Érablière. Ensuite il faut prendre le sentier La Balade pour revenir au parc linéaire et au point de départ.

◇ **Très difficile: Gillespie** (10 km a.-r.). Ce parcours n'est pas entretenu mécaniquement. Il va rejoindre le sentier du Club de plein air de Sainte-Agathe-des-Monts.

Raquette

Longueur des parcours: 8 km

Randonnée hors piste: oui

Tarif: 5$

Réseau: 5 sentiers, dont un mène au sommet du mont Condor

Club de plein air de Sainte-Agathe-des-Monts

Le Club de plein air de Sainte-Agathe-des-Monts fut fondé en 1993 par René Noël, Gino Dello Sbarba et Lise Wiriot, alors résidants de la municipalité de Sainte-Agathe-Sud, aujourd'hui fusionnée à Sainte-Agathe-des-Monts. Le premier objectif du club demeure la préservation et l'entretien du réseau de sentiers de ski de fond qui, une fois l'été venu, est réservé à des activités de plein air non motorisées.

L'historique piste de ski **La Gillespie** sert d'épine dorsale au réseau. Elle fut tracée par Kerr Tom Gillespie, célèbre skieur des années 1920, pour se rendre, à partir de sa ferme, à des compétitions à Sainte-Adèle ou à Sainte-Marguerite.

Depuis 1993, le réseau de sentiers ne cesse de s'agrandir, en même temps que le nombre de membres (plus de 240 en 2004). Ceux et celles qui désirent devenir membres (5$ par année) reçoivent un exemplaire de la carte, très bien élaborée.

Information

Club de plein air de Sainte-Agathe-des-Monts
Section Préfontaine-en-Haut, le stationnement principal est situé au bout du chemin Trudeau.

Hébergement sur place: 1 refuge (réservation obligatoire)

Services: stationnements, carte des sentiers *($)*

Location: non

Autres activités: télémark sauvage, orientation, astronomie

Ski de fond

Longueur des parcours: 45 km

Longueur linéaire du réseau: 45 km

Pas de patin: non

Randonnée nordique: 45 km

Abris, refuges: 1 refuge (L'Alpage)

Tarif: gratuit (carte de membre)

École de ski: non

Équipement d'entretien: aucun

Réseau: 7 sentiers, dont 2 difficiles et 5 très difficiles. Le sentier **La Bruce Jacks** (3 km linéaires) relie le réseau à l'auberge L'Interval. Plusieurs points de vue permettent d'admirer cette belle région des Laurentides. Le refuge L'Alpage, qui appartient à Pierre Gougoux, se dresse à 559 m d'altitude.

Raquette

Longueur des parcours: 12 km

Randonnée hors piste: non

Abris, refuges: 1 refuge (L'Alpage)

Tarif: gratuit (carte de membre)

Réseau: 4 sentiers

Laurentides

Centre de ski de fond du Parc des Campeurs

Ce centre propose un vaste choix de sentiers (ski de fond et raquette) dans un décor enchanteur.

Information

Centre de ski de fond du Parc des Campeurs
50 rue Saint-Joseph, angle route 329 Sud et Tour du Lac, Sainte-Agathe-des-Monts
☎(819) 324-0482 ou 800-561-7360
www.parcdescampeurs.com

Services: stationnement, accueil, casse-croûte, salle de fartage, carte des sentiers

Location: ski de fond, raquette

Autres activités: non

Ski de fond

Longueur des parcours: 41 km

Tarif: 8$

Équipement d'entretien: 1 (motoneige)

Réseau: 11 sentiers, dont 2 faciles, 6 difficiles et 3 très difficiles

Raquette

Longueur des parcours: 3 km

Randonnée hors piste: non

Tarif: 3$

Réseau: 3 sentiers formant des boucles

L'Interval

L'Interval, c'est le nom d'une auberge de plein air située à Sainte-Lucie-des-Laurentides, au bord du lac Legault. Son réseau s'est développé au fil des années et compte maintenant plus de 40 km de sentiers réservés à la randonnée nordique, aucun sentier n'étant entretenu mécaniquement. Parallèlement au ski de fond, l'Interval a développé des parcours de télémark sauvage de plus en plus appréciés des adeptes de cette technique de virage.

Pour ceux qui résident quelques jours sur place, l'Interval organise en outre une foule d'activités au cœur d'une superbe vallée en bordure du lac Legault, en face duquel se dresse le magnifique mont Kaaikop.

Information

L'Interval
3565 91ᵉ Avenue, Sainte-Lucie-des-Laurentides
☎(819) 326-4069
www.interval.qc.ca

Hébergement sur place: auberge

Services: stationnement, accueil, salle de fartage, restauration

Location: ski de fond, raquette

Autres activités: télémark sauvage

Ski de fond

Longueur des parcours: 45 km

Pas de patin: non

Randonnée nordique: 30 km

Abris, relais, refuges: non

Tarif: 5$

École de ski: non

Équipement d'entretien: 2 (K2)

Réseau: 11 sentiers, dont 3 faciles, 4 difficiles et 4 très difficiles

Parcours suggérés:
○ **Facile: 10 La Cédrière** (boucle de 4 km). Ce sentier tracé mécaniquement longe le lac et passe par plusieurs habitats forestiers.

□ **Difficile: 1 Le Tour du Lac** (boucle de 3,3 km). Cette petite boucle fait le tour du lac Legault, et même davantage.

◇ **Très difficile: Mont Legault** (boucle de 12 km). Le sentier du mont Legault mène au sommet du mont Kaaikop (830 m), autrefois appelé «mont Legault» car la montagne se dresse près du lac du même nom. En algonquin, *Kaaikop* signifie «espace rocheux, haut et escarpé». Du sommet, la vue est l'une des plus belles de toutes les Laurentides, et, par beau temps, on peut voir jusqu'à Montréal!

Raquette

Longueur des parcours: 20 km

Randonnée hors piste: oui

Tarif: 5$ (compris dans le droit d'accès)

Réseau: le même que celui de randonnée nordique, car les sentiers sont assez larges pour que les deux activités puissent se pratiquer parallèlement.

Centre de vacances et de plein air Le P'Tit Bonheur

Ce centre de vacances et de plein air, située sur le bord du lac aux Quenouilles, offre, en plus de son excellent réseau de sentiers de ski de fond, une foule d'activités pour toute la famille.

Grâce à une auberge, à un gîte familial et à des camps pour les jeunes et pour les groupes d'aînés, tous trouvent du plaisir dans cet environnement «pleine nature» de 680 ha. Que ce soit pour une journée, une fin de semaine ou une semaine, Le P'Tit Bonheur saura vous charmer et faire honneur à son nom.

Information

Le P'Tit Bonheur
1400 chemin du Lac-Quenouille, Lac-Supérieur
☎ *(514) 875-5555, (819) 326-4281 ou 800-567-6788*
www.leptitbonheur.com

Hébergement sur place: auberge, gîte familial et camps pour groupes

Services: stationnement, accueil, salle de fartage, atelier de réparation, premiers soins, carte des sentiers, patrouille

Laurentides

Location: ski de fond, raquette

Autres activités: glissade sur chambre à air, patin, ornithologie, écologie, hébertisme

Ski de fond

Longueur des parcours: 57 km

Pas de patin: 4 km

Randonnée nordique: 22 km

Abris, relais, refuges: I refuge chauffé

Tarif: 7$

École de ski: oui (en séjour seulement)

Équipement d'entretien: 2 (BR 100)

Réseau: 9 sentiers, dont 3 faciles, 3 difficiles et 3 très difficiles

Parcours suggérés:
○ **Facile: 7 Les Golées** (4,5 km). Ce sentier passe par le lac Anick (village amérindien) et mène à un belvédère d'où l'on voit les lacs et montagnes avoisinantes, ainsi qu'à des huttes de castors et des mangeoires d'oiseaux.

Castor

□ **Difficile: 8 La Léveillé** (8,3 km). Ce parcours boisé longe le lac Maxime et mène au refuge du même nom.

◇ **Très difficile: 3 Les Dentelles** (5,5 km). Ce tracé, qui fait le grand tour du lac Anick, offre quelques beaux points de vue.

Raquette

Longueur des parcours: 4 km

Randonnée hors piste: oui

Abris, relais, refuges: I refuge

Tarif: 6,90$ (compris dans le droit d'accès)

Réseau: I sentier

Ski de fond Mont-Tremblant

Le centre Ski de fond Mont-Tremblant est né en 1978 de l'union de trois réseaux de ski de fond: le domaine Saint-Bernard, Gray Rocks/Saint-Jovite et Mont-Tremblant. Aujourd'hui devenu un vaste réseau, ce centre est l'un des plus beaux et des mieux organisés des Laurentides, voire du Québec.

L'éventail des sentiers est considérable, et le skieur n'a que l'embarras du choix. Les sentiers sillonnent vallées, montagnes et faux plats, sans compter les décors majestueux des divers sommets. Plusieurs beaux points de vue permettent au skieur de faire le plein de «grande nature».

Neuf stationnements principaux, en plus des nombreux hôtels reliés par le réseau, permettent d'effectuer de nombreuses boucles. Le stationnement principal se trouve au Domaine Saint-Bernard (chemin du Domaine).

La carte des sentiers est très bien structurée. Il est facile de s'y retrouver, et les distances sont bien indiquées. De plus, à l'endos de la carte, est inscrite la liste de tous les commerçants (hôtels, auberges, restaurants, boutiques, etc.) qui s'impliquent dans le réseau.

Information

Ski de fond Mont-Tremblant
539 chemin Saint-Bernard, Mont-Tremblant
☎ *(819) 425-5588*
www.skidefondmont-tremblant.com

Hébergement sur place: groupes seulement (réservation)

Services: stationnement, accueil, boutique, premiers soins, patrouille, carte des sentiers

Location: ski de fond, raquette, traîneau pour enfants

Autres activités: marche (3 km)

Ski de fond

Longueur des parcours: 65 km

Longueur linéaire du réseau: 65 km

Pas de patin: 50 km

Randonnée nordique: non

Abris, relais, refuges: non

Tarif: 12$

École de ski: oui

Équipement d'entretien:
3 (BR 160)

Réseau: ce réseau très dense compte 10 sentiers qui peuvent être classés suivant plusieurs niveaux de difficulté; il est donc préférable de se procurer la carte des sentiers.

Parcours suggérés:
○ **Facile: 1** (boucle de 7 km). Ce sentier situé au domaine Saint-Bernard longe en partie la rivière du Diable. Plusieurs mangeoires d'oiseaux agrémentent le parcours.

□ **Difficile: Truite-Jackrabbit** (boucle de 15 km). Le départ se fait du Grand Lodge du lac Ouimet, d'où l'on emprunte les sentiers Fleur de Lys et P'tit Train du Nord vers Mont-Tremblant, puis les sentiers La Truite et La Cachée. Le retour se fait par les sentiers Jackrabbit et La Bellevue.

◇ **Très difficile: Coureur des Bois** (boucle de 13 km). Le départ se fait de l'aéroport Gray Rocks. Ce parcours suit les sentiers Harmonie et Jackrabbit jusqu'au sentier Coureur des Bois. Le retour s'effectue par les sentiers n° 1 et Jackrabbit. De très beaux points de vue s'offrent au fondeur tout au long du tracé.

Raquette

Longueur des parcours: 10 km

Tarif: 7$

Réseau: 3 sentiers menant au sommet du mont Bellevue ou à celui du mont Saint-Bernard avec de superbes points de vue

Laurentides

Parc national du Mont-Tremblant

Le parc national du Mont-Tremblant a une vocation récréative depuis 1981. D'une superficie de 1 248 km², il offre plus de 400 km de sentiers récréatifs (marche, ski de fond, vélo...). Le massif du mont Tremblant (968 m) occupe la partie ouest du parc. Cette montagne tremblante était nommée *Manitonga Soutana* (montagne des Esprits ou du Diable) par les sorciers algonquins, car des grondements s'y faisaient entendre.

Le parc couvre une partie des régions des Laurentides et de Lanaudière, et se divise en trois secteurs (La Diable, La Pimbina et L'Assomption). Le ski de fond se pratique dans les secteurs de la **Diable** et de la **Pimbina**. Outre les sentiers de courte randonnée à skis, le parc offre également 111 km de sentiers pour la longue randonnée à skis (voir p 268).

Information

Secteur de la Diable
Centre de services du lac Monroe
accès par Saint-Faustin, Lac-Carré et Lac-Supérieur
☎*(819) 688-2281 ou 877-688-2289*
www.parcsquebec.com

Hébergement sur place: chalets, relais et refuges pour la longue randonnée

Services: stationnement, accueil, salle de fartage

Location: ski de fond, raquette

Autres activités: camping d'hiver, marche (6 km)

Ski de fond

Longueur des parcours: 53 km

Longueur linéaire du réseau: 53 km

Pas de patin: 10 km

Randonnée nordique: 111 km (total du parc)

Abris, relais, refuges: 6 relais chauffés

Tarif: 8,50$ + droit d'accès

École de ski: non

Équipement d'entretien: 2 (BR 180)

Réseau: 10 sentiers, dont 4 faciles, 3 difficiles et 3 très difficiles

Parcours suggérés:
○ **Facile: B2 Biche** (5,8 km a.-r.). Cette boucle très populaire emprunte les sentiers B, B2 puis C. Elle mène au relais La Renardière et longe l'étang à l'Ours. Point de vue sur la vallée du lac Monroe.

□ **Difficile: A1 Bois-Franc** (10,3 km a.-r.). Cette boucle emprunte les sentiers A, A1 puis A. Elle mène au relais La Hutte, près du lac Boivin. Beau point de vue. Le parcours traverse une érablière parsemée de bouleaux jaunes.

◊ **Très difficile: A5 Le Poisson**
(12,7 km a.-r.). Cette boucle suit
les sentiers A, A3, A4 puis A5, et
passe par les relais Le Campe et
La Perdrière. Belle vue à partir du
lac Poisson.

Raquette

Longueur des parcours: 23,4 km

Tarif: compris dans le droit
d'accès

Réseau: 5 sentiers, dont La
Roche (6 km) et La Corniche
(8,2 km), ainsi que la rive est du
lac Monroe et la rive ouest du lac
Chat. De plus, le sentier du
Centenaire (9,2 km aller) est
désormais accessible aux raquetteurs (retour par la route 1:
3,5 km).

Information

Secteur de la Pimbina
poste d'accueil de Saint-Donat, route 125 Nord, à 12 km de Saint-Donat
☎*(819) 424-7012 ou 877-688-2289*
www.parcsquebec.com

Hébergement sur place: relais et
refuges pour la longue randonnée

Services: stationnement, accueil,
salle de fartage

Location: ski de fond, raquette

Autres activités: non

Ski de fond

Longueur des parcours: 33 km

Longueur linéaire du réseau:
33 km

Pas de patin: non

Randonnée nordique: 115 km
(total du parc)

Abris, relais, refuges: 2 relais

Tarif: 8,50$ + droit d'accès

École de ski: non

Équipement d'entretien:
2 (BR 100)

Réseau: 7 sentiers, dont 3 faciles,
3 difficiles et 1 très difficile

Parcours suggérés:
○ **Facile: 2 Le Ruisseau**
(4,8 km). Ce sentier mène au
relais du Geai-Bleu.

□ **Difficile: 7 La Cassagne**
(17,9 km). Ce tracé emprunte les
sentiers n°s 2, 3, 4, 7, 4 et 2. Il
mène au lac Cassagne, situé au
sud du lac Télesphore.

◊ **Très difficile: 5 Les Cascades**
(12,2 km). Ce parcours suit les
sentiers n°s 2, 5, 3 et 2. Le sentier n° 5, qui comporte de bonnes dénivellations, fait le tour du
mont des Cascades.

Raquette

Longueur des parcours: 5,5 km

Abris, relais, refuges: 1 relais

Tarif: compris dans le droit
d'accès

Réseau: 2 sentiers, L'Envol (3 km
aller) ainsi que l'aire de raquette
menant au relais du Geai-Bleu
(5 km aller-retour)

Laurentides

La Montagne Tremblante

Les Algonquins, premiers habitants des lieux, avaient baptisé le mont Tremblant du nom de *Manitonga Soutana*, soit la montagne du Diable (ou des Esprits), car ils prétendaient qu'il en sortait des grondements et que les Amérindiens qui l'escaladaient sentaient la terre osciller sous leurs pieds, d'où le nom français de la «Montagne Tremblante». La légende raconte que le Grand Manitou, qui veillait sur tout, faisait trembler la montagne chaque fois que quelqu'un osait défier les lois sacrées de la nature. Ceux qui obéissaient aux lois de la nature, quant à eux, pouvaient humer l'odeur des fleurs, boire l'eau de source limpide, profiter de l'air pur de l'aube et se réjouir du chant des nombreux oiseaux.

Dès 1894, le parc de la Montagne-Tremblante est créé par le gouvernement du Québec. Bien que l'appellation de «mont Tremblant» soit déjà utilisée en 1936 – la municipalité de Mont-Tremblant sera fondée en 1940 –, ce n'est qu'en 1962 que le nom du parc sera changé en «parc de récréation du Mont-Tremblant», lequel est devenu récemment le parc national du Mont-Tremblant,

Centre de ski de fond Ferme-Neuve

Le village de Ferme-Neuve se trouve à quelques kilomètres au nord de Mont-Laurier, et c'est en 1977 qu'il fit l'acquisition de sentiers de ski de fond. Son réseau s'étend sur une douzaine de propriétés privées ainsi que sur des terres du domaine public.

Depuis 1980, le club de ski de fond Ferme-Neuve entretient et administre le réseau de sentiers. L'accueil y est chaleureux, les sentiers s'avèrent bien tracés, et le panorama se révèle grandiose. Le club organise également des randonnées populaires, des compétitions, des randonnées au clair de lune et des cliniques de fartage.

Information

Centre de ski de fond Ferme-Neuve
5 montée Baskatong, Ferme-Neuve
☎*(819) 587-3882*

Services: stationnement, accueil, salle de fartage, douches, casse-croûte, carte des sentiers

Location: non

Autres activités: randonnée Windigo, randonnée au clair de lune

Ski de fond

Longueur des parcours: 70 km

Longueur linéaire du réseau: 70 km

Pas de patin: non

Randonnée nordique: non

Abris, relais, refuges: 1 abri

Tarif: 5$

École de ski: non

Équipement d'entretien: 1 (motoneige)

Réseau: 8 sentiers, dont 3 faciles, 3 difficiles et 2 très difficiles

Parcours suggérés:
○ **Facile: 2 La Coulée** (3 km a.-r.). Ce sentier boisé longe en partie un ruisseau.

□ **Difficile: 6 L'Escapade** (10 km a.-r.). Ce trajet offre quelques beaux points de vue sur les montagnes ainsi que sur le village de Ferme-Neuve.

◇ **Très difficile: 7 La Randonnée** (17 km a.-r.). Ce parcours «rustique», qui procure une sensation d'éloignement, mène à un relais et offre également de beaux points de vue.

La Forêt récréotouristique de la Montagne du Diable

Depuis octobre 2001, la Forêt récréotouristique de la Montagne du Diable occupe une place importante dans le cœur des adeptes d'activités de plein air. Située dans les Hautes-Laurentides, au nord de Mont-Laurier, cette forêt a beaucoup à offrir, tant au plan de la faune et de la flore que des activités que l'on peut y pratiquer tout au long de l'année.

Lacs, rivières, montagnes imposantes et points de vue sont au rendez-vous. La montagne du Diable, qui culmine à 783 m d'altitude, est le deuxième sommet en importance des Laurentides. Cette montagne s'appelait autrefois le mont Sir-Wilfrid-Laurier.

Information

Les Amis de la Montagne du Diable
94 12ᵉ Rue, Ferme-Neuve
☎ *(819) 587-3882*
www.montagnedudiable.com

Hébergement sur place: refuges, camping d'hiver

Services: stationnement, accueil, carte des sentiers

Location: raquette

Autres activités: non

Merle d'amérique

Ski de fond

Longueur des parcours: 50 km

Longueur linéaire du réseau: 50 km

Pas de patin: non

Randonnée nordique: 50 km

Abris, relais, refuges: 2 abris et 3 refuges (camping d'hiver permis en certains lieux)

Tarif: 5$

École de ski: non

Équipement d'entretien: aucun

Réseau: 4 sentiers, tous très difficiles

Parcours suggéré:
◇ **Très difficile: paroi de l'Aube** (boucle de 15 km). Ce parcours emprunte les sentiers B et A pour aller au sommet de la paroi de l'Aube, d'où la vue exceptionnelle porte sur les montagnes et les villages environnants. Le retour s'effectue par les sentiers A, C, 8 et B.

Raquette

Longueur des parcours: 65 km

Randonnée hors piste: non

Abris, relais, refuges: 2 abris et 3 refuges (camping d'hiver permis en certains lieux)

Tarif: 3$

Réseau: 10 sentiers (même réseau que celui pour la randonnée pédestre).

Autres centres de ski de fond des Laurentides

Les Sentiers de la Cabane

Information

Les Sentiers de la Cabane 270 1ʳᵉ Avenue, Sainte-Anne-des-Plaines **☎(450) 478-2090**

Services: stationnement, accueil, salle de fartage, restauration

Ski de fond

Longueur des parcours: 31 km

Pas de patin: oui

Tarif: gratuit

Équipement d'entretien: 1 (motoneige)

Réseau: 5 sentiers, dont 4 faciles et 1 difficile

Municipalité de Saint-Hyppolite

Information

Municipalité de Saint-Hyppolite Pavillon Roger Cabana, 2060 chemin des Hauteurs **☎(450) 563-2505, poste 242 (en semaine) ou 240 (la fin de semaine)**

Services: stationnement, accueil et casse-croûte (la fin de semaine), carte des sentiers

Autres activités: patin (lac Connely)

Ski de fond

Longueur des parcours: 45 km

Longueur linéaire du réseau:
45 km

Randonnée nordique: 30 km

Tarif: 5$

Équipement d'entretien:
1 (motoneige)

Réseau: 16 sentiers, dont 3 faciles, 11 difficiles et 2 très difficiles

Sainte-Anne-des-Lacs

Sainte-Anne-des-Lacs
hôtel de ville (stationnement), 773 chemin Sainte-Anne-des-Lacs
☎ *(450) 224-2675*

Services: stationnement, carte des sentiers

Ski de fond

Longueur des parcours: 8 km

Randonnée nordique: 8 km

Tarif: gratuit

Équipement d'entretien: aucun

Réseau: 2 sentiers (Loken et Piste Rose) non entretenus mécaniquement. Le début des sentiers se trouve derrière l'hôtel de ville (stationnement). Le sentier Loken permet de rejoindre, près du lac Denis, le réseau de sentiers de Saint-Sauveur (Western, Tamaracouta).

Saint-Sauveur

Information

Saint-Sauveur
2125 chemin Jean-Adam, Saint-Sauveur
☎ *(450) 227-4633*

Services: carte des sentiers

Ski de fond

Longueur des parcours: 32 km

Randonnée nordique: 32 km

Tarif: gratuit

Équipement d'entretien: aucun

Réseau: 6 sentiers, dont 1 facile et 5 difficiles. Les sentiers sont tous balisés, mais aucun n'est tracé mécaniquement. Le réseau de sentiers communique avec celui de Sainte-Anne-des-Lacs.

Auberge du Lac à la Loutre

Information

Auberge du Lac à la Loutre
122 chemin Trudel, Huberdeau
☎ *(819) 687-8888 ou 888-568-8737*
www.aubergedulacalaloutre.com

Hébergement sur place: auberge

Services: stationnement, accueil, salle de fartage, restauration

Location: ski de fond, raquette, glissade, patin

Autres activités: patin, glissade

Ski de fond

Longueur des parcours: 75 km

Longueur linéaire du réseau: 40 km

Tarif: 5$

Équipement d'entretien: 1 (motoneige)

Réseau: 10 sentiers, dont 3 faciles, 4 difficiles et 3 très difficiles

Raquette

Longueur des parcours: 8 km

Randonnée hors piste: oui

Tarif: 5$ (compris dans le droit d'accès)

Réseau: 2 sentiers

Centre de ski de fond Sainte-Marguerite

Information

Centre de ski de fond Sainte-Marguerite
Services des loisirs de Sainte-Marguerite-Estérel, 414 boulevard Empain, Sainte-Marguerite-Estérel
☎(450) 228-2545

Services: stationnement, accueil, casse-croûte, carte des sentiers

Location: patin, glissade

Autres activités: patinoire de 7 km, glissade sur chambre à air, «trottinette des neiges»

Ski de fond

Longueur des parcours: 30 km

Pas de patin: 5 km

Randonnée nordique: 10 km

Tarif: gratuit

Équipement d'entretien: 1 (motoneige)

Réseau: 4 sentiers, dont 3 faciles et 1 difficile

Club de ski de fond Labelle

Information

Club de ski de fond Labelle
rue de l'Église, Labelle
☎(819) 686-9390

Services: stationnement, salle de fartage

Ski de fond

Longueur des parcours: 20 km

Abris, relais, refuges: refuge

Tarif: 7$

Équipement d'entretien: 1 (motoneige)

Raquette

Longueur des parcours: 5 km

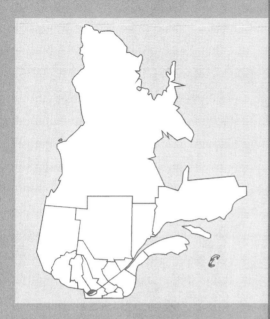

Laval

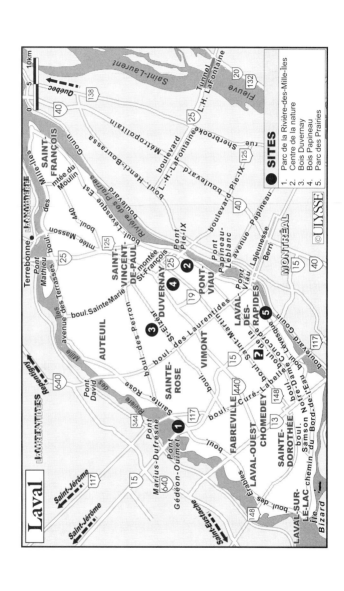

Laval

SITES

1. Parc de la Rivière-des-Mille-Îles
2. Centre de la nature
3. Bois Duvernay
4. Bois Papineau
5. Parc des Prairies

©ULYSSE

Grande banlieue résidentielle

et industrielle, Laval a su préserver certaines richesses de son patrimoine architectural ainsi que de grands espaces servant à l'agriculture ou aux activités de plein air.

L'une des villes les plus importantes au Québec avec ses 350 000 habitants, Laval occupe une grande île au nord de Montréal, l'île Jésus, située entre le lac des Deux Montagnes, la rivière des Prairies et la rivière des Mille Îles.

Parc de la Rivière-des-Mille-Îles

Le parc de la Rivière-des-Mille-Îles a vu le jour en 1987 grâce au travail des membres de la Corporation Éco-Nature de Laval. Sa vocation consiste à favoriser l'éveil aux valeurs de l'environnement ainsi que les loisirs de plein air.

Si en été on longe les îles du parc en canot ou en kayak, l'hiver c'est à skis de fond que l'on découvre cette oasis située au cœur du vieux Sainte-Rose.

En plus d'y skier, on peut y marcher ou y patiner. Des mangeoires d'oiseaux permettent d'apprécier la beauté et la variété de la faune aviaire. On peut également s'initier à la luge scandinave (location), cette «trottinette des neiges» avec laquelle grands et petits s'amuseront follement.

Information

Parc de la Rivière-des-Mille-Îles
13 rue Hotte (à côté de l'église de Sainte-Rose)
☎ *(450) 622-1020*
www.parc-mille-iles.qc.ca

Services: stationnement, accueil, aire de feux, casse-croûte, patrouille, carte des sentiers

Location: ski de fond, patin, luge

Autres activités: patin (1 km), luge scandinave, glissade, marche (7 km), traîneau à chevaux

Animaux domestiques: admis, en laisse seulement et uniquement dans la Piste polyvalente

Ski de fond

Longueur des parcours: 13 km

Longueur linéaire du réseau: 13 km

Pas de patin: 7 km

Randonnée nordique: non

Abris, relais, refuges: non

Tarif: 5$

École de ski: non

Huard

Équipement d'entretien:
1 (motoneige)

Réseau: 2 sentiers faciles, dont la Piste polyvalente (7 km) où l'on peut faire du ski de fond (pas classique et pas de patin), de la raquette, de la marche et de la luge scandinave

Parcours suggéré:
○ **Facile: La Lièvre** (12,5 km). Cette boucle permet de faire le tour du parc en passant par les îles aux Fraises, aux Juifs, Lefebvre, Thibault, Locas et Chabot.

Raquette

Longueur des parcours: 7 km

Tarif: 5$ (compris dans le droit d'accès)

Réseau: la raquette se pratique uniquement dans la Piste polyvalente.

Centre de la nature

Le Centre de la nature de Laval se trouve tout près du pont Pie-IX. Ce parc de récréation et de détente est construit sur le site d'une ancienne carrière! Arbres, champs, jardins, lac et ruisseau ont redonné vie à cette terre ravagée en composant, depuis une trentaine d'années, un îlot naturel fort joli.

En plus d'offrir un cadre agréable pour le ski de fond, le Centre de la nature reste animé durant toute l'année. Une très grande patinoire bien entretenue, des sentiers pour la marche, une butte pour glisser et une jolie ferme permettent à toute la famille de passer une agréable journée. Et le tout est gratuit!

Information

Centre de la nature
901 av. du Parc, Saint-Vincent-de-Paul
☎ *(450) 662-4942*
www.ville.laval.qc.ca

Services: stationnement ($ la fin de semaine), casse-croûte

Location: ski de fond, patin, glissade

Autres activités: patin, glissade, marche, visite de la ferme et de la serre

Ski de fond

Longueur des parcours: 6,5 km

Pas de patin: 1 km

Randonnée nordique: non

Abris, relais, refuges: chalet

Tarif: gratuit

École de ski: non

Équipement d'entretien:
2 (BR 180)

Réseau: 2 sentiers faciles permettent de faire le tour du centre en contournant le lac, la ferme et la serre

Raquette

Randonnée hors piste: oui

Tarif: gratuit

Bois Duvernay

Situé à Vimont, le Bois Duvernay est un centre de ski de fond géré, entretenu et patrouillé par les membres bénévoles du Club des Coureurs de Boisés.

Le réseau est assez étendu et offre des parcours variant de 3,8 km à 7 km. Le long des sentiers, le skieur peut observer nombre d'espèces d'oiseaux autour des différentes mangeoires installées à cet effet. Le centre organise également des randonnées «clair de neige» certains soirs de la semaine.

Information

Bois Duvernay
Centre communautaire Philémon-Gascon, 2830 boulevard Saint-Elzéar Est
☎*(450) 661-1766*

Services: stationnement, salle de fartage

Location: non

Autres activités: non

Ski de fond

Longueur des parcours: 25 km

Longueur linéaire du réseau: 16,5 km

Pas de patin: 6 km

Randonnée nordique: non

Abris, relais, refuges: refuge chauffé

Tarif: 7$

École de ski: non

Équipement d'entretien: 1 (motoneige)

Réseau: 6 sentiers faciles

Bois Papineau

Petit boisé sympathique où il fait bon se balader au rythme des saisons, le Bois Papineau est un espace naturel réservé à la conservation ainsi qu'à des activités d'éducation, de sensibilisation à la nature et de plein air.

Information

Bois Papineau
Pavillon du Bois Papineau, 3235 boulevard Saint-Martin Est
☎*(450) 662-4901*
www.laval.qc.ca

Services: stationnement, salle de fartage, carte des sentiers

Location: non

Autres activités: marche

Ski de fond

Longueur des parcours: 7 km

Pas de patin: non

Randonnée nordique: non

Abris, relais, refuges: non

Tarif: gratuit

École de ski: non

Laval

Équipement d'entretien: aucun

Réseau: plusieurs courts sentiers

Raquette

Randonnée hors piste: oui

Tarif: gratuit

Parc des Prairies

Joli parc urbain de 18 ha, le parc des Prairies, situé tout près de la rivière du même nom, abrite un petit lac, un ruisseau ainsi que de beaux conifères. Face au parc, la berge du petit parc Gagné permet une halte en bordure de la rivière des Prairies. Le parc Gagné renferme aussi un petit moulin, dénommé le moulin du Crochet.

Information

Parc des Prairies
angle boulevard Cartier et 15ᵉ Rue, Laval-des-Rapides
☎ *(450) 662-4902*
www.ville.laval.qc.ca

Services: stationnement

Location: non

Autres activités: marche, glissade

Ski de fond

Longueur des parcours: 5 km

Pas de patin: non

Randonnée nordique: non

Abris, relais, refuges: non

Tarif: gratuit

École de ski: non

Équipement d'entretien: aucun

Réseau: plusieurs courts sentiers

Raquette

Randonnée hors piste: oui

Tarif: gratuit

Arbres

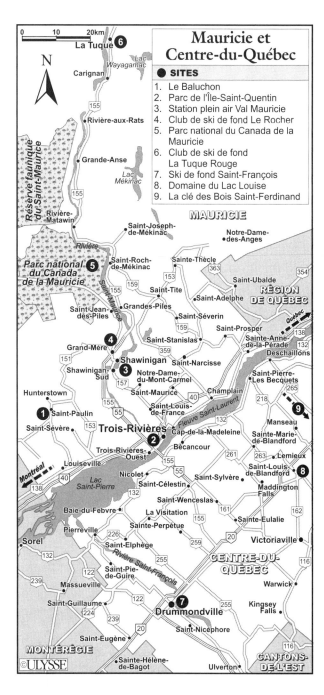

Mauricie et Centre-du-Québec

● SITES

1. Le Baluchon
2. Parc de l'Île-Saint-Quentin
3. Station plein air Val Mauricie
4. Club de ski de fond Le Rocher
5. Parc national du Canada de la Mauricie
6. Club de ski de fond La Tuque Rouge
7. Ski de fond Saint-François
8. Domaine du Lac Louise
9. La clé des Bois Saint-Ferdinand

0   10   20km

N

La Tuque ●6

Carignan

Lac Wayagamac

155

Rivière-aux-Rats

Grande-Anse

Lac Mékinac

155

Réserve faunique du Saint-Maurice

Rivière-Matawin

Rivière

MAURICIE

Saint-Joseph-de-Mékinac

Notre-Dame-des-Anges

Parc national du Canada de la Mauricie ●5

Saint-Roch-de-Mékinac

Sainte-Thècle

363

Saint-Ubalde

354

159

155

Saint-Tite

153

Saint-Adelphe

RÉGION DE QUÉBEC

Saint-Jean-des-Piles

Grandes-Piles

Saint-Séverin

159

Saint-Prosper

Québec

138

132

4

Saint-Stanislas

359

Sainte-Anne-de-la-Pérade

Deschaillons

Grand-Mère

151

Shawinigan ●3

Saint-Narcisse

Saint-Pierre-Les Becquets

265

Shawinigan-Sud

157

Notre-Dame-du-Mont-Carmel

218

●9

Hunterstown

155

Saint-Maurice

Champlain

Manseau

●1 Saint-Paulin

55

Saint-Louis-de-France

40

Fleuve Saint-Laurent

132

Sainte-Marie-de-Blandford

Saint-Sévère

153

Trois-Rivières

Cap-de-la-Madeleine

261

263

Lemieux

Saint-Louis-de-Blandford ●8

Trois-Rivières-Ouest ●2

Bécancour

Montréal

40

138

Louiseville

155

Nicolet

55

Saint-Sylvère

162

Maddington Falls

Lac Saint-Pierre

132

Saint-Célestin

Baie-du-Febvre

Saint-Wenceslas

161

Sainte-Eulalie

Pierreville

226

La Visitation

Sainte-Perpétue

155

20

Victoriaville

Sorel

132

Saint-Elphège

259

CENTRE-DU-QUÉBEC

116

Rivière Saint-François

255

239

122

Saint-Pie-de-Guire

Massueville

Warwick

Saint-Guillaume

122

●7

Kingsey Falls

224

239

Drummondville

255

MONTÉRÉGIE

©ULYSSE

Saint-Nicéphore

Saint-Eugène

20

116

Sainte-Hélène-de-Bagot

Ulverton

CANTONS-DE-L'EST

Axe nord-sud

situé à mi-chemin entre Québec et Montréal, ces deux régions embrassent les trois formations morphologiques du territoire québécois: le Bouclier canadien, la plaine du Saint-Laurent et la chaîne des Appalaches.

Trois-Rivières joue le rôle de pivot central de la Mauricie, sur la rive nord. Dans la région du Centre-du-Québec, sur la rive sud du fleuve Saint-Laurent, s'étendent des zones rurales ouvertes très tôt à la colonisation et dont le territoire conserve toujours le lotissement hérité de l'époque seigneuriale.

Auberge Le Baluchon

Cette station touristique mauricienne a beaucoup à offrir aux amateurs d'activités de plein air. En effet, en plus de skier à l'intérieur d'un agréable réseau, le visiteur qui y séjourne pourra profiter des nombreuses activités proposées ainsi que d'une excellente table. Vous serez littéralement traité comme un roi, de la promenade en traîneau à chiens au massage tonifiant, sans oublier la table d'hôte gastronomique.

Cascades, chutes, rivière, îles, forêt et lac composent le décor enchanteur de cette station touristique qui, après quelques années d'existence seulement, s'est taillé une place importante dans la région.

Information

Auberge Le Baluchon
3550 chemin des Trembles, Saint-Paulin
☎ *(819) 268-2555 ou 800-789-5968*
www.baluchon.com

Hébergement sur place: auberge

Services: stationnement, accueil, salle de fartage, encadrement «plein air», restauration, brasserie, carte des sentiers

Location: ski de fond, raquette, patin
Autres activités: marche (10 km), glissade, patin (5 km), traîneau à chiens (sur réservation), soins du corps (massothérapie, balnéothérapie, soins esthétiques, etc.), randonnée en carriole, équitation

Ski de fond

Longueur des parcours: 25 km

Longueur linéaire du réseau: 21 km

Pas de patin: non

Randonnée nordique: non

Abris, relais, refuges: 5 relais, dont 3 chauffés

Tarif: 8,25$

École de ski: non

Équipement d'entretien: 3 (BR 110)

Réseau: 7 sentiers, dont 3 faciles, 3 difficiles et 1 très difficile. Plusieurs d'entre eux longent la rivière du Loup.

Raquette

Longueur des parcours: 15 km

Abris, relais, refuges: 3 relais chauffés

Tarif: 8,25$ (compris dans le droit d'accès)

Réseau: 3 sentiers

Parc national du Canada de la Mauricie

Créé en 1970, le parc national du Canada de la Mauricie, qui met l'accent sur la protection et la restauration du caractère original du milieu, offre de superbes paysages aux amateurs du ski de fond. Situé à 35 km au nord de Trois-Rivières, et plus précisément à 5 km au nord de Saint-Jean-des-Piles, le parc offre plus de 80 km de sentiers de ski de fond; des panneaux d'auto-interprétation,

Feuille d'érable

placés près des haltes, expliquent l'arrivée de l'hiver et son impact sur la faune et la flore.

Notez qu'il est possible de pratiquer le camping d'hiver dans le parc (abri-cuisine, toilettes sèches). Inscriptions obligatoires.

Information

Parc national du Canada de la Mauricie
(accès par Saint-Jean-des-Piles)
☎ *(819) 538-3232 ou (819) 537-4555 (gîtes)*
www.parcscanada.gc.ca/mauricie

Hébergement sur place: 2 gîtes (Wabénaki et Andrew) accessibles uniquement à skis (à 3,5 km du stationnement de Saint-Gérard-des-Laurentides)

Services: stationnement, accueil, salle de fartage, salle de repos, carte des sentiers, premiers soins, patrouille

Location: non

Autres activités: camping d'hiver

Ski de fond

Longueur des parcours: 80 km

Longueur linéaire du réseau: 80 km

Pas de patin: 30 km

Randonnée nordique: oui

Abris, relais, refuges: 8 refuges

Tarif: 8$

École de ski: oui

Équipement d'entretien: 3 (Rotobec, avec conditionneur à neige)

Réseau: 10 sentiers, dont 4 faciles, 4 difficiles et 2 très difficiles

Parcours suggérés:
○ **Facile: 3** (10 km a.-r.). Ce sentier mène à la halte Isaï, située près du lac du même nom.

□ **Difficile: 6** (22,8 km a.-r.). Ce parcours, qui mène au lac Marie, passe par le lac Bouchard et la halte du lac Pimbina, d'où la vue est très jolie.

◇ **Très difficile: 2** (20 km a.-r.). Cette boucle de 20 km passe par les sentiers nos 2 et 3. Aménagé depuis 1994, ce sentier accidenté offre de beaux points de vue, notamment sur les lacs.

Raquette

Longueur des parcours: 28 km

Randonnée hors piste: oui

Tarif: 8$ (compris dans le droit d'accès)

Réseau: 2 sentiers

Club de ski de fond La Tuque Rouge

Le club de ski de fond La Tuque Rouge (près de l'aéroport de La Tuque) a été fondé en 1974. Très dynamique, il organise plusieurs compétitions chaque hiver et a, à son crédit, l'organisation de deux tranches de la Coupe du Québec, de deux tranches de la Coupe Sealtest, de la finale de la Coupe Sealtest-Sports Experts en mars 1991 et d'une tranche de la Coupe Canada en décembre 1990.

Ce centre a d'ailleurs formé plusieurs athlètes de «pointe», dont Marie-Josée Pépin, cinq fois championne canadienne junior et médaillée d'argent aux Championnats juniors mondiaux en Norvège (1989), et Dany Bouchard, membre de l'équipe nationale du Canada, qui a participé aux Jeux olympiques d'Albertville (1992) et de Lillehammer (1994).

Mauricie et Centre-du-Québec

Information

Club de ski de fond La Tuque Rouge
boulevard Industriel (par la route 155)
La Tuque
☎(819) 523-9003

Services: stationnement, accueil, salle de fartage, carte des sentiers

Location: non

Autres activités: non

Ski de fond

Longueur des parcours: 30 km

Pas de patin: 13 km

Randonnée nordique: non

Abris, relais, refuges: 1 relais chauffé

Tarif: 6$

École de ski: oui

Équipement d'entretien: 2 (Skidozer)

Réseau: 4 sentiers, dont 1 facile, 2 difficiles et 1 très difficile

Parcours suggérés:
○ **Facile: 6 Dany Bouchard** (5,9 km). Cette boucle offre de beaux points de vue sur la rivière Saint-Maurice.

□ **Difficile: 10 Marie-Josée Pépin** (9,6 km). Cette boucle permet, au départ, d'avoir une vue sur la montagne, le barrage hydroélectrique, la rivière Saint-Maurice et une partie de la ville de La Tuque.

◇ **Très difficile: 5 Yvon-Morel** (5 km). Sentier d'entraînement très difficile offrant plusieurs longues montées.

La clé des Bois Saint-Ferdinand

Le centre La clé des Bois Saint-Ferdinand, fondé en 1972, se trouve à Saint-Ferdinand-d'Halifax (Bernierville), soit à l'est de Victoriaville.

Ce petit centre très bien entretenu offre des randonnées dans des forêts variées. Il organise également des randonnées sous les étoiles, des rallyes et des compétitions régionales de ski de fond.

Information

La clé des Bois Saint-Ferdinand
320 6ᵉ Rang, Saint-Ferdinand
☎ *(418) 428-4194 ou (418) 428-9188 (manoir du lac William)*

Hébergement sur place: oui

Services:
stationnement, 2 postes d'accueil, salle de fartage, bar-restaurant, carte des sentiers

Location:
ski de fond

Autres activités: randonnée au flambeau

Ski de fond

Longueur des parcours: 32 km

Longueur linéaire du réseau: 32 km

Pas de patin: non

Randonnée nordique: non

Abris, relais, refuges: 2 refuges

Tarif: 6$

École de ski: non

Équipement d'entretien: 2 (Bombi)

Réseau: 8 sentiers, dont 3 faciles, 4 difficiles et 1 très difficile

Parcours suggérés:
○ **Facile: 2 Le Côteau** (4 km). Belle petite boucle dans une splendide forêt.

□ **Difficile: 7 La Randonnée** (11,3 km). Cette randonnée, qui passe d'abord par les sentiers n°s 4 et 6, mène à un petit lac près duquel il y a un refuge. Un point de vue permet d'observer les vallées avoisinantes.

◇ **Très difficile: 5 La Montagne** (14 km). Ce sentier mène au sommet de la montagne (591 m), d'où la vue, dans toutes les directions, est magnifique. On peut observer les mines de Black Lake, Thetford Mines, Saint-Jean-de-Brébeuf, Saint-Julien, Sainte-Hélène-de-Chester et, en soirée, si le ciel est dégagé, les lumières de la ville de Québec! Un refuge est également installé tout près du sommet.

Mauricie et Centre-du-Québec

Le sirop d'érable

Lors de l'arrivée des premiers colons en Amérique, la tradition du sirop d'érable était bien établie à travers les différentes cultures indigènes. D'ailleurs, une légende iroquoise décrit la genèse du doux sirop.

Woksis, le Grand Chef, partait chasser un matin de printemps. Il prit donc son tomahawk à même l'arbre où il l'avait planté la veille. La nuit avait été froide, mais la journée s'annonçait douce. Ainsi, de la fente faite dans l'arbre, un érable, se mit à couler de la sève. La sève coula dans un seau qui, par hasard, se trouvait sous le trou. À l'heure de préparer le repas du soir, la squaw de Woksis eut besoin d'eau. Elle vit le seau rempli de sève et pensa que cela lui éviterait un voyage à la rivière. Elle était une femme intelligente et consciencieuse qui méprisait le gaspillage. Elle goûta l'eau et la trouva un peu sucrée, mais

tout de même bonne. Elle l'utilisa pour préparer son repas. À son retour, Woksis sentit l'arôme sucré de l'érable et sut de très loin que quelque chose de spécialement bon était en train de cuire. La sève était devenue un sirop et rendit leur repas exquis.

Les Amérindiens n'avaient cependant pas les matériaux nécessaires pour chauffer un chaudron à très haute température. Ils utilisaient donc des pierres chauffées qu'ils lançaient dans l'eau pour la faire bouillir. Une autre méthode consistait à laisser l'eau d'érable geler la nuit et ensuite à enlever la couche de glace le lendemain; et ainsi de suite, jusqu'à ce qu'il ne reste qu'un épais sirop. Pour les Amérindiens, le sirop d'érable constituait un élément marquant de leur alimentation, de leur culture et de leur religion.

Autres centres de ski de fond de la Mauricie et du Centre-du-Québec

Centre Vacances Nature du Lac-Bouchette

Information

Centre Vacances Nature du Lac-Bouchette
160 chemin de la Montagne, Lac-Bouchette
☎ *(418) 348-6832*

Hébergement sur place: chalets et pavillon

Services: stationnement, accueil, restaurant, carte des sentiers

Location: ski de fond, raquette

Autres activités: glissade, motoneige, planche à neige

Ski de fond

Longueur des parcours: 17 km

Longueur linéaire du réseau: 12 km

Abris, relais, refuges: 1 relais

Tarif: 5$

Équipement d'entretien: 1 (motoneige)

Réseau: 3 boucles

Raquette

Longueur des parcours: 1 km

Randonnée hors piste: oui

Tarif: 3$

Réseau: 1 sentier

Parc de l'Île-Saint-Quentin

Information

Parc de l'Île-Saint-Quentin
Île Saint-Quentin, Trois-Rivières
☎ *(819) 373-8151*
www.ile-st-quentin.qc.ca

Services: stationnement ($), accueil, casse-croûte

Location: patin

Autres activités: marche (4 km), patin (1,5 km), glissade sur chambre à air

Ski de fond

Longueur des parcours: 5 km

Tarif: 2,50$

Équipement d'entretien: 1 (motoneige)

Réseau: un sentier facile fait le tour de l'île Saint-Quentin.

Bernache du Canada

Station plein air Val Mauricie

Information

Station plein air Val Mauricie
109ᵉ Rue, Shawinigan-Sud
☎*(819) 537-8732 ou 537-1206*

Services: stationnement, accueil, salle de fartage, restauration, carte des sentiers

Autres activités: ski alpin, glissade, patin

Ski de fond

Longueur des parcours: 15 km

Tarif: gratuit

Équipement d'entretien: 1 (motoneige)

Réseau: 4 sentiers, dont 2 faciles et 2 difficiles

Club de ski de fond Le Rocher

Information

Club de ski de fond Le Rocher
1090 7ᵉ Rue, Grand-Mère
☎*(819) 538-2358*

Services: stationnement, salle de fartage, restauration

Location: ski de fond, glissade

Ski de fond

Longueur des parcours: 25 km

Tarif: 3$

Réseau: 5 sentiers, dont 4 faciles et 1 difficile

Ski de fond Saint-François

Information

Ski de fond Saint-François
1425 rue Montplaisir, Drummondville
☎*(819) 478-5475 ou 478-3231*

Hébergement sur place: motel

Services: stationnement, accueil, salle de fartage, casse-croûte, carte des sentiers

Location: ski de fond

Ski de fond

Longueur des parcours: 47 km

Pas de patin: 4,4 km

Tarif: 5$

École de ski: oui

Équipement d'entretien: 1 (motoneige)

Réseau: 12 sentiers, dont 9 faciles, 2 difficiles et 1 très difficile

Domaine du Lac Louise

Information

Domaine du Lac Louise
950 Route 263 Nord, Saint-Louis-de-Blandford
☎*(819) 364-7002*
www.domainelaclouise.com

Services: stationnement, accueil, salle de fartage, restauration, premiers soins

Autres activités: glissade, moto-neige

Animaux domestiques: admis, en laisse seulement

Équipement d'entretien:
2 (Skidozer)

Réseau: 4 sentiers, dont 2 faciles, 1 difficile et 1 très difficile

Ski de fond

Longueur des parcours: 25 km

Tarif: 5$

Raquette

Randonnée hors piste: oui

Tarif: 5$ (compris dans le droit d'accès)

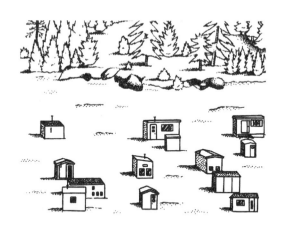

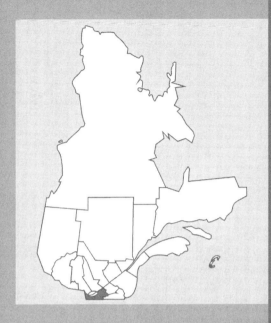

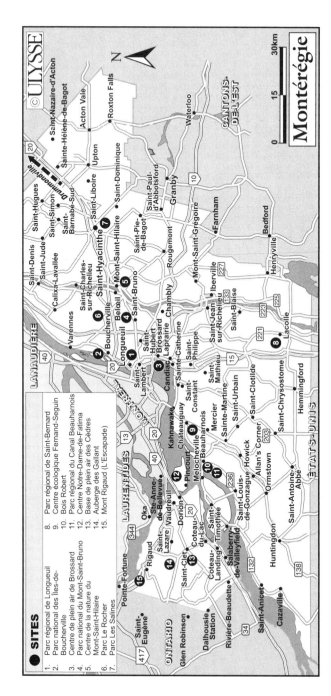

Montérégie

● SITES

1. Parc régional de Longueuil
2. Parc national des Îles-de-Boucherville
3. Centre de plein air de Brossard
4. Parc national du Mont-Saint-Bruno
5. Centre de la nature du Mont-Saint-Hilaire
6. Parc Le Rocher
7. Parc Les Salines
8. Parc régional de Saint-Bernard
9. Centre écologique Fernand-Seguin
10. Bois Robert
11. Parc régional du Canal Beauharnois
12. Centre Notre-Dame-de-Fatima
13. Base de plein air des Cèdres
14. Auberge des Gallant
15. Mont Rigaud (L'Escapade)

© ULYSSE

Les collines Montérégiennes

constituent les seules dénivellations d'importance de ce plat pays.

Disposées ici et là sur le territoire, ces collines massives qui ne s'élèvent qu'à environ 400 m furent longtemps considérées comme d'anciens volcans. En réalité, il s'agit plutôt de roches métamorphiques qui n'ont pu perforer la couche superficielle de la croûte terrestre et qui devinrent apparentes à la suite de la longue érosion des terres avoisinantes.

On séjourne en Montérégie pour explorer les collines Montérégiennes et la superbe vallée du Richelieu, pour découvrir le riche héritage de son passé et pour se remplir les poumons d'air frais de la campagne. On vient aussi cueillir des pommes, l'automne venu, dans les vergers de Rougemont, histoire de faire le plein de vitamines avant le long hiver.

Parc régional de Longueuil

Situé sur la rive sud du fleuve Saint-Laurent, le parc régional de Longueuil propose de nombreuses activités aux amateurs de plein air et d'écologie. Petits lacs, collines et balades en forêt attendent les skieurs. Une centaine d'espèces d'oiseaux y ont été identifiées à ce jour. On y trouve tous les services liés au ski de fond (information, location d'équipement, vente de produits, casse-croûte, etc.) de même qu'un stationnement.

Information

Parc régional de Longueuil
1895 rue Adoncour (angle boulevard Curé-Poirier), Longueuil
☎ *(450) 468-7619*
www.ville.longueuil.qc.ca

Services: stationnement, accueil, casse-croûte, premiers soins, carte des sentiers

Location: ski de fond, raquette, glissade, trottinette des neiges

Autres activités: marche (2,9 km), patin, glissade

Ski de fond

Longueur des parcours: 20 km

Longueur linéaire du réseau: 12,5 km

Pas de patin: 1,3 km

Randonnée nordique: non

Abris, relais, refuges: relais

Tarif: gratuit

École de ski: oui

Équipement d'entretien:
2 (BR 60)

Réseau: 7 sentiers faciles, de
0,5 km à 3,5 km

Raquette

Randonnée hors piste: oui

Tarif: gratuit

Parc national des Îles-de-Boucherville

Créé en 1984, le parc national des Îles-de-Boucherville repose au milieu du fleuve Saint-Laurent, à quelques minutes du centre-ville de Montréal, et constitue un havre de paix pour tous les amants de la nature. Côté ski de fond, il est encore peu développé, cette activité se pratiquant, pour l'instant, sur les 7 km de sentiers de la piste cyclable (non entretenus). Il n'est pas possible d'aller skier dans les différentes petites îles du parc.

L'accès du parc est gratuit; un stationnement et des sanitaires sont mis à la disposition des skieurs. Outre le ski de fond, il est possible de faire de la raquette (hors piste) et de la pêche blanche.

Information

Parc national des Îles-de-Boucherville
de Montréal, pont-tunnel Louis-Hippolyte-LaFontaine, sortie 1
☎ *(450) 928-5088*
www.parcsquebec.com

Services: stationnement, accueil au centre d'interprétation et de services

Location: raquette

Autre activité: marche (3 boucles de 1,5 km à 4 km)

Ski de fond

Longueur des parcours: 7 km

Longueur linéaire du réseau:
7 km

Pas de patin: non

Randonnée nordique: 7 km

Abris, relais, refuges: relais (tente)

Tarif: compris dans le droit d'accès

École de ski: non

Équipement d'entretien: aucun

Réseau: 1 sentier qui fait le tour de l'île Sainte-Marguerite

Raquette

Longueur des parcours: 7 km

Randonnée hors piste: non

Abris, relais, refuges: relais (tente)

Tarif: inclus dans le droit d'accès

Réseau: 1 sentier qui fait le tour de l'île Sainte-Marguerite

Centre de plein air de Brossard

Ce centre municipal, situé sur la rive sud du fleuve Saint-Laurent, revêt un caractère familial. Plusieurs activités hivernales peuvent y être pratiquées.

Information

Centre de plein air de Brossard
6015 chemin des Prairies, Brossard
☎ *(450) 923-7020*

Services: stationnement, accueil, salle de fartage

Location: ski de fond, glissade

Autres activités: glissade, patin

Ski de fond

Longueur des parcours: 14,3 km

Longueur linéaire du réseau: 10 km

Pas de patin: non

Randonnée nordique: non

Abris, relais, refuges: non

Tarif: gratuit

École de ski: non

Équipement d'entretien: 1 (motoneige)

Réseau: 5 sentiers faciles

Harfang des neiges

Parcours suggéré:
○ **Facile: 5 Rose** (7 km a.-r.). Cette boucle traverse des bois et des champs où il est possible d'apercevoir des chevreuils.

Raquette

Randonnée hors piste: oui

Tarif: gratuit

Parc national du Mont-Saint-Bruno

Ce petit parc (6 km²) fut créé en 1985. Le passé historique de l'endroit remonte par contre au début du XVIIIe siècle, alors que le territoire se nommait «la seigneurie de Montarville». Il compte cinq beaux petits lacs qui se déversent les uns dans les autres. Le mont Saint-Bruno s'élève à un peu plus de 200 m, et, près du poste d'accueil, un point de vue permet d'admirer le centre-ville de Montréal. Le parc national du Mont-Saint-Bruno est en outre un des sites ornithologiques les plus fascinants du sud du Québec; plus de 230 espèces d'oiseaux y ont été observées à ce jour. Le long des sentiers, le matin ou en fin de journée, il est aussi fréquent d'apercevoir des cerfs de Virginie, des renards et même des harfangs des neiges.

Montérégie

Information

Parc national du Mont-Saint-Bruno
330 chemin des 25 Est, Saint-Bruno
☎*(450) 653-7544*
www.parcsquebec.com

Services: stationnement, accueil, salle de fartage, carte des sentiers, casse-croûte

Location: ski de fond

Autres activités: ski alpin, marche (11 km), interprétation de la nature, expositions

Ski de fond

Longueur des parcours: 35 km

Longueur linéaire du réseau: 35 km

Pas de patin: 8 km

Randonnée nordique: non

Abris, relais, refuges: 2 relais chauffés

Tarif: 8,50$ + droit d'accès

École de ski: oui

Équipement d'entretien: 2 (BR 100)

Réseau: 9 sentiers, dont 4 faciles, 4 difficiles et 1 très difficile

Parcours suggéré:
☐ **Difficile: 1** (8,9 km). Cette boucle permet de faire le tour de la montagne et ainsi d'admirer les cinq lacs du parc.

Centre de la nature Mont-Saint-Hilaire

Le mont Saint-Hilaire est un centre de conservation de la nature. Situé à seulement 35 km de Montréal, il offre de jolis parcours de ski de fond. Il fut déclaré «Refuge d'oiseaux migrateurs» par le gouvernement fédéral en 1960, et, en 1978, l'UNESCO en fit une «réserve de la biosphère», le premier emplacement de ce genre au Canada. Le mont Saint-Hilaire reçoit la visite de quelque 180 espèces d'oiseaux, dont 80 ont élu domicile sur la montagne.

Propriétaire du site pendant de nombreuses années, Hamilton Gault légua une partie de la montagne à l'université McGill en 1958.

Jumelles

Information

Centre de la nature Mont-Saint-Hilaire
422 chemin des Moulins, Mont-Saint-Hilaire
☎*(450) 467-1755*
www.centrenature.qc.ca

Services: stationnement, accueil, salle de fartage, casse-croûte, aire de foyer, carte des sentiers

Location: ski de fond, raquette

Autres activités: marche (12 km)

Ski de fond

Longueur des parcours: 11 km

Longueur linéaire du réseau: 11 km

Pas de patin: non

Randonnée nordique: non

Abris, relais, refuges: non

Tarif: 4$ (compris dans le droit d'accès)

École de ski: non

Équipement d'entretien: 1 (motoneige)

Réseau: 3 sentiers, dont 1 facile, 1 difficile et 1 très difficile

Parcours suggérés:
○ **Facile: 1** (3,6 km a.-r.). Ce sentier longe le pied de la montagne.

□ **Difficile: 2** (5,2 km a.-r.). Empruntez d'abord le sentier n° 1, puis le sentier n° 2, où le terrain est un peu plus accidenté.

◇ **Très difficile: 3** (6 km a.-r.). Suivez les sentiers n°s 1 et 2, puis le sentier n° 3, où la piste devient plus sinueuse et accidentée; ce dernier tronçon longe en partie le lac Hertel.

Raquette

Longueur des parcours: 16 km

Tarif: 4$ (compris dans le droit d'accès)

Réseau: 4 sentiers, dont le sentier C (boucle de 5,5 km) qui mène au Pain de sucre

Parc Le Rocher

Désireuse d'offrir à ses résidants un grand espace vert, la municipalité de Saint-Amable a aménagé le parc Le Rocher (125 ha) sur le site d'une ancienne sablière ayant servi lors de la construction des autoroutes avoisinantes.

Information

Parc Le Rocher
215 rue Thomas, Saint-Amable
☎ *(450) 922-4955, poste 233*

Services: stationnement, accueil et casse-croûte (fin de semaine), carte des sentiers

Location: non

Autres activités: motoneige et Quad

Ski de fond

Longueur des parcours: 12 km

Pas de patin: non

Randonnée nordique: non

Abris, relais, refuges: non

Tarif: gratuit

Montérégie

École de ski: non

Équipement d'entretien:
(1) Quad

Réseau: 3 sentiers faciles

Parc Les Salines

Appartenant à la ville de Saint-Hyacinthe, le parc Les Salines se pointe tout juste au nord de l'autoroute 20. Très bien aménagé, il propose une grande panoplie d'activités en toutes saisons.

Information

Parc Les Salines
1166 rue Martineau Est, Saint-Hyacinthe
☎ *(450) 796-2530 ou 778-8335*

Services: stationnement, accueil, aire de foyer, patrouille, carte des sentiers

Location: ski de fond, raquette, glissade

Autres activités: marche, patin, glissade

Animaux domestiques: admis, en laisse et à pied seulement

Ski de fond

Longueur des parcours: 8 km

Pas de patin: 3,5 km

Randonnée nordique: non

Abris, relais, refuges: non

Tarif: gratuit

École de ski: non

Équipement d'entretien:
3 (BR 400)

Réseau: 4 sentiers faciles et presque tous éclairés en soirée. On y trouve des bancs ainsi que des mangeoires où il est fréquent d'apercevoir des oiseaux.

Raquette

Longueur des parcours: 3,2 km

Tarif: gratuit

Réseau: une boucle (3,2 km) composée de plusieurs courtes montées et descentes

Centre écologique Fernand-Seguin

Aménagé à l'ouest de la rivière Châteauguay, derrière le centre hospitalier Anna-Laberge, le centre écologique Fernand-Seguin se révèle être un agréable et vaste boisé où il fait bon skier tout en découvrant les différentes essences qui le composent.

Information

Centre écologique Fernand-Seguin
boulevard Brisebois, Châteauguay
☎ *(450) 698-3123 ou 698-3113*

Services: stationnement, accueil, patrouille, carte des sentiers

Location: non

Autres activités: marche (2,1 km), patin, glissade

Ski de fond

Longueur des parcours: 20,5 km

Pas de patin: 4,8 km

Randonnée nordique: non

Abris, relais, refuges: non

Tarif: gratuit

École de ski: non

Équipement d'entretien:
1 (motoneige)

Réseau: 7 sentiers faciles, de 1,8 km à 4,8 km

Parcours suggéré:
○ **Facile: 2**, **3**, **6** et **7** (boucle d'environ 9 km). Parcours en forêt menant jusqu'à la municipalité de Léry.

Raquette

Randonnée hors piste: oui

Tarif: gratuit

Bois Robert

Très bien aménagé le long de la rivière Saint-Louis, le Bois Robert permet de s'évader quelques instants dans la nature à proximité de la municipalité de Beauharnois.

Écureuil

Information

Bois Robert
chemin Saint-Louis (route 236), Beauharnois, à côté de l'église Saint-Clément
☎*(450) 225-5968*
www.ville.beauharnois.qc.ca

Services: stationnement, accueil, carte des sentiers

Location: ski de fond, raquette

Autres activités: randonnée pédestre (3,4 km)

Animaux domestiques: admis

Ski de fond

Longueur des parcours: 6 km

Pas de patin: non

Randonnée nordique: 1,3 km

Abris, relais, refuges: non

Tarif: gratuit

École de ski: non

Équipement d'entretien:
1 (motoneige)

Réseau: 6 sentiers faciles

Raquette

Longueur des parcours: 3,4 km

Randonnée hors piste: oui

Tarif: gratuit

Réseau: sentier PPG (3,4 km a.-r.).

Montérégie

Parc régional du Canal Beauharnois

Les abords du canal, soit environ 50 km de bandes riveraines qui varient de 30 m à 100 m de largeur, n'étant pas exploités, on a eu l'excellente idée de les aménager et d'en faire un parc régional. À partir de 1996, la Société Vélo-Berge a eu le mandat de réaliser, gérer, financer et promouvoir le parc régional du Canal Beauharnois.

Information

Société Vélo-Berge
☎(450) 225-0870 ou (514) 990-0798
www.suroit.qc.ca/velo-berge/

Services: stationnements, carte des sentiers

Location: non

Autres activités: marche

Ski de fond

Longueur des parcours: 47 km

Longueur linéaire du réseau: 47 km

Pas de patin: non

Randonnée nordique: 47 km

Abris, relais, refuges: non

Tarif: gratuit

École de ski: non

Équipement d'entretien: aucun

Réseau: 1 sentier linéaire s'étendant des deux côtés du canal

Raquette

Longueur des parcours: 47 km

Randonnée hors piste: oui

Tarif: gratuit

Réseau: le même que celui de ski de fond

Raton laveur

Centre Notre-Dame-de-Fatima

Ce centre à caractère familial situé à l'île Perrot traverse trois municipalités de l'île, soit Notre-Dame-de-l'Île-Perrot, Île-Perrot et Pincourt.

Information

Centre Notre-Dame-de-Fatima
Les skieurs de l'île, 2464 boulevard Perrot
☎(514) 453-7600
www.centrendfatima.com

Services: stationnement, accueil, casse-croûte

Location: ski de fond, raquette

Autres activités: patin, glissade

Ski de fond

Longueur des parcours: 25 km

Pas de patin: non

Randonnée nordique: non

Abris, relais, refuges: non

Tarif: 10$ (compris dans le droit d'accès)

École de ski: non

Équipement d'entretien:
2 (BR 100)

Réseau: 7 sentiers, dont 6 faciles et 1 difficile

Raquette

Longueur des parcours: 25 km

Tarif: 10$ (compris dans le droit d'accès)

Réseau: le même que celui de ski de fond

Base de plein air des Cèdres

La base de plein air des Cèdres (autrefois appelée le Centre de plein air Les Forestiers) se trouve à l'ouest de Montréal, dans le comté de Vaudreuil-Soulanges. À une demi-heure en voiture de Montréal, cette base de plein air, qui a vu le jour il y a une vingtaine d'années, a beaucoup à offrir et mérite d'être mieux connue des amateurs de ski de fond.

Son réseau de sentiers s'avère intéressant et très bien entretenu.

Les sentiers sont larges à souhait et parcourent un relief assez accidenté (ravins). La base abrite également un magnifique anneau de patinage de 400 m.

Information

Base de plein air des Cèdres
1677 chemin Saint-Dominique (par la route 340), Les Cèdres
☎*(450) 452-4736*
www.basedepleinairdescedres.com

Hébergement sur place: oui (groupes seulement)

Services: stationnement, accueil, salle de fartage, boutique, casse-croûte, carte des sentiers

Location: ski de fond, raquette, glissade

Autres activités: patin, glissade

Ski de fond

Longueur des parcours: 33 km

Longueur linéaire du réseau: 15,4 km

Pas de patin: 33 km

Randonnée nordique: non

Abris, relais, refuges: non

Tarif: 7$

École de ski: non

Équipement d'entretien:
3 (BR 160)

Réseau: 5 sentiers très bien entretenus, dont aucun n'est très difficile

Montérégie

Parcours suggérés:
○ **Facile: 3 Ravin Pilon** (3,7 km a.-r.). Le parcours emprunte les sentiers n°s 1, 3 et 8, et sillonne une superbe pinède mi-centenaire. On skie parmi les pins blancs, les pins rouges, les épinettes... et les nombreux oiseaux! Le sentier longe le ravin Pilon et offre une bonne protection en cas de grand vent.

Raquette

Longueur des parcours: 1 km

Tarif: 7$ (compris dans le droit d'accès)

Réseau: 1 sentier

Auberge des Gallant

Cette superbe auberge, membre du réseau Relais du Silence, se trouve à Sainte-Marthe de Vaudreuil, au cœur d'une réserve naturelle d'oiseaux et de chevreuils. En plus d'un confort douillet et d'une gastronomie recherchée, elle offre un sympathique petit réseau de sentiers de ski de fond.

Information

Auberge des Gallant
1171 chemin Saint-Henri, Sainte-Marthe
☎ *(450) 451-4961 ou 800-641-4241*
www.gallant.qc.ca

Hébergement sur place: auberge de luxe

Services: stationnement, accueil, restaurant, bar, cabane à sucre

Location: non

Autres activités: marche, glissade, traîneau à chevaux

Animaux domestiques: admis, en laisse seulement

Ski de fond

Longueur des parcours: 10 km

Pas de patin: non

Randonnée nordique: non

Abris, relais, refuges: non

Tarif: gratuit

École de ski: non

Équipement d'entretien: 1 (motoneige)

Pains

Réseau: 4 sentiers, dont 3 faciles et 1 difficile

Parcours suggérés:
○ **Facile: 1 Le Chevreuil** (1,4 km a.-r.). Le sentier serpente à travers de magnifiques érables et cèdres. Lors de cette randonnée, il est fréquent d'apercevoir des cerfs de Virginie ainsi que diverses espèces d'oiseaux.

□ **Difficile: 5 La Montagne**
(5 km a.-r.). Cette boucle mène
sur la montagne située de l'autre
côté du chemin Saint-Henri, à
travers une vieille forêt d'arbres
immenses.

Raquette

Randonnée hors piste: oui

Tarif: gratuit

Mont Rigaud

Le mont Rigaud est fréquenté
depuis le début du XIXe siècle.
En 1840, la montagne était sillonnée de plusieurs sentiers,
notamment dans le secteur appelé le «Sommet de la croix», où
une croix fut installée à cette
époque. Site ornithologique
reconnu comme un des plus
riches au Québec, ce mont abrite
près de 250 espèces d'oiseaux,
dont 150 qui y nichent.

Le mont Rigaud se
différencie des
autres monta-
gnes de la région
métropolitaine
par le fait qu'il
n'appartient pas
à la même
formation
géologique. Il
s'apparente
davantage au
massif des
Laurentides.
Surplombant la
plaine de
quelque
150 m, la
montagne
comporte des
falaises, un plateau cen-
tral et des bas versants.

Information

**L'Escapade, Les Sentiers du
Mont Rigaud**
240 chemin de la Mairie (stationnement), Rigaud
☎*(450) 451-0869, poste 238 ou
451-4608*
www.ville.rigaud.qc.ca/escapade/

Services: stationnements, accueil
du parc municipal (5 rue Pagé) ou
à la Sucrerie de la Montagne (300
rang Saint-Georges), carte des
sentiers ($)

Location: non

Autres activités: non

Chouette

Montérégie

Ski de fond

Longueur des parcours: 25 km

Pas de patin: non

Randonnée nordique: non

Abris, relais, refuges: 2 abris

Tarif: gratuit

École de ski: non

Équipement d'entretien: 2

Réseau: 7 sentiers, dont 2 faciles et 5 difficiles. Les parcours varient de 2 km à 22 km.

Parc régional de Saint-Bernard

Information

Parc régional de Saint-Bernard
219 rang Saint-André (route 217),
Saint-Bernard-de-Lacolle
☎ *(450) 246-3348*

Services: stationnement, accueil, casse-croûte, carte des sentiers

Autres activités: patin, glissade

Ski de fond

Longueur des parcours: 15 km

Tarif: 4$

Équipement d'entretien:
2 (Bombi)

Réseau: 9 sentiers se recoupent, dont 7 faciles, 1 difficile et 1 très difficile.

Raquette

Randonnée hors piste: oui

Tarif: 4$ (compris dans le droit d'accès)

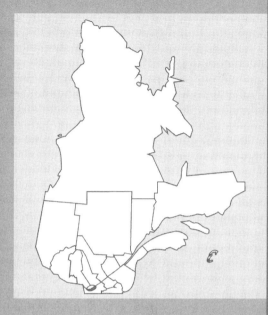

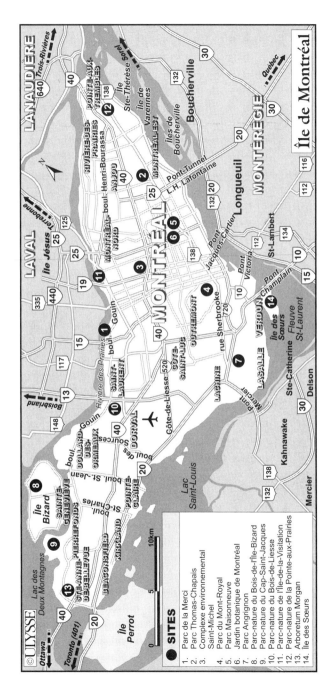

© ULYSSE

Île de Montréal

LANAUDIÈRE

LAVAL
île Jésus

MONTÉRÉGIE

VERDUN

LASALLE

SAINTE-GENEVIÈVE

DOLLARD-DES-ORMEAUX

POINTE-CLAIRE

KIRKLAND

BEACONSFIELD

STE-ANNE-DE-BELLEVUE

île Bizard

île Perrot

Lac des Deux Montagnes

Lac Saint-Louis

Fleuve St-Laurent

île des Sœurs

Rivière des Prairies

Rivière-des-Prairies

MONTRÉAL

MONTRÉAL-NORD

ANJOU

MONTRÉAL-EST

OUTREMONT

CÔTE-SAINT-LUC

SAINT-LAURENT

DORVAL

POINTE-AUX-TREMBLES

Ste-Thérèse île de Varennes

îles de Boucherville

Boucherville

Longueuil

St-Lambert

Ste-Catherine

Delson

Kahnawake

Mercier

boul. Gouin

boul. Henri-Bourassa

boul. St-Jean

boul. St-Charles

boul. des Sources

boul. Gouin

Côte-de-Liesse

rue Sherbrooke

Pont-Tunnel L.H. Lafontaine

Pont Jacques-Cartier

Pont Victoria

Pont Champlain

Pont Mercier

Boisbriand

Terrebonne

Trois-Rivières

Sorel

Québec

Ottawa

Toronto (401)

SITES

1. Parc de la Merci
2. Parc Thomas-Chapais
3. Complexe environnemental Saint-Michel
4. Parc du Mont-Royal
5. Parc Maisonneuve
6. Jardin botanique de Montréal
7. Parc Angrignon
8. Parc-nature du Bois-de-l'Île-Bizard
9. Parc-nature du Cap-Saint-Jacques
10. Parc-nature du Bois-de-Liesse
11. Parc-nature de l'Île-de-la-Visitation
12. Parc-nature de la Pointe-aux-Prairies
13. Arboretum Morgan
14. Île des Sœurs

0   5   10km

40 640 125 335 440 25 19 15 117 13 148 20 40 30 138 132 20 25 138 720 10 112 116 134 15 132 30

Jacques Cartier,

lors de sa deuxième expédition au Nouveau Monde en 1535, remonta le fleuve Saint-Laurent jusqu'aux abords de l'île de Montréal, en explora les rives et gravit le mont Royal.

Si Cartier n'a pas été le premier Européen à la visiter, il a néanmoins été le premier à en rapporter l'existence. Située au confluent du fleuve Saint-Laurent et de la rivière des Outaouais, l'île était connue des Amérindiens sous le nom d'Hochelaga. Au moment de la visite de Cartier, une grande ville fortifiée, peuplée d'environ 1 000 Amérindiens de langue iroquoise, occupait les flancs du mont Royal.

Montréal regorge d'endroits facilement accessibles par métro et par autobus où il est possible de faire de belles randonnées à skis dans des décors qui, souvent, font oublier la ville. La nature, la tranquillité et les petits oiseaux se trouvent souvent à quelques minutes de chez soi, pourvu qu'on se donne la peine de sortir.

La ville de Montréal possède un vaste réseau de sentiers de ski de fond répartis entre plusieurs parcs. Beaucoup de skieurs montréalais sous-estiment ce réseau, et ce, sans même l'avoir exploré une seule fois! C'est pourtant un avantage de skier à Montréal même, car on peut alors facilement s'adonner à son sport favori pendant quelques heures sans avoir à se déplacer loin en voiture. Il n'est, en effet, plus nécessaire de penser en termes de «journée de ski», puisqu'on peut désormais le faire en termes d'«heures de ski». Vu la demande de plus en plus grandissante, la Ville de Montréal a d'ailleurs mis l'accent, depuis l'hiver 1994-1995, sur le pas de patin en traçant davantage de sentiers à cet effet.

Des lieux moins connus, tels le **parc de la Merci** (4,7 km), situé le long du boulevard Gouin, le **parc Thomas-Chapais** (1,3 km) et le **Complexe environnemental Saint-Michel** (3,8 km), proposent également des sentiers entretenus où il fait bon skier tout en profitant du court hiver montréalais.

Découvrir à skis les secrets du mont Royal ou les beautés du Jardin botanique par une belle journée d'hiver fait voir Montréal sous un jour nouveau, plus calme et relaxant.

Parc du Mont-Royal

Le parc du Mont-Royal fut superbement aménagé en 1874 par l'architecte-paysagiste américain Frederick Law Olmsted, à qui l'on doit également le Central Park de New York. On a dit de lui *«qu'en urbanisant la nature il a aussi rendu la ville plus naturelle».*

Habillée de blanc, «la Montagne» est beaucoup plus paisible et reposante. Le skieur s'y promène doucement en observant tantôt de beaux arbres, tantôt les montagnes au loin, tantôt les gratte-ciel tout en bas. De l'observatoire, près du chalet, la vue sur le centre-ville, le fleuve Saint-Laurent et les collines Montérégiennes est magnifique.

Information

Parc du Mont-Royal
voie Camillien-Houde (métro Mont-Royal, autobus n° 11)
☎ *(514) 868-4144 (Ville de Montréal)*
www.ville.montreal.qc.ca
☎ *(514) 843-8240 (Centre de la montagne)*
www.lemontroyal.qc.ca

Services: stationnement ($), accueil, casse-croûte

Location: ski de fond, raquette

Autres activités: patin, marche, glissade

Ski de fond

Longueur des parcours: 20 km

Longueur linéaire du réseau: 18 km

Pas de patin: 4,7 km

Randonnée nordique: non

Abris, relais, refuges: chalets du lac aux Castors et du belvédère

Tarif: gratuit

École de ski: non

Équipement d'entretien: 2 (Skidoser)

Réseau: 7 sentiers, dont 5 pour le pas classique (1,5 km; 1,9 km; 2,2 km; 4,4 km et 5,3 km) et 2 pour le pas de patin (2,9 km et 1,8 km)

Arbre

Raquette

Longueur des parcours: 3,6 km

Tarif: gratuit

Réseau: 2 sentiers (1,5 km et 2,1 km)

Parc Maisonneuve et Jardin botanique

Ces deux espaces verts ont beaucoup à offrir aux skieurs de fond. Bien que plats, les parcours sont jolis et intéressants. De plus, les réseaux de sentiers communiquent entre eux, ce qui permet d'effectuer des randonnées tout aussi éducatives que sportives.

Parc Maisonneuve

Information

Parc Maisonneuve
rue Sherbrooke Est (entre Pie-IX et Viau)
☎*(514) 872-2237*
www.ville.montreal.qc.ca

Services: stationnement ($), accueil, casse-croûte

Location: non

Autres activités: patin, glissade, marche

Ski de fond

Longueur des parcours: 11,1 km

Longueur linéaire du réseau: 10 km

Pas de patin: 2,8 km

Randonnée nordique: non

Abris, relais, refuges: non

Tarif: gratuit

École de ski: non

Équipement d'entretien:
2 (Skidoser)

Réseau: le parc Maisonneuve a 1 sentier pour le pas de patin (2,8 km) très apprécié des athlètes de cette spécialité. Le parc offre également 3 sentiers pour le pas classique (2 km, 3 km et 3,3 km). Skier tout en admirant le mât du Stade olympique donne un petit air «sportif» à la balade.

Raquette

Randonnée hors piste: oui

Tarif: gratuit

Jardin botanique

Information

Jardin botanique de Montréal
4101 rue Sherbrooke Est (angle Pie-IX)
☎*(514) 872-2237*
www.ville.montreal.qc.ca/jardin

Services: stationnement ($), accueil, casse-croûte

Location: non

Autres activités: marche, visite des serres

Ski de fond

Longueur des parcours: 6,9 km

Pas de patin: non

Randonnée nordique: non

Abris, relais, refuges: non

Tarif: gratuit

École de ski: non

Équipement d'entretien:
2 (Skidoser)

Montréal

Réseau: le Jardin botanique offre 3 sentiers (1,2 km; 1,6 km et 4,1 km) de ski de fond. Longer le merveilleux Jardin de Chine ou se promener en découvrant de nombreuses variétés d'arbres est vraiment un plaisir. Le long des sentiers, plusieurs postes d'alimentation permettent de découvrir que le Jardin botanique reçoit la visite de plusieurs espèces d'oiseaux tout au long de l'hiver. Observer à skis le pic mineur, la mésange à tête noire, le gros-bec errant, la tourterelle triste, la sittelle à poitrine rousse ou le sizerin flammé procure vraiment de beaux moments d'hiver.

Parc Angrignon

Ce parc est très animé pendant tout l'hiver et offre une foule d'activités pour toute la famille. On peut facilement y accéder par la station de métro Angrignon.

Information

Parc Angrignon
boulevard des Trinitaires
☎ *(514) 872-2237*
www.ville.montreal.qc.ca

Services: stationnement, accueil, casse-croûte

Location: non

Autres activités: patin, marche, glissade

Ski de fond

Longueur des parcours: 9,5 km

Pas de patin: 3,3 km

Randonnée nordique: non

Abris, relais, refuges: non

Tarif: gratuit

École de ski: non

Équipement d'entretien:
2 (Skidoser)

Réseau: le parc Angrignon propose 3 sentiers de ski de fond, 2 sentiers pour le pas classique (3 km et 3,2 km) et 1 sentier pour le pas de patin (3,3 km). De plus, on y trouve 1,7 km de sentier éclairé afin de permettre du ski de soirée en toute quiétude.

Raquette

Randonnée hors piste: oui

Tarif: gratuit

Les parcs-nature de Montréal

Le territoire de la ville de Montréal abrite neuf parcs-nature (autrefois appelés «parcs régionaux»), tous situés dans la portion nord de l'île de Montréal ainsi qu'à l'île Bizard. De ces neufs parcs, six sont actuellement ouverts au public tout au long de l'année. Dans ce guide, nous en présentons cinq (Pointe-aux-Prairies, l'Île-de-la-Visitation, le Bois-de-Liesse, le Bois-de-l'Île-Bizard et Cap-Saint-Jacques), car le sixième, celui de l'Anse-à-l'Orme, n'est, pour l'instant, aménagé qu'à l'intention des amateurs de planche à voile et de dériveur.

Les parcs-nature de Montréal sont de véritables oasis de verdure en milieu urbain où l'on peut skier à souhait. Les cinq parcs présentés dans ce guide offrent plus de 90 km de sentiers de ski de fond. Marais, champs, plaines, buttes, bords de l'eau, ruisseaux, plage, forêts matures, sous-bois, flore et faune riches et diversifiées, sites historiques et belvédères font de ces parcs des haltes obligatoires pour tout amoureux de ski de fond, d'activités de plein air quatre-saisons ou d'observation de la nature.

Fleur

Les parcs-nature sont ouverts au public tous les jours (quatre saisons) du lever au coucher du soleil. Les heures et les périodes d'ouverture des différents chalets d'accueil varient selon la saison. Les services de patrouilles de ski et de chalets d'accueil sont offerts de la mi-décembre à la mi-mars (sauf le 25 décembre et le 1ᵉʳ janvier) selon les conditions climatiques.

Les stationnements des parcs-nature sont tous payants. Le tarif journalier est de 4$ (cartes de crédit acceptées, permis annuel 35$).

Services administratifs du réseau des parcs-nature
2580 boulevard Saint-Joseph Est
☎*(514) 280-6883*
⇌*(514) 280-6787*

Information sur le réseau des parcs-nature
☎*(514) 280-parc*
*www.ville.montreal.qc.ca/
parcs-nature*

Parc-nature du Bois-de-l'Île-Bizard

Le parc-nature du Bois-de-l'Île-Bizard est situé au nord-ouest de l'île de Montréal, en face de Pierrefonds, tout juste à l'ouest de Laval. D'une superficie de 188 ha, ce parc-nature s'étend sur un site exceptionnel de l'île Bizard où la flore et la faune sont d'une richesse incomparable. En quelques minutes, le paysage peut changer radicalement, passant de la plage et de l'immensité du lac des Deux Montagnes à des milieux humides et boisés tout à fait saisissants et spectaculaires.

Information

Parc-nature du Bois-de-l'Île-Bizard
2115 chemin Bord-du-lac, Île Bizard
☎*(514) 280-8517*

Services: stationnement ($), accueil, casse-croûte, aire de détente avec foyer, premiers soins, patrouille, carte des sentiers

Location: ski de fond

Autres activités: ski de soirée, ateliers de fartage, marche (2,5 km), observation de la nature

Montréal

Ski de fond

Longueur des parcours: 21,8 km

Pas de patin: 2 km

Randonnée nordique: non

Abris, relais, refuges: non

Tarif: gratuit

École de ski: oui

Équipement d'entretien: 1 (motoneige)

Réseau: 5 sentiers faciles formant des boucles à partir du chalet d'accueil

Parc-nature du Cap-Saint-Jacques

Le parc-nature du Cap-Saint-Jacques est situé dans la partie nord-ouest de l'île de Montréal et est entouré des anciennes municipalités de Pierrefonds, de Senneville et de Sainte-Anne-de-Bellevue. D'une superficie de 288 ha, il est le plus vaste des parcs-nature et probablement celui qui a le plus à offrir aux skieurs ainsi qu'aux amateurs d'activités de plein air.

L'eau est omniprésente dans le parc, celui-ci ayant la forme d'une immense presqu'île s'avançant dans le lac des Deux Montagnes et ceinturée de grèves naturelles.

Avec sa superbe plage, sa ferme écologique, sa base de plein air, sa cabane à sucre, son vieux château, ses maisons historiques, ses points de vue sur le lac des Deux Montagnes et son vaste réseau de sentiers, le parc-nature du Cap-Saint-Jacques mérite d'être mieux connu des Montréalais et de tout amoureux et amoureuse de grands espaces naturels.

Information

Parc-nature du Cap-Saint-Jacques
20099 boulevard Gouin Ouest, Pierrefonds
☎(514) 280-6871 (accueil), (514) 280-6743 (ferme écologique) ou (514) 280-6778 (base de plein air)

Services: stationnement ($), accueil, casse-croûte, aire de détente avec foyer, halte, premiers soins, patrouille, carte des sentiers

Location: ski de fond

Autres activités: ski de soirée, ateliers de fartage, sentier d'interprétation, marche (6 km), découverte de la ferme écologique (vente d'artisanat et de produits de la ferme), balade en carriole, visite du Vieux Château, cabane à sucre (tire sur la neige, vente de produits, etc.), programmes d'activités pour les groupes (scolaires, municipaux, scouts)

Ski de fond

Longueur des parcours: 31,9 km

Pas de patin: non

Randonnée nordique: non

Abris, relais, refuges: non

Tarif: gratuit

École de ski: oui

Équipement d'entretien:
1 (motoneige)

Réseau: 5 sentiers faciles formant des boucles

Raquette

Longueur des parcours: 4,7 km

Tarif: gratuit

Réseau: la pratique de la raquette se fait uniquement dans les sentiers pédestres.

Parc-nature du Bois-de-Liesse

Le parc-nature du Bois-de-Liesse est situé sur le boulevard Gouin, près de l'autoroute 13. Le parc s'étend sur le territoire de quatre anciennes municipalités de Montréal, soit Montréal, Pierrefonds, Ville-Saint-Laurent et Dollard-des-Ormeaux.

Geai bleu

D'une superficie de 159 ha, il est divisé en trois secteurs (secteur de la Péninsule, secteur des Champs et secteur des Bois-Francs) et traversé par un petit cours d'eau sinueux, le ruisseau Bertrand, qui se déverse dans la rivière des Prairies à l'est de l'autoroute 13, en face de l'île aux Chats. La combinaison de phénomènes géographiques et écologiques exceptionnels fait de ce parc-nature un site privilégié pour l'observation d'une nature diversifiée et abondante.

Par ailleurs, le parc possède une jolie butte pour la glissade, de même que des sentiers de randonnée pédestre ainsi qu'un parcours où plusieurs mangeoires d'oiseaux (11 stations) favorisent l'observation de la faune aviaire.

Information

Parc-nature du Bois-de-Liesse
secteur Maison Pitfield, 9432 boulevard Gouin Ouest
☎*(514) 280-6729*

Secteur des Champs
3555 rue Douglas-B. Floreani (par le boulevard Henri-Bourassa)
☎*(514) 280-6678*

Services: stationnement ($), accueil, casse-croûte, aire de détente avec foyer, premiers soins, patrouille, carte des sentiers.

Location: ski de fond, raquette, glissade

Autres activités: ski de soirée, conseils sur le fartage et la préparation des skis donnés en tout temps, marche (3,5 km), glissade, observation de la nature, programmes d'interprétation de la nature pour les groupes

Ski de fond

Longueur des parcours: 16,4 km

Pas de patin: 2 km

Montréal

Randonnée nordique: non

Abris, relais, refuges: non

Tarif: gratuit

École de ski: oui

Équipement d'entretien:
1 (motoneige)

Réseau: 4 sentiers faciles (2 km; 3,6 km; 4,6 km et 9,5 km) formant des boucles

Raquette

Longueur des parcours: 1,3 km

Tarif: gratuit

Réseau: 1 sentier

Parc-nature de l'Île-de-la-Visitation

Le parc-nature de l'Île-de-la-Visitation, situé sur le boulevard Gouin près du pont Papineau-Leblanc, offre de jolies randonnées à skis, surtout à caractère historique. Bien que ce parc soit le plus petit des parcs-nature (33 ha), il possède une très jolie île, l'île de la Visitation, que l'on parcourt aisément (à skis ou à pied) et où la végétation abondante nous fait oublier pour quelques instants la grande ville.

Le parc longe admirablement la rivière des Prairies, et les magnifiques réseaux de sentiers de ski de fond et de randonnée pédestre permettent de passer à proximité de la croix (dans l'île), de la maison du Meunier, des ruines des Moulins, de la maison du Pressoir ainsi que de la superbe église de la Visitation,

construite en 1750 (la plus ancienne église qui subsiste à Montréal).

Information

Parc-nature de l'Île-de-la-Visitation
2425 boulevard Gouin Est
☎*(514) 280-6733*

Services: stationnement ($), accueil, casse-croûte, premiers soins, patrouille, carte des sentiers

Location: ski de fond, glissade

Autres activités: ski de soirée, ateliers de fartage, marche (9 km), glissade, observation de la nature, programmes d'interprétation historique pour les groupes, visite de l'exposition permanente à la maison du Pressoir (fins de semaine)

Ski de fond

Longueur des parcours: 8 km

Longueur linéaire du réseau: 6 km

Pas de patin: non

Randonnée nordique: non

Abris, relais, refuges: non

Tarif: gratuit

École de ski: oui

Équipement d'entretien:
1 (motoneige)

Réseau: 3 sentiers faciles (1,5 km; 3 km et 3,5 km), dont les 2 premiers forment des boucles

Parc-nature de la Pointe-aux-Prairies

Le parc-nature de la Pointe-aux-Prairies est situé à l'extrémité est de l'île de Montréal, dans les anciens quartiers Rivière-des-Prairies et Pointe-aux-Trembles. D'une superficie de 247 ha, ce parc s'étend de la rivière des Prairies jusqu'au fleuve Saint-Laurent, bien que la zone située su sud de la rue Sherbrooke ne soit pas encore aménagée.

Ce parc-nature est une véritable oasis de verdure en plein milieu urbain où il est possible de prendre connaissance et d'apprécier une variété d'écosystèmes. On y retrouve des zones boisées matures (les seules à l'est du mont Royal), des marais ainsi que des champs. Le Pavillon des marais présente une exposition sur l'interprétation des milieux humides, et une tour d'observation offre une vue impressionnante sur la région.

Information

Parc-nature de la Pointe-aux-Prairies
chalet Héritage (ouvert tous les jours), 14905 rue Sherbrooke Est
☎(514) 280-6691
Pavillon des marais (ouvert les fins de semaine), 12300 boulevard Gouin Est
☎(514) 280-6688

Services: stationnement ($), accueil, casse-croûte, premiers soins, patrouille, location de luges et de raquettes, carte des sentiers

Location: ski de fond, raquette, glissade

Autres activités: ski de soirée, ateliers de fartage, marche

(6 km), sentier d'interprétation, glissade, observation de la nature, programmes d'éducation à l'environnement et de plein air pour les groupes

Ski de fond

Longueur des parcours: 23,5 km

Pas de patin: non

Randonnée nordique: non

Abris, relais, refuges: non

Tarif: gratuit

École de ski: oui

Équipement d'entretien:
1 (motoneige)

Réseau: 45 sentiers faciles, dont 2 forment des boucles. Le sentier du Lièvre (12 km aller-retour) relie le chalet Héritage et le Pavillon des marais.

Raquette

Longueur des parcours: 2 km

Tarif: gratuit

Réseau: 1 sentier

Arboretum Morgan

Sur la pointe ouest de l'île de Montréal, à Sainte-Anne-de-Bellevue, se trouve une forêt enchantée avec une grande variété d'animaux sauvages. Situés sur les terrains du campus Macdonald de l'Université McGill, l'Arboretum Morgan et l'Écomuséum sont relativement peu connus du public. Pourtant, à quelques minutes du centre-ville, il est possible de skier dans un

Montréal

vaste réseau de sentiers tout en découvrant la richesse d'une flore et d'une faune des plus spectaculaires.

Au gré des randonnées, le skieur découvrira quelques essences de bois parmi les 150 que compte l'Arboretum (bouleau, tilleul, érable, pin, sapin baumier, etc.).

Mais une visite à l'Arboretum ne serait pas complète sans un arrêt à l'**Écomuséum** *(5$; tlj 9h à 16h; stationnement, accueil, boutique de souvenirs; 21125 chemin Sainte-Marie, ☎514-457-9449, www.ecomuseum.ca)*, situé à seulement quelques centaines de mètres plus à l'est. Cet établissement, géré par la Société d'histoire naturelle de la vallée du Saint-Laurent et ouvert au public depuis 1988, permet de voir et d'apprécier la faune et la flore de la vallée du Saint-Laurent (oiseaux de proie, loups, renards roux, lynx, coyotes, ours noirs, caribous, cerfs de Virginie, porcs-épics, ratons laveurs, loutres, etc.).

Caribou

Information

Arboretum Morgan
150 chemin des Pins, Sainte-Anne-de-Bellevue
☎*(514) 398-7811*
www.morganarboretum.org

Services: stationnement, accueil, casse-croûte

Location: non

Autres activités: ateliers de fartage, marche (6 km), randonnées guidées, interprétation de la nature, temps des sucres (mars), glissade

Animaux domestiques: admis. Il existe même un sentier (Jaune, 5,25 km) où les chiens peuvent se promener sans laisse. Par contre, les chiens doivent être enregistrés à l'Arboretum, et les permis s'envolent rapidement!

Ski de fond

Longueur des parcours: 11 km

Pas de patin: non

Randonnée nordique: non

Abris, relais, refuges: non

Tarif: 6$

École de ski: non

Équipement d'entretien:
1 (motoneige)

Réseau: 2 sentiers faciles (5,75 km et 5,25 km) formant des boucles

Raquette

Randonnée hors piste: oui

Tarif: 5$

Réseau: la raquette se pratique librement, mais à l'intérieur des limites du sentier Orange.

L'île des Sœurs

L'île des Sœurs a été acquise par les Dames de la Congrégation de Notre-Dame en 1676. Ces dernières la baptisèrent «l'île Saint-Paul». Plus récemment, l'île des Sœurs a vu éclore différents projets d'intérêt inégal. Mais, heureusement, le bois a pu être conservé, la ville ayant décidé de lui donner une vocation écologique.

Information

Île des Sœurs
parc du Domaine Saint-Paul, 260 rue Elgar
☎ **(514) 765-7270**

Services: stationnement, accueil

Location: non

Autres activités: marche, patin

Animaux domestiques: admis, en laisse seulement

Ski de fond

Longueur des parcours: 7,4 km

Pas de patin: non

Randonnée nordique: 7,4 km

Abris, relais, refuges: non

Tarif: gratuit

École de ski: non

Équipement d'entretien: aucun

Réseau: 2 sentiers faciles (3,2 km et 4,2 km) débutant derrière le chalet de tennis Elgar

Raquette

Randonnée hors piste: oui

Tarif: gratuit

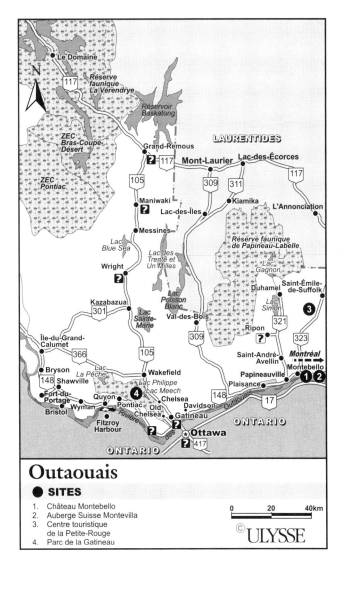

Outaouais

● SITES

1. Château Montebello
2. Auberge Suisse Montevilla
3. Centre touristique
   de la Petite-Rouge
4. Parc de la Gatineau

0   20   40km

©ULYSSE

Riche en lacs et en cours d'eau,

la région vallonnée de l'Outaouais s'ouvre au nord de la rivière du même nom.

On y trouve notamment le magnifique parc de la Gatineau, qui abrite la résidence d'été du premier ministre canadien et constitue un lieu tout désigné pour de charmantes balades. La nouvelle grande ville de Gatineau, qui fait face à Ottawa, possède, entre autres attraits, l'un des plus intéressants musées du pays: le Musée canadien des civilisations.

Château Montebello

Le superbe Château Montebello, la plus grosse structure en bois rond au monde, construit en 1930, est également un centre de villégiature établi sur le bord de la rivière des Outaouais, à 120 km de Montréal. Au fil des ans, le Château Montebello a développé un réseau de sentiers de ski de fond assez intéressant. Et, si vous décidez de séjourner au Château Montebello, grand luxe et bonne table vous attendent.

Information

Château Montebello
392 rue Notre-Dame, Montebello
☎ *(819) 423-6341 ou 800-441-1414*
www.fairmont.com

Hébergement sur place: Château Montebello

Services: stationnement, salle de fartage, restaurant, boutique, carte des sentiers

Location: ski de fond, raquette, patin, motoneige

Autres activités: patin, glissade sur chambre à air, traîneau à chiens, pêche blanche, motoneige

Ski de fond

Longueur des parcours: 27,1 km

Pas de patin: 6,1 km

Randonnée nordique: non

Tarif: 6$

École de ski: oui (sur demande)

Équipement d'entretien:
1 (motoneige)

Réseau: 8 sentiers, dont 3 faciles, 3 difficiles et 2 très difficiles

Parcours suggérés:
○ **Facile: 2 Circuit Château** (5 km). Cette boucle permet d'effectuer le tour complet de la propriété.

□ **Difficile: 3 La Scénique** (7,1 km). Ce sentier passe en partie sur le magnifique terrain de golf de l'hôtel.

Raquette

Longueur des parcours: 2 km

Tarif: gratuit

Réseau: 1 sentier

Centre touristique de la Petite-Rouge

Le Centre touristique de la Petite-Rouge, situé à Saint-Émile-de-Suffolk (à 40 km au nord de Montebello), est conçu comme un petit village de vacances quatre-saisons.

Recevant beaucoup de groupes (gens d'affaires, clubs sociaux, associations d'aînés, groupes scolaires, etc.), il est très bien aménagé et offre un programme d'activités sportives et culturelles favorisant la détente et les rencontres.

Pommes

Information

Centre touristique de la Petite-Rouge
61 rang des Pruniers, Saint-Émile-de-Suffolk
☎ *(819) 426-2191 ou 888-426-2191*
www.petiterouge.com

Hébergement sur place: chalets

Services: stationnement, accueil, salle de fartage, cafétéria, bar

Location: ski de fond, raquette

Autres activités: patin, glissade sur chambre à air

Ski de fond

Longueur des parcours: 30 km

Longueur linéaire du réseau: 30 km

Pas de patin: 15 km

Randonnée nordique: non

Abris, relais, refuges: 2 refuges

Tarif: 6$

École de ski: non

Équipement d'entretien: 2 (Thickol)

Réseau: 7 sentiers, dont 2 faciles, 3 difficiles et 2 très difficiles

Parcours suggérés:
○ **Facile: 1** et **3** (7 km). Parcours sur un terrain plat peu accidenté.

□ **Difficile: 2** et **4** (4,5 km). Cette boucle passe par le relais Typique et près des glissoires.

◇ **Très difficile: 5** (5 km). Ce sentier mène au relais situé en haut de la montagne, d'où l'on a une vue sur le lac des Plages et sur le mont Tremblant, au loin.

Raquette

Longueur des parcours: 4 km

Randonnée hors piste: oui

Abris, relais, refuges: 1 refuge

Tarif: 6$ (compris dans le droit d'accès)

Réseau: 1 sentier

Outaouais

Parc de la Gatineau

Les résidants de la région de la capitale nationale du Canada sont vraiment choyés, car ils ont, à quelques minutes de chez eux, un immense terrain de jeu quatre-saisons aussi beau que diversifié. Le parc de la Gatineau, qui fait 52 km de long sur 25 km dans sa partie la plus large, a beaucoup à offrir aux skieurs de fond de toutes catégories: de superbes paysages, un réseau de sentiers immense et bien entretenu, beaucoup de sentiers aménagés pour le pas de patin, des compétitions de toutes sortes, etc.

Comme cela fait une centaine d'années qu'on pratique le ski de fond dans le parc de la Gatineau, des panneaux d'interprétation ont été placés le long des sentiers afin d'indiquer l'origine de plusieurs des noms utilisés aujourd'hui dans le parc.

Depuis 1983, le parc est l'hôte d'une compétition célèbre, la **Keskinada Loppet** (voir p 29), autrefois appelée «Le Gatineau 55», qui se déroule généralement au mois de février. Il s'agit à la fois d'une compétition internationale et d'une fête du ski de fond où skieurs de tout âge et de tout calibre se réunissent.

Le parc de la Gatineau possède un poste d'accueil majeur à Chelsea, mais 15 stationnements sont répartis à travers ses différents secteurs. De plus, le parc compte plusieurs relais où il est possible de se reposer, de se réchauffer et de casser la croûte. Parmi eux,

sept possèdent un appareil de radiocommunication grâce auquel, en cas d'urgence, il est possible de joindre la patrouille de ski. De fait, une quarantaine de patrouilleurs bénévoles sillonnent les sentiers.

Coyote

Information

Parc de la Gatineau
accueil Chelsea, 33 chemin Scott (Chelsea)
☎*(819) 827-2020 ou 800-465-1867*
*www.capitaleducanada.gc.ca/
gatineau*

Hébergement sur place: 8 refuges

Services: stationnements, accueil, salle de fartage, patrouille, carte des sentiers *($)*

Location: raquette

Autres activités: camping d'hiver, ski alpin (Camp Fortune), marche (10 km)

Ski de fond

Longueur des parcours: 192 km

Longueur linéaire du réseau: 192 km

Pas de patin: 150 km

Randonnée nordique: 40 km

Abris, relais, refuges: 6 refuges et 9 relais

Tarif: 9$

École de ski: non

Équipement d'entretien: 3 (BR 400+ avec conditionneur à neige)

Réseau: 47 sentiers, dont 19 faciles, 18 difficiles et 10 très difficiles

Parcours suggérés:
○ **Facile: Refuge Keogan** (8 km). Départ du stationnement n° 10 (Fortune), d'où l'on emprunte le sentier Promenade du lac Fortune, puis le sentier n° 1 jusqu'au refuge Keogan. Le retour se fait par le sentier n° 13.

☐ **Difficile: Centre Asticou** (12 km). Départ du stationnement n° 1 (Asticou), d'où l'on emprunte le sentier n° 5 puis le sentier n° 15 jusqu'au lac Pink, d'où l'on a un très beau point de vue sur le lac et la ville d'Ottawa (le parlement, entre autres). Le retour se fait par le sentier Promenade de la Gatineau.

◇ **Très difficile: Relais McKinstry** (25 km). Du village d'Old Chelsea (stationnement n° 8), on emprunte le sentier n° 1 jusqu'au relais McKinstry, situé dans une zone de préservation où une impression «d'arrière-pays» se fait sentir et où l'on a plusieurs occasions d'apercevoir des cerfs de Virginie. Ce parcours suit l'escarpement d'Eardley, une paroi rocheuse de 30 km de long qui s'élève au-dessus de la vallée de l'Outaouais.

Raquette

Longueur des parcours: 25 km

Randonnée hors piste: oui

Abris, relais, refuges: 1 relais

Tarif: gratuit

Réseau: 4 sentiers. Il est également possible de se rendre à plusieurs refuges afin d'y passer la nuit.

Autres centres de ski de fond de l'Outaouais

Auberge Suisse Montevilla

Information

Auberge Suisse Montevilla
970 chemin Montevilla, Montebello
☎ *(819) 423-6692 ou 800-363-0061*
www.auberge-montevilla.com

Hébergement sur place: oui

Services: stationnement, accueil, restaurant, bar

Location: ski de fond, raquette

Autres activités: patin, glissade, pêche blanche

Ski de fond

Longueur des parcours: 18 km

Tarif: 10$

Équipement d'entretien:
2 (Bomby)

Réseau: 3 sentiers, dont 2 difficiles et 1 très difficile

Raquette

Longueur des parcours: 3 km

Randonnée hors piste: oui

Tarif: 10$ (compris dans le droit d'accès)

Réseau: 1 sentier

Chevreuil

Les coureurs des bois

Le coureur des bois est une figure mythique de la culture québécoise. Dès le début de la colonie, Champlain laisse derrière lui un jeune homme, Étienne Brûlé, qui apprendra la langue algonquine et fera le voyage vers l'intérieur des terres. On appelle alors «truchement» les gens comme Étienne Brûlé, qui seront en quelque sorte un test pour mesurer l'impact français, bon ou mauvais, sur les Amérindiens. À son retour, Champlain retrouve Brûlé vêtu comme les indigènes et ravi par ce mode de vie.

Les truchements adoptèrent d'abord le mode de vie amérindien pour des raisons économiques, ne voulant pas offenser leurs hôtes et ainsi mettre en péril le commerce des fourrures. Mais avec les mois, ils découvrirent que les habitudes de vie amérindiennes étaient directement influencées par l'environnement. Ainsi, ils ont appris à manger du blé d'Inde (maïs), à chausser les raquettes et à voyager en canot d'écorce. Ils se sont aussi mis à utiliser les toboggans comme chariots à bagages. Cependant, ces truchements ont eu tendance à se laisser aller, une fois loin de l'Église et de l'État, à une véritable liberté sans contrainte. D'ailleurs, la mort d'Étienne Brûlé – il fut tué et mangé par les Hurons, avec lesquels il avait vécu longtemps – illustre cet aspect de leur vie.

Malgré tout, ces hommes, d'abord truchements puis coureurs des bois, furent les premiers Européens à adopter et à comprendre la vie traditionnelle amérindienne. Ils choisiront ce mode de vie dans le respect des conditions géographiques, climatiques, économiques et sociologiques du Nouveau Monde. Leur conduite n'a certes pas toujours été ce qu'elle aurait dû être, mais ils jouèrent un rôle crucial dans le développement du Canada, en étant le véritable fil conducteur entre deux cultures très différentes.

Maïs

Château Frontenac

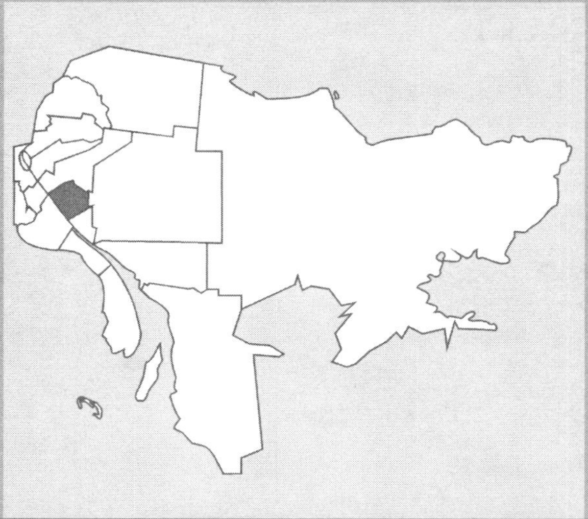

Québec et ses environs

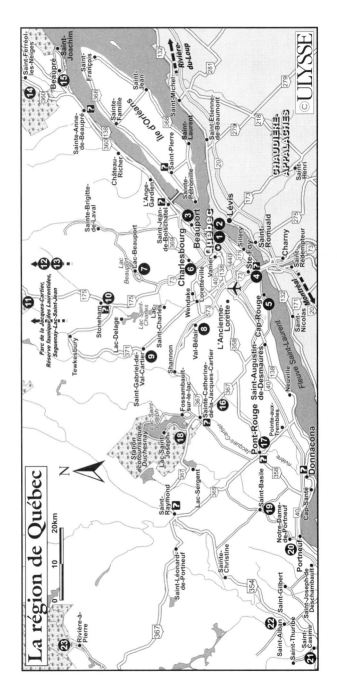

La région de Québec

N

0 10 20km

Capitale nationale du Québec,

la ville de Québec est exceptionnelle tant par l'éblouissante richesse de son patrimoine architectural que par la beauté de son site.

La Haute-Ville de Québec occupe un promontoire de plus de 98 m, le cap Diamant, et surplombe le fleuve Saint-Laurent, qui à cet endroit n'est large que de 1 km.

Cet étranglement du fleuve est d'ailleurs à l'origine du nom de la ville, puisque le mot algonquin *kebec* signifie «là où la rivière se rétrécit». Offrant une vue imprenable, les hauteurs du cap Diamant dominent le majestueux cours d'eau et la campagne avoisinante. Ce haut piton rocheux joua dès les origines de la Nouvelle-France un rôle stratégique majeur et se prêta très tôt à d'importants travaux de fortification. Surnommée le «Gibraltar de l'Amérique du Nord», Québec est aujourd'hui la seule ville fortifiée au nord de México.

● SITES

1. Parc des Champs-de-Bataille
2. Domaine Maizerets
3. Camping municipal Beauport
4. Base de plein air de Sainte-Foy
5. Centre de ski de fond de Cap-Rouge
6. Centre de ski de fond Charlesbourg
7. Les Sentiers du Moulin
8. Base de plein air de Val-Bélair
9. Centre récréo-sportif Castor
10. Centre de plein air Le Refuge
11. Parc national de la Jacques-Cartier
12. Camp Mercier
13. Centre de ski de fond de la Forêt Montmorency
14. Centre de ski de fond du Mont-Sainte-Anne
15. Piste Robert Giguère
16. Centre de plein air Domaine Notre-Dame
17. Centre de plein air Dansereau
18. Station écotouristique Duchesnay
19. Centre nature Saint-Basile-de-Portneuf
20. Centre Ski-neuf
21. Gîte de l'Écureuil
22. Les Portes de l'Enfer
23. Réserve faunique de Portneuf

Parc des Champs-de-Bataille

Le parc des Champs-de-Bataille, créé en 1908, offre aux Québécois un espace de verdure incomparable. D'une superficie de 101 ha, le parc porte également le nom de «plaines d'Abraham» (du nom d'Abraham Martin), lieu de la célèbre bataille de 1759.

Situé en plein cœur de la ville de Québec, ce parc dispose de jolis sentiers de ski de fond et permet de s'évader dans un décor rempli d'histoire.

Tour Martello

Information

Parc des Champs-de-Bataille
701 chemin Saint-Louis, Québec
(stationnement: avenue Montcalm)
☎(418) 648-4212
www.ccbn-nbc.gc.ca

Services: stationnement, accueil, salle de fartage, casse-croûte

Location: ski de fond

Autres activités: glissade, marche

Ski de fond

Longueur des parcours: 11 km

Pas de patin: 3 km

Randonnée nordique: non

Abris, relais, refuges: non

Tarif: gratuit

École de ski: oui (fin de semaine)

Équipement d'entretien:
2 (BR 100)

Réseau: 4 sentiers, dont 3 faciles et 1 difficile

Raquette

Randonnée hors piste: oui

Tarif: gratuit

Domaine Maizerets

Le Domaine Maizerets est considéré comme un joyau patrimonial et historique (1705), mais également comme un des plus vastes espaces verts en milieu urbain de la région de Québec. Une dizaine de kilomètres de sentiers (ski de fond et marche) parcourent les bois, les marécages, l'arboretum ainsi que les superbes jardins.

Information

Domaine Maizerets
2000 boulevard Montmorency, Québec
☎(418) 641-6335
www.societedudomainemaizerets.org

Services: stationnement, accueil, salle de fartage

Location: ski de fond, raquette, patin, glissade

Autres activités: marche (4,5 km), glissade, patin

Animaux domestiques: admis, en laisse seulement et uniquement à pied

Ski de fond

Longueur des parcours: 7,5 km

Pas de patin: non

Randonnée nordique: non

Abris, relais, refuges: non

Tarif: gratuit

École de ski: non

Équipement d'entretien: 1 (motoneige)

Réseau: 5 sentiers, dont 3 faciles et 2 difficiles

Raquette

Longueur des parcours: 3,5 km

Randonnée hors piste: oui

Tarif: gratuit

Base de plein air de Val-Bélair

La Base de plein air de Val-Bélair possède un centre de ski de fond à 20 km de la ville de Québec. La base organise plusieurs activités à caractère familial.

Information

Base de plein air de Val-Bélair
1560 rue de la Découverte, Val-Bélair
☎ *(418) 641-6473*

Services: stationnement, accueil, salle de fartage, casse-croûte, boutique, carte des sentiers, patrouille

Location: ski de fond, raquette

Autres activités: marche (3 km), patin, glissade, cliniques de fartage

Animaux domestiques: admis, en laisse seulement et uniquement à pied

Ski de fond

Longueur des parcours: 27 km

Pas de patin: 3,6 km

Randonnée nordique: non

Abris, relais, refuges: 1 refuge

Tarif: 4$

École de ski: oui

Équipement d'entretien: 2 (BR 100)

Réseau: 8 sentiers, dont 3 faciles, 2 difficiles et 3 très difficiles

Parcours suggérés:
○ **Facile: 3** (3,4 km a.-r.).

□ **Difficile: 6** (5,9 km a.-r.).

◇ **Très difficile: 12** (14,2 km a.-r.). Le sentier mène au sommet du mont Bélair, d'où la vue du fleuve Saint-Laurent et sa vallée est très belle.

Raquette

Randonnée hors piste: oui

Tarif: 4$ (compris dans le droit d'accès)

Centre récréo-sportif Castor

Situé à Valcartier, sur la base militaire, ce centre «multi-sports» ouvert toute l'année permet, durant l'été, de pratiquer le golf, la marche et le vélo de montagne. En hiver, ski alpin et ski de fond sont à l'honneur.

Le biathlon y est aussi pratiqué, le centre ayant servi de site d'entraînement à Myriam Bédard, médaillée olympique à Albertville (1992) et Lillehamer (1994).

Information

Centre récréo-sportif Castor
Valcartier
☎ *(418) 844-3272*
www.centrecastor.com

Services: stationnement, chalet, salle de fartage, restaurant, bar, boutique, carte des sentiers

Location: ski de fond

Autres activités: ski alpin

Ski de fond

Longueur des parcours: 27 km

Longueur linéaire du réseau: 27 km

Pas de patin: 27 km

Randonnée nordique: non

Abris, relais, refuges: 1 refuge

Tarif: 10$

École de ski: oui (cours sur demande)

Équipement d'entretien: 3 (BR 400+ avec conditionneur à neige)

Réseau: 13 sentiers, dont 2 faciles, 9 difficiles et 2 très difficiles

Parcours suggérés:
○ **Facile: 3** (2,4 km). Parcours boisé où l'on trouve une montée et une descente.

□ **Difficile: 10** (9,7 km). C'est le sentier le plus fréquenté du centre, où plats et faux plats se succèdent. Il mène au chalet chauffé. Beau point de vue.

◇ **Très difficile: 15** (16,3 km). Ce sentier passe également par le chalet chauffé. Point de vue sur les pentes de ski alpin et les montagnes avoisinantes.

Castor

Raquette

Longueur des parcours: 5 km

Randonnée hors piste: oui

Tarif: gratuit

Parc national de la Jacques-Cartier

Situé à seulement 40 km au nord de la ville de Québec, le parc national de la Jacques-Cartier (670 km^2) est partagé entre une étroite vallée, la vallée de la Jacques-Cartier, profonde de plus de 500 m, où coule la magnifique rivière Jacques-Cartier, et un vaste plateau habitant la forêt la plus nordique au monde, la forêt boréale.

En plus de proposer un vaste réseau de sentiers pour la courte randonnée à skis nordique ou en raquettes, le parc dispose de plusieurs parcours pour la longue randonnée (voir p. 270).

Information

Parc national de la Jacques-Cartier
accès au réseau par le stationnement de la route 175 (Km 74) ou par le Camp Mercier (route 175, Km 94).
☎ *(418) 848-3169, 528-8787 ou 800-665-6527 (réservations pour l'hébergement) www.parcsquebec.com*

Hébergement sur place: chalets, refuges, camps de prospecteur, camping d'hiver

Services: stationnement, transport de bagages, carte des sentiers

Location: non

Autres activités: marche (13 km), traîneau à chiens

Ski de fond

Longueur des parcours: 24 km

Longueur linéaire: 24 km

Pas de patin: non

Randonnée nordique: 24 km

Abris, relais, refuges: I relais (le Godendart)

Tarif: droit d'accès

École de ski: non

Équipement d'entretien: aucun

Réseau: 2 sentiers principaux et relativement faciles

Raquette

Longueur des parcours: 21 km

Randonnée hors piste: non

Abris, relais, refuges: I relais

Tarif: droit d'accès

Réseau: 5 sentiers, dont 4 forment des boucles (de 2,4 km à 6,2 km)

Tente

Camp Mercier

Le Camp Mercier, qui a vu le jour il y a près d'un quart de siècle, se trouve à seulement 55 km au nord de la ville de Québec, à l'entrée de la réserve faunique des Laurentides. Situé à quelque 700 m d'altitude, il reçoit, bon an mal an, plus de 7 m de neige, permettant ainsi du bon ski de fond de la mi-novembre à la fin avril! C'est l'une des raisons pour lesquelles on considère le Camp Mercier comme «l'assurance-neige» de la région.

Le Camp Mercier est également le point de départ des circuits de longue randonnée à skis dans le parc national de la Jacques-Cartier (voir p 270).

Information

Camp Mercier
route 175 (vers Chicoutimi)
☎ *(418) 848-2422 (renseignements)*,
848-1037 (conditions de ski),
890-6527 ou
800-665-6527 (hébergement)
www.sepaq.com

Hébergement sur place: 9 chalets, dortoir

Services: stationnement, accueil, salle de fartage, cafétéria, boutique (vente et location), carte des sentiers, patrouille

Location: ski de fond, raquette

Autres activités: non

Ski de fond

Longueur des parcours: 190 km

Longueur linéaire du réseau: 70 km

Pas de patin: 28 km

Randonnée nordique: vers le parc national de la Jacques-Cartier

Abris, relais, refuges: 6 relais chauffés

Tarif: 10,50$

École de ski: oui (sur demande)

Équipement d'entretien: 2 (BR 100)

Réseau: le réseau des sentiers de ski de fond est très bien entretenu et quotidiennement tracé à double sens. Cinq sentiers sont réservés aux adeptes du pas de patin. Notez que la carte des sentiers de ski de fond que le Camp Mercier distribue gratuitement est très bien conçue. On y suggère plusieurs parcours pour tous les calibres de skieurs. Le réseau communique également avec celui de la Forêt Montmorency.

Parcours suggérés:
○ **Facile: 4** (9,4 km). Cette boucle passe près du lac à Noël et mène aux refuges La Sittelle et La Pie.

□ **Difficile: 13** (15,2 km). Cette boucle n'est pas trop difficile, car elle comporte peu de courbes prononcées. Du relais Le Pic, un beau point de vue permet d'apercevoir le mont Sainte-Anne.

◊ **Très difficile: Forêt Montmorency** (35 km a.-r.). Pour atteindre le sentier de la Forêt Montmorency, il faut d'abord emprunter les sentiers n°s 10, 11, 12 et 14. Plusieurs beaux points de vue défilent le long de ce parcours sinueux, alors que le sentier longe par endroits la rivière Montmorency.

Raquette

Longueur des parcours: 15 km

Randonnée hors piste: oui

Tarif: 3$

Réseau: 1 sentier ainsi qu'un petit réseau de sentiers hors piste dans la vallée de la Jacques-Cartier

Forêt Montmorency

Le centre de ski de fond de la Forêt Montmorency, situé à une heure de route de la ville de Québec, est bien plus qu'un simple centre de ski de fond. Il s'agit également d'une station expérimentale de l'Université Laval, qui en aménage les 6 600 ha depuis une trentaine d'années (bassin hydrographique expérimental, bassin d'étude sur les pluies acides, station météorologique, station de traitement des eaux usées, laboratoires, etc.). Professeurs, chercheurs, producteurs forestiers, groupes scolaires et grand public peuvent tous profiter de ce magnifique site.

Information

Centre de ski de fond de la Forêt Montmorency
route 175 (vers Chicoutimi)
☎ *(418) 846-2046*
www.sbf.ulaval.ca/fm

Hébergement sur place: résidence, 8 refuges

Services: stationnement, accueil, salle de fartage, restaurant, activités éducatives et de recherche, carte des sentiers

Location: non

Autres activités: patin, glissade

Ski de fond

Longueur des parcours: 28 km

Longueur linéaire du réseau: 28 km

Pas de patin: 9,2 km

Randonnée nordique: 25 km

Abris, relais, refuges: 2 relais chauffés

Tarif: 8$

École de ski: non

Équipement d'entretien: 2 (BR 100)

Réseau: 10 sentiers, dont 3 faciles, 3 difficiles et 4 très difficiles, incluant le sentier qui mène au Camp Mercier

Porc-épic

Parcours suggérés:

○ **Facile: 5 Le Ruisseau**
(5 km). Ce sentier passe dans un ravage de porcs-épics. Il faut ouvrir les yeux, car il y a régulièrement de jolis petits renards qui suivent les skieurs!

Renard roux

□ **Difficile: 6 L'Étang**
(6,4 km). Il faut d'abord emprunter le sentier n° 5 pour rejoindre le sentier n° 6. Ce parcours fait le tour de l'étang et offre quelques beaux points de vue ainsi que de très belles descentes au retour.

◇ **Très difficile: 15 Les Eaux Volées** (15,8 km). Ce sentier fait le lien avec celui qui mène au Camp Mercier. Il longe en partie la rivière Montmorency et offre également un beau point de vue à partir du belvédère, d'où l'on aperçoit toute la vallée.

Raquette

Longueur des parcours: 12 km

Tarif: 2$

Centre de ski de fond du Mont-Sainte-Anne

Incroyable, fabuleux, majestueux, super-professionnel et *nec plus ultra* ne sont que quelques-uns des qualificatifs entendus de la part des skieurs qui ont fréquenté ce haut lieu du ski de fond!

À juste titre, le centre de ski de fond du Mont-Sainte-Anne mérite le deuxième rang au classement des 10 centres de ski de fond les plus importants en Amérique du Nord, et le premier rang au Canada, selon la revue *Snow Country* (1992).

Situé à seulement 50 km de la ville de Québec, à Saint-Ferréol-les-Neiges, le centre a un embassadeur de prestige en la personne de Pierre Harvey, détenteur de trois Coupes du monde en ski de fond et représentant du Canada à plusieurs Jeux olympiques d'hiver et d'été (cyclisme). Sous les conseils de Pierre Harvey, ce centre a été un pionnier en ce qui a trait à l'aménagement des sentiers adaptés à la technique du pas de patin. Actuellement, 125 km peuvent être parcourus suivant cette technique!

Devenu un grand centre international d'entraînement et de compétition, entre autres pour les athlètes de l'équipe nationale de l'est du Canada, le centre de ski de fond du Mont-Sainte-Anne demeure un centre familial important où skieurs débutants et intermédiaires peuvent profiter de l'excellent entretien des sentiers et des différents services offerts.

Information

Centre de ski de fond du Mont-Sainte-Anne
rang Saint-Julien, Saint-Ferréol-les-Neiges
☎ *(418) 827-4561, poste 408 (renseignements, réservations),*
827-4579 (conditions de ski),
827-5281 ou
800-463-1568 (hébergement)
www.mont-sainte-anne.com

Hébergement sur place: Auberge du Fondeur et 2 refuges

Services: stationnements, chalet principal, salle de fartage, cafétéria, boutique (réparation également), salle de douches, premiers soins, patrouille, carte des sentiers

Location: ski de fond, raquette

Autres activités: glissade, ski alpin, marche

Ruisseau Rouge), passe au pied du mont Ferréol.

□ **Difficile: 15** (16,8 km a.-r.). Ce sentier, qui passe par le refuge Marie-Josée, longe la rivière Jean-Larose.

◇ **Très difficile: 22** (13,9 km a.-r.). Ce tracé comporte beaucoup de montées et de descentes. Il passe par le refuge Saint-Ignace et offre un beau point de vue.

Ski de fond

Longueur des parcours: 224 km

Longueur linéaire du réseau: 122 km

Pas de patin: 125 km

Randonnée nordique: 20 km

Abris, relais, refuges: 7 refuges

Tarif: 15,65$, ½ journée 11,30$

École de ski: oui

Équipement d'entretien: 3 (BR 400 avec conditionneur à neige)

Réseau: le réseau des sentiers de ski de fond du Mont-Sainte-Anne est des plus impressionnants. Avec ses 224 km de sentiers, dont 125 km consacrés au pas de patin, ce réseau permet à tout skieur de trouver sans mal un parcours à sa mesure. Sur les 21 sentiers, 7 sont faciles, 9 sont difficiles et 5 sont très difficiles.

Parcours suggérés:
○ **Facile: 33** (13 km a.-r.). Ce parcours vallonné, menant à deux refuges (Saint-Nicolas et

Raquette

Longueur des parcours: 45 km

Randonnée hors piste: oui

Abris, relais, refuges: 2 refuges

Tarif: 5$ au centre de ski de fond (gratuit à partir du pied de la montagne)

Réseau: 10 sentiers, dont 5 (15 km) au centre de ski de fond et 5 (30 km) au pied de la station de ski alpin

Chouette

Station écotouristique Duchesnay

Située à 42 km au nord-ouest de la ville de Québec, près du lac Saint-Joseph, sur la route 367, la Station écotouristique Duchesnay se caractérise par son milieu forestier diversifié et par l'accent qu'on y met sur l'éducation en milieu naturel.

Information

Station écotouristique Duchesnay
143 route Duchesnay, Sainte-Catherine-de-la-Jacques-Cartier
☎*(418) 875-2711, poste 282; poste 500 (conditions de ski) ou 877-511-5885*
www.sepaq.com

Hébergement sur place: chambres, chalets, refuges

Services: stationnement, accueil, salle de fartage, cafétéria, boutique

Location: ski de fond, raquette

Autres activités: traîneau à chiens, pêche blanche, motoneige

Ski de fond

Longueur des parcours:
142,1 km

Longueur linéaire du réseau:
63,6 km

Pas de patin: 25 km

Randonnée nordique: non

Abris, relais, refuges: 5 refuges chauffés

Tarif: 10,50$

École de ski: oui

Équipement d'entretien:
3 (TF avec conditionneur à neige)

Réseau: 13 sentiers, dont 5 faciles, 2 difficiles et 6 très difficiles

Parcours suggérés:
○ **Facile: 4 La Tourbière** (5,6 km). Cette petite boucle sans pente réelle passe sur le bord du lac Jaune.

□ **Difficile: 10 La Vallonnée** (15,3 km). Cette grande boucle fait le tour de la montagne et offre un point de vue sur le lac Saint-Joseph.

◇ **Très difficile: 9 La Coulée** (12,3 km). Ce parcours permet de monter sur le sommet de la montagne. Du relais Le Sommet, une belle vue sur toute la région s'offre au skieur.

Raquette

Longueur des parcours: 20,2 km

Randonnée hors piste: non

Abris, relais, refuges: 1 refuge

Tarif: 3$

Réseau: 5 sentiers, dont 4 boucles (1,3 km à 6 km) et un aller-retour de 26 km (le Coureur des bois)

Autres centres de ski de fond de la ville de Québec et ses environs

Camping municipal Beauport

Information

Camping municipal Beauport
95 rue Sérénité, Beauport
☎(418) 641-6045 ou
641-6500 (conditions de ski)

Services: stationnement, accueil, casse-croûte, salle de fartage, carte des sentiers

Autres activités: patin

Ski de fond

Longueur des parcours: 16 km

Pas de patin: 1 km

Tarif: 5$ par voiture (fin de semaine)

Équipement d'entretien:
2 (BR 100)

Réseau: 6 sentiers, dont 5 faciles et 1 difficile. Un sentier (1 km) est éclairé.

Raquette

Longueur des parcours: 4 km

Tarif: 5$ par voiture (fin de semaine)

Réseau: plusieurs courts sentiers

Base de plein air de Sainte-Foy

Information

Base de plein air de Sainte-Foy
3206 rue Laberge, Sainte-Foy
☎(418) 654-4641

Services: stationnement, accueil, salle de fartage

Location: ski de fond, raquette

Autres activités: glissade, pêche blanche, marche (2 km)

Pêche sur glace

Ski de fond

Longueur des parcours: 8 km

Randonnée nordique: 8 km

Abris, relais, refuges: 1 refuge

Tarif: 3$

Réseau: 3 sentiers faciles

Raquette

Longueur des parcours: 5 km

Randonnée hors piste: oui

Tarif: 3$ (compris dans le droit d'accès)

Centre de ski de fond de Cap-Rouge

Information

Centre de ski de fond de Cap-Rouge
4600 rue Saint-Félix, Cap-Rouge
☎*(418) 641-6132 ou*
641-6098 (état des pistes)

Services: stationnement, salle de fartage

Ski de fond

Longueur des parcours: 14 km

Abris, relais, refuges: 1 refuge

Tarif: gratuit

Équipement d'entretien: 1 (motoneige)

Réseau: 11 sentiers faciles

Centre de ski de fond Charlesbourg

Information

Centre de ski de fond Charlesbourg
375 rue de L'Aventure, Charlesbourg
☎*(418) 849-9054*

Services: stationnement, accueil, salle de fartage, restauration, boutique, carte des sentiers

Location: ski de fond

Autres activités: marche (18 km), glissade sur chambre à air

Ski de fond

Longueur des parcours: 30 km

Abris, relais, refuges: 2 refuges

Tarif: 8$

École de ski: oui

Réseau: 15 sentiers, dont 8 faciles, 5 difficiles et 2 très difficiles

Raquette

Longueur des parcours: 15 km

Tarif: 3$

Les Sentiers du Moulin

Information

Les Sentiers du Moulin
99 chemin du Moulin, Lac-Beauport
☎*(418) 849-9652*
www.quebecweb.com/sentiers

Hébergement sur place: refuges, chalets

Services: stationnement, accueil, salle de fartage, restauration, boutique, carte des sentiers

Location: ski de fond, raquette

Autres activités: camping d'hiver

Ski de fond

Longueur des parcours: 148 km

Longueur linéaire du réseau: 80 km

Abris, relais, refuges: 5 refuges

Tarif: 9$

École de ski: oui

Équipement d'entretien: 2 (BR 200)

Réseau: 23 sentiers, dont 8 faciles, 10 difficiles et 5 très difficiles. Une randonnée de deux jours (50 km a.-r.) permet de se rendre au centre de ski Le Refuge.

Raquette

Longueur des parcours: 10 km

Abris, relais, refuges: 2 refuges

Tarif: 4$

Réseau: 2 sentiers

Centre de plein air Le Refuge

Information

Centre de plein air Le Refuge
1190 rue Saint-Edmond, Saint-Adolphe-de-Stoneham
☎(418) 848-6155

Services: stationnement, accueil, casse-croûte, salle de fartage, carte des sentiers

Location: ski de fond, raquette

Autres activités: glissade

Ski de fond

Longueur des parcours:
46 km

Pas de patin: 9 km

Randonnée nordique: 7 km

Abris, relais, refuges:
1 refuge

Tarif: 7$

Équipement d'entretien:
1 (motoneige)

Réseau: 17 sentiers, dont 9 faciles, 3 difficiles et 5 très difficiles

Raquette

Longueur des parcours: 19 km

Abris, relais, refuges: 1 refuge

Tarif: 4$

Réseau: 2 sentiers

Piste Robert-Giguère

Information

Piste Robert-Giguère
55 rue des Érables, Beaupré
☎(418) 827-8902

Services: stationnement, accueil, salle de fartage

Autres activités: patin, randonnée au clair de lune, compétitions amicales

Ski de fond

Longueur des parcours: 5 km

Longueur linéaire du réseau:
5 km

Tarif: 5$

Équipement d'entretien:
1 (motoneige)

Réseau: trois sentiers faciles longent la rivière Sainte-Anne et permettent d'avoir un point de vue fantastique sur le mont Sainte-Anne.

Jumelles

Raquette

Longueur des parcours: 5 km

Tarif: 5$ (compris dans le droit d'accès)

Centre de plein air Domaine Notre-Dame

Information

Centre de plein air Domaine Notre-Dame
83 route Grand-Capsa, Sainte-Catherine-de-la-Jacques-Cartier
☎*(418) 875-2583*
www.domaine-notre-dame.com

Hébergement sur place: chambres et chalets

Services: stationnement, accueil, restauration, salle de fartage, carte des sentiers

Location: ski de fond, raquette

Autres activités: glissade, patinage

Animaux domestiques: admis, en laisse seulement

Ski de fond

Longueur des parcours: 14 km

Tarif: 5$

Équipement d'entretien:
1 (motoneige)

Raquette

Randonnée hors piste: oui

Tarif: 5$ (compris dans le droit d'accès)

Centre de plein air Dansereau

Information

Centre de plein air Dansereau
30 rue Dansereau, Pont-Rouge
☎*(418) 873-4150 ou 873-2817*

Services: stationnement, accueil, salle de fartage, restauration, boutique

Location: ski de fond

Autres activités: escalade de glace

Ski de fond

Longueur des parcours: 33,5 km

Abris, relais, refuges: 2 refuges

Tarif: 5$

Équipement d'entretien:
1 (motoneige)

Réseau: 6 sentiers, dont 4 faciles, 1 difficile et 1 très difficile

Centre Nature Saint-Basile-de-Portneuf

Information

Centre Nature Saint-Basile-de-Portneuf
1 avenue Centre-Nature, Saint-Basile-de-Portneuf
☎*(418) 329-3177*
www3.sympatico.ca/centrenature

Services: stationnement, accueil, salle de fartage, casse-croûte

Location: ski de fond, trottinette des neiges

Autres activités: marche (3 km), glissade, trottinette des neiges

Ski de fond

Longueur des parcours: 31 km

Abris, relais, refuges: 1 refuge

Tarif: 5$

Réseau: 7 sentiers, dont 3 faciles et 4 difficiles. Ski en soirée les vendredis et samedis.

Raquette

Randonnée hors piste: oui

Tarif: 5$ (compris dans le droit d'accès)

Centre Ski-neuf

Information

Centre Ski-neuf
451 boulevard Gauthier, Portneuf
☎(418) 286-4100 ou
286-6966 (fin de semaine)
www.skineuf.cjb.net

Services: stationnement, accueil, salle de fartage, restauration, patrouille

Autres activités: marche (8 km), patin

Ski de fond

Longueur des parcours: 24 km

Abris, relais, refuges: 2 refuges

Tarif: gratuit

Équipement d'entretien:
1 (motoneige)

Réseau: 6 sentiers, dont 3 faciles et 3 difficiles

Raquette

Longueur des parcours: 5 km

Tarif: gratuit

Réseau: 1 sentier

Écureuil

Gîte de l'Écureuil

Information

Gîte de l'Écureuil
boulevard de la Montagne, Saint-Casimir
☎(418) 339-3102 ou
339-2543

Services: stationnement, accueil, casse-croûte

Location: ski de fond

Autres activités: marche (3 km), glissade

Ski de fond

Longueur des parcours: 24 km

Abris, relais, refuges: 1 refuge

Tarif: 4$

Équipement d'entretien:
1 (motoneige)

Réseau: 7 sentiers, dont 2 faciles, 3 difficiles et 2 très difficiles

Les Portes de l'Enfer

Information

Les Portes de l'Enfer
5ᵉ Rang, Saint-Alban
☎ *(418) 285-9349*

Hébergement sur place: chalets

Services: stationnement, accueil, restauration, carte des sentiers

Autres activités: sorties au clair de lune, cabane à sucre, escalade de glace

Cabane à sucre

Ski de fond

Longueur des parcours: 49 km

Abris, relais, refuges: 1 refuge

Tarif: 5$

Équipement d'entretien: 1 (motoneige)

Réseau: 6 sentiers, dont 3 faciles et 3 difficiles

Raquette

Randonnée hors piste: oui

Tarif: 5$

Réserve faunique de Portneuf

Information

Réserve faunique de Portneuf
accueil Talbot, au nord de Rivière-à-Pierre
☎ *(418) 323-2021 ou 323-2028*
www.sepaq.com

Hébergement sur place: 17 chalets et 6 refuges

Services: stationnement, carte des sentiers

Autres activités: patin, glissade, pêche blanche

Ski de fond

Longueur des parcours: 55 km

Randonnée nordique: 55 km

Abris, relais, refuges: 10 relais

Tarif: gratuit

Équipement d'entretien: 1 (motoneige)

Réseau: 7 sentiers, dont 2 faciles et 5 difficiles

Raquette

Randonnée hors piste: oui

Tarif: gratuit

Feuille d'érable

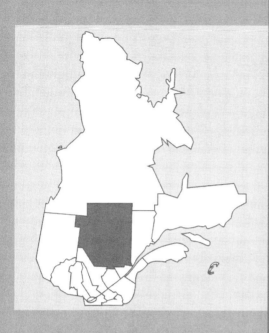

Saguenay–Lac-Saint-Jean

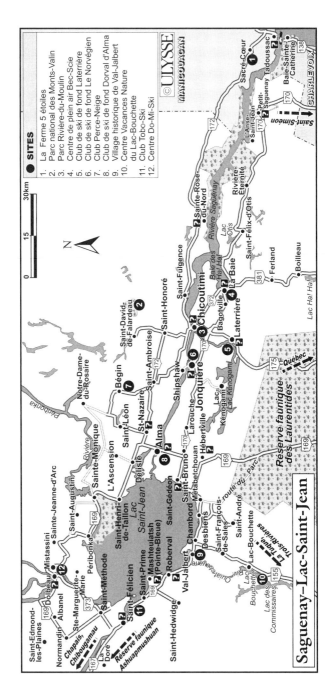

● SITES

1. La Ferme 5 étoiles
2. Parc national des Monts-Valin
3. Parc Rivière-du-Moulin
4. Centre de plein air Bec-Scie
5. Club de ski de fond Laterrière
6. Club de ski de fond Le Norvégien
7. Club Perce-Neige
8. Club de ski de fond Dorval d'Alma
9. Village historique de Val-Jalbert
10. Centre Vacances Nature
    du Lac-Bouchette
11. Club Tobo-Ski
12. Centre Do-Mi-Ski

© ULYSSE

Saguenay–Lac-Saint-Jean

La rivière Saguenay,

gagnant rapidement le fleuve, traverse un paysage très accidenté où se dressent falaises et montagnes.

Jusqu'à Chicoutimi, le Saguenay est navigable et subit le rythme perpétuel des marées. La riche faune marine comprend en été des baleines de différentes espèces. Plus au nord, le lac Saint-Jean, qui alimente la rivière Saguenay, impressionne par sa superficie et la couleur de ses eaux. Le bleuet est à ce point identifié à cette région que, partout au Québec, on utilise son appellation pour surnommer affectueusement les gens de ce coin de pays.

Bleuets

Le fjord du Saguenay

La formation du fjord du Saguenay a débuté il y a 70 millions d'années, alors que la croûte terrestre s'est effondrée et a donné naissance à l'immense fossé aux parois abruptes occupé aujourd'hui par le Saguenay. Ensuite, environ 60 000 ans avant notre ère, une légère baisse de la température annuelle moyenne a suffi pour provoquer la formation de glaciers au nord de l'Amérique. Dans leur lente descente vers le sud, ceux-ci enfoncèrent littéralement le continent sous leur poids. Une partie de ces glaciers, dont on évalue l'épaisseur approximative à 3 000 m, a causé le surcreusement du Saguenay en lui donnant cette forme caractéristique en U. Il a fallu 2 000 ans à ce front glaciaire, qui fondait vers le nord-ouest, pour dégager la zone comprise entre l'embouchure du Saguenay et le lac Saint-Jean.

Après le retrait du glacier continental «wisconsinien», le continent, libéré de ses glaces il y a environ 10 000 ans, a été envahi par les eaux marines jusqu'à une altitude variant entre 150 m et 250 m. Peu à peu, les terres se sont relevées, et la mer s'est retirée.

Parc national des Monts-Valin

Le parc national des Monts-Valin est devenu officiellement un parc provincial en septembre 1996. Ce territoire de 126 km² est divisé en trois secteurs, soit un secteur de préservation, un secteur de récréation et un secteur de services et d'équipements collectifs (accueil, hébergement, etc.).

Les monts Valin sont situés à une trentaine de kilomètres au nord-est de Chicoutimi et à 17 km au nord de Saint-Fulgence. Le massif des monts Valin, ou simplement «les Monts», comme on les nomme dans la région, forme un arc de cercle d'environ 120 km. On y trouve de nombreuses montagnes dont l'altitude se situe entre 600 m et 900 m. Le mont Valin (980 m), avec ses cinq pics, est le plus haut sommet. Ce haut massif, qui forme une véritable muraille, reçoit une moyenne de précipitations annuelle (1 200 mm) parmi les plus élevées au Québec.

Véritable paradis du ski, les monts Valin bénéficient de plus de 5 m de neige annuellement! Et, avec le vent qui souffle en quasi-permanence, de mystérieux «fantômes de neige» et «momies de glace» s'y forment, d'où le surnom de «vallées aux fantômes» que l'on octroya au massif.

Que ce soit lors d'une longue randonnée à skis (voir p 274) avec nuitées en refuge, ou lors

d'une randonnée d'une journée, le parc national des Monts-Valin ne laisse personne indifférent et promet des heures d'éblouissement à contempler ces paysages fabuleux sculptés par Dame Nature. Et comme les gens de la région le disent si bien, cet imposant massif représente *«les yeux d'un royaume qui veille avec vigilance sur toute la région du Saguenay–Lac-Saint-Jean»*.

Information

Parc national des Monts-Valin
360 rang Saint-Louis (par la route 172), Saint-Fulgence
☎ *(418) 674-1200 ou 800-665-6527 (réservation)*
www.parcsquebec.com

Hébergement sur place: 6 refuges, 2 tentes prospecteurs et 1 chalet

Services: stationnement, accueil, douches, salle de fartage, casse-croûte, dépanneur, bar, carte des sentiers, service de guides

Location: raquette, peaux de phoque, bâtons télescopiques, sac de couchage d'hiver

Autres activités: camping d'hiver, motoneige

Tente

Ski de fond

Longueur des parcours: 75 km

Longueur linéaire du réseau: 75 km

Pas de patin: 25 km

Randonnée nordique: 50 km

Abris, relais, refuges: I relais

Tarif: 7,50$ + droit d'accès

École de ski: non

Équipement d'entretien:
3 (LMC)

Réseau: 9 sentiers, dont 3 faciles, 3 difficiles et 3 très difficiles

Parcours suggérés:
○ **Facile: 5** (5 km). Cette boucle parcourt la forêt, longe le lac des Pères et offre quelques faux-plats.

□ **Difficile: 12** (12 km). Ce sentier mène au relais Le Piémont et longe le lac des Façades, d'où l'on voit très bien la montagne et son pic dénommé «La tête du chien».

◇ **Très difficile: 20** (20 km). Ce sentier grimpe passablement et mène jusqu'à la rivière du Bras-de-l'Enfer. Il permet également de longer deux jolis lacs.

Raquette

Longueur des parcours: 50 km

Randonnée hors piste: non

Abris, relais, refuges: 6 refuges et 2 tentes prospecteurs

Tarif: 3,50$ (compris dans le droit d'accès)

Réseau: une multitude de sentiers permettant aussi la longue randonnée avec coucher (refuges ou tentes prospecteurs)

Parc Rivière-du-Moulin

Le centre de ski de fond du parc Rivière-du-Moulin est situé au cœur de la ville de Chicoutimi dans le parc Rivière-du-Moulin, derrière la Place du Royaume. Offrant tous les services, ce centre géré par le Service des loisirs de la Ville de Chicoutimi permet à la population de pratiquer des activités de plein air sur une base annuelle sans avoir à se déplacer à l'extérieur de la ville. Le personnel du parc organise et anime des cliniques portant sur les différents aspects du ski de fond.

Information

Parc Rivière-du-Moulin
1625 boulevard des Roitelets, Chicoutimi (Saguenay)
☎*(418) 698-3235*

Services: stationnement, accueil, salle de fartage, carte des sentiers, patrouille

Location: non

Autres activités: randonnée pédestre hivernale (3 circuits dont un 3,5 km parcourant la rivière du Moulin)

Ski de fond

Longueur des parcours: 45 km

Longueur linéaire du réseau:
16 km

Pas de patin: 42 km

Randonnée nordique: non

Saguenay–Lac-Saint-Jean

Abris, relais, refuges: 1 refuge chauffé

Tarif: 3,50$

École de ski: oui

Équipement d'entretien: 1 (motoneige)

Réseau: 10 sentiers, dont 2 faciles, 2 difficiles et 6 très difficiles

Parcours suggérés:
○ **Facile: 1b** (3,5 km). Ce parcours longe la rivière du Moulin. Des mangeoires d'oiseaux permettent d'observer plusieurs espèces dont certaines viennent jusqu'à manger dans votre main!

Colibri

□ **Difficile: 5** (6,1 km). Ce sentier permet de traverser différents types de forêts ainsi qu'un champ, de longer la rivière et aussi d'admirer un beau point de vue.

Raquette

Longueur des parcours: 5 km

Randonnée hors piste: oui

Tarif: gratuit

Réseau: 2 sentiers

Centre de plein air Bec-Scie

Le Centre de plein air Bec-Scie, situé à 7 km de La Baie, est ouvert toute l'année. C'est donc pendant les quatre saisons que les amants de la nature peuvent profiter de ce site en bordure de la rivière à Mars. Chutes d'eau (joliment glacées en hiver) canyon vertigineux (murailles), barrage et belvédère sauront rendre le séjour agréable.

Côté ski de fond, rien ne manque pour le qualifier de «centre professionnel». Chalet d'accueil, relais chauffés, sentiers bien entretenus et beauté du site en font un modèle du genre.

Information

Centre de plein air Bec-Scie
7400 chemin des Chutes, La Baie (Saguenay)
☎*(418) 697-5132*

Hébergement sur place: non

Services: stationnement, accueil, restaurant, bar, salle de fartage, douches, carte des sentiers

Location: ski de fond, raquette

Autres activités: motoneige

Ski de fond

Longueur des parcours: 75 km

Longueur linéaire du réseau: 26,5 km

Pas de patin: 26,5 km

Randonnée nordique: non

Abris, relais, refuges: 3 relais chauffés

Tarif: 7$

École de ski: oui

Équipement d'entretien: 2 (BR 160)

Réseau: 12 sentiers, dont 6 faciles, 4 difficiles et 2 très difficiles

Parcours suggérés:
○ **Facile: 3 et 10 La Ballade et La Promenade** (6,5 km a.-r.). Du chalet d'accueil, prenez le sentier n° 1 (La Boucle) puis le sentier n° 3 (La Ballade) et revenez vers le chalet, d'où vous emprunterez le sentier n° 10 (La Promenade). Ce parcours plat longe en partie la rivière à Mars, offrant ainsi quelques beaux points de vue.

□ **Difficile: 6 La Valse** (12,5 km a.-r.). Ce tracé emprunte d'abord les sentiers n°s 1, 2, 3, 4 et 5. Belvédère, chute glacée et canyon vertigineux, où la rivière s'engouffre entre les murailles rocheuses, procureront au skieur un plaisir certain.

Raquette

Raquette

Longueur des parcours: 10 km

Abris, relais, refuges: 1 relais

Tarif: 2,50$

Réseau: 2 sentiers de 5 km

Club de ski de fond Le Norvégien

Le Club de ski de fond Le Norvégien est un organisme sans but lucratif fondé en 1972 et géré par des membres bénévoles. Situé à seulement 10 min du centre-ville de Jonquière, il offre un grand réseau de sentiers pour toutes les catégories de skieurs. Un sentier éclairé de 2 km y a même été aménagé.

Information

Club de ski de fond Le Norvégien
4885 chemin Saint-Benoît, Jonquière (Saguenay)
☎ **(418) 546-2344**

Services: stationnement, accueil, salle de fartage, restauration, carte des sentiers

Location: ski de fond, raquette

Autres activités: non

Ski de fond

Longueur des parcours: 65 km

Longueur linéaire du réseau: 44 km

Pas de patin: 12,5 km

Randonnée nordique: non

Abris, relais, refuges: 2 refuges

Tarif: 6$

Saguenay–Lac-Saint-Jean

École de ski: oui

Équipement d'entretien:
3 (BR 252)

Réseau: 11 sentiers, dont 4 faciles, 4 difficiles et 3 très difficiles

Parcours suggérés:
○ **Facile: Sapins** (5 km). Ce sentier facile est très large, permettant ainsi le pas alternatif et le pas de patin.

◇ **Très difficile: Pins** (7,5 km). Ce tracé est uniquement réservé aux adeptes du pas de patin. Comportant beaucoup de virages, de montées et de descentes difficiles, il est considéré comme «technique».

Raquette

Longueur des parcours: 21 km

Abris, relais, refuges: 2 refuges

Tarif: gratuit

Réseau: 3 sentiers

Club de ski de fond Dorval d'Alma

Le Club de ski de fond Dorval d'Alma est situé à 10 km de la ville d'Alma et possède un réseau de sentiers de ski de fond assez développé et bien géré.

Information

Club de ski de fond Dorval d'Alma
3795 route du Lac Est, Alma
☎(418) 662-5835
www.skidefondalma.qc.ca

Services: stationnement, accueil, salle de fartage, carte des sentiers, casse-croûte, patrouille

Location: non

Autres activités: non

Ski de fond

Longueur des parcours: 34 km

Longueur linéaire du réseau: 34 km

Pas de patin: 25 km

Randonnée nordique: 12 km

Abris, relais, refuges: 1 relais

Tarif: 6$

École de ski: oui (pendant la période des Fêtes seulement)

Équipement d'entretien:
3 (VTS 172)

Réseau: 6 parcours différents

Parcours suggérés:
○ **Facile: 6** (6 km). Beau sentier plat en sous-bois.

□ **Difficile: 7,5** (7,5 km). Ce sentier, qui permet le pas de patin et le pas classique, sert lors des compétitions organisées par le club. Il a également servi lors des Jeux du Canada (1983) et des Championnats canadiens (1986).

◇ **Très difficile: 13** (13 km). Ce parcours, qui emprunte également le sentier n° 10, offre de beaux points de vue. Le skieur traverse de magnifiques cédrières et érablières.

Club Tobo-Ski

Le club Tobo-Ski, situé à 12 km de Saint-Félicien, fait partie de la station de ski alpin du même nom. Cette station à caractère familial mise avant tout sur l'accueil et la qualité des services. Les sentiers de ski de fond sont très bien entretenus et tracés sur une largeur de 4 m. Le chalet principal et le relais sont bien situés, de sorte qu'en tout point sur les sentiers le skieur en est à moins de 3 km. Un sentier éclairé de 3 km est accessible pour le ski de soirée.

Information

Club Tobo-Ski
Petit Rang Ouest, Saint-Félicien
☎ *(418) 679-5243 ou 679-1158*

Services: stationnement, accueil, salle de fartage, cafétéria

Location: ski de fond, ski alpin, raquette, glissade

Autres activités: ski alpin, glissade

Ski de fond

Longueur des parcours: 36 km

Longueur linéaire du réseau: 14 km

Pas de patin: 36 km

Randonnée nordique: non

Abris, relais, refuges: 2 relais

Tarif: 6$

École de ski: oui

Équipement d'entretien: 3 (BR 400)

Réseau: 7 sentiers, dont 3 faciles, 2 difficiles et 2 très difficiles

Parcours suggérés:
○ **Facile: 3** (3 km). Ce sentier facile, où il n'y a presque pas de montées, est éclairé et permet donc de se balader en soirée.

□ **Difficile: 5** (5 km). Ce parcours mène au relais situé près de la rivière à l'Ours. Joli point de vue sur la vallée.

◇ **Très difficile: 10** (10 km). Ce trajet offre, entre autres, de beaux points de vue sur la rivière à l'Ours, car il la longe sur une bonne distance.

Raquette

Longueur des parcours: 8 km

Tarif: 3$

Réseau: 3 sentiers

Centre Do-Mi-Ski

En activité depuis 1967 et géré par un organisme sans but lucratif, le Centre Do-Mi-Ski est à la fois un centre de ski de fond et une station de ski alpin de type familial. Il compte quelque 375 membres et est également un complexe récréotouristique pendant la saison estivale. Plusieurs activités y sont alors pratiquées.

Le centre Do-Mi-Ski se trouve à seulement 5 min de route du centre de Dolbeau-Mistassini.

Saguenay–Lac-Saint-Jean

Information

Centre Do-Mi-Ski
180 rang Saint-Luc, Dolbeau-Mistassini
☎*(418) 276-4664 ou 276-0523*
www.3.sympatico.ca.laforet/domiski

Services: stationnement, accueil, casse-croûte

Location: non

Autres activités: ski alpin, glissade, patin

Ski de fond

Longueur des parcours: 10 km

Longueur linéaire du réseau: 10 km

Daim

Pas de patin: 10 km

Randonnée nordique: non

Abris, relais, refuges: non

Tarif: 5$

École de ski: non

Équipement d'entretien: 2 (Bombi)

Réseau: 2 sentiers

Autres centres de ski de fond du Saguenay-Lac-Saint-Jean

La Ferme 5 étoiles

Information

La Ferme 5 étoiles
465 route 172 Nord, Sacré-Cœur
☎*(418) 236-4551 ou 877-236-4551*
www.ferme5etoiles.com

Hébergement sur place: gîte, motel, studios, chalets

Services: stationnement, accueil, restauration

Location: ski de fond, raquette, glissade, motoneige

Autres activités: motoneige, glissade, patin, pêche blanche, coucher en igloo, visite de la ferme (bisons, cerfs, daims, etc.), traîneau à chiens

Ski de fond

Longueur des parcours: 8 km

Abris, relais, refuges: 1 relais

Tarif: 4$

Équipement d'entretien: 1 (motoneige)

Réseau: 1 sentier principal (6 km) et 2 petites boucles

Raquette

Longueur des parcours: 7 km

Randonnée hors piste: oui

Abris, relais, refuges: I relais

Tarif: 5$ (compris dans le droit d'accès)

Club de ski de fond Laterrière

Information

Club de ski de fond Laterrière
7127 boulevard Talbot, Laterrière
☎*(418) 678-9633*

Services: stationnement, accueil, carte des sentiers

Ski de fond

Longueur des parcours: 45 km

Longueur linéaire du réseau: 18 km

Abris, relais, refuges: I refuge

Tarif: 4$

Équipement d'entretien: I (motoneige)

Réseau: 5 sentiers, dont I facile, 2 difficiles et 2 très difficiles

---

Club Perce-Neige

Information

Club Perce-Neige
100 rue Lemieux, Bégin
☎*(418) 672-2434 ou 672-4218*

Services: stationnement, accueil, salle de fartage, carte des sentiers

Location: ski de fond, raquette, glissade

Autres activités: glissade

Ski de fond

Longueur des parcours: 25 km

Pas de patin: 25 km

Abris, relais, refuges: I relais

Tarif: 4$

École de ski: oui

Équipement d'entretien: 2 (Skidoser)

Réseau: 3 sentiers, dont I facile (4 km) et 2 difficiles (8 km et 13 km)

Raquette

Longueur des parcours: 5 km

Randonnée hors piste: oui

Tarif: gratuit

Réseau: I sentier

Village historique de Val-Jalbert

Information

Village historique de Val-Jalbert
Club plein air de Roberval, route 169, à 5 km du centre de Chambord
☎*(418) 275-6033 ou 888-675-3132*
www.sepaq.com

Hébergement sur place: hôtel ou chalets, refuge *(☎418-275-3132)*

Services: stationnement, accueil, salle de fartage, restauration, carte des sentiers

Location: raquette

Autres activités: marche (5 km)

Saguenay–Lac-Saint-Jean

Ski de fond

Longueur des parcours: 38 km

Pas de patin: 13 km

Randonnée nordique: 25 km

Abris, relais, refuges: 1 refuge

Tarif: 6$

Équipement d'entretien: 2 (K2)

Réseau: 6 sentiers, dont 2 faciles, 3 difficiles et 1 très difficile

Raquette

Longueur des parcours: 25 km

Abris, relais, refuges: 1 refuge

Tarif: 5$

Réseau: 1 sentier comprenant plusieurs boucles

Canards mallard

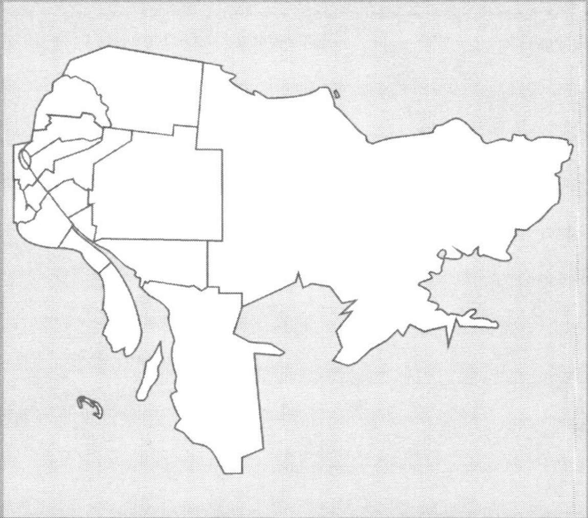

Longues randonnées

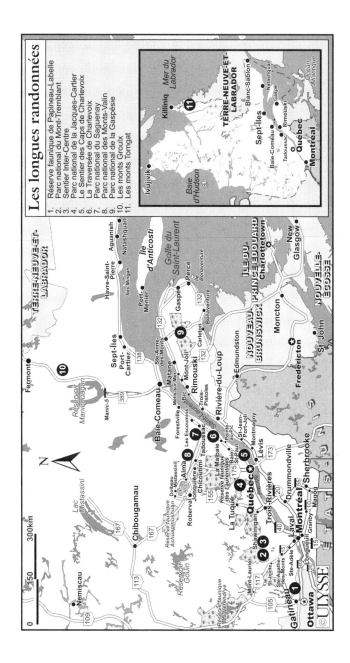

Les longues randonnées

1. Réserve faunique de Papineau-Labelle
2. Parc national du Mont-Tremblant
3. Sentier Inter-Centre
4. Parc national de la Jacques-Cartier
5. Le Sentier des Caps de Charlevoix
6. La Traversée de Charlevoix
7. Parc national du Saguenay
8. Parc national des Monts-Valin
9. Parc national de la Gaspésie
10. Les monts Groulx
11. Les monts Torngat

La longue randonnée

(à skis ou en raquettes) s'avère le meilleur moyen de locomotion afin d'explorer les grands espaces sauvages du Québec.

Le réseau de longue randonnée étant de mieux en mieux structuré (sentiers balisés, refuges, cartes, transport des bagages, etc.), nul besoin d'être un grand «aventurier» pour profiter de pareilles beautés. Que l'on dispose d'une fin de semaine ou de deux semaines, il est possible de parcourir des régions plus ou moins éloignées des grands centres urbains où le contact avec cette nature toute blanche procure des bienfaits autant physiques que psychologiques.

Bien que la longue randonnée soit accessible à un grand nombre de skieurs et de raquetteurs, il faut souligner l'importance de posséder (ou de louer) l'équipement, l'habillement et tout le matériel adéquats à ce type d'activité. En outre, le randonneur doit pouvoir faire face aux pires conditions climatiques, de même qu'au risque d'un bris d'équipement (p. ex.: ski cassé)

ou d'un accident (p. ex.: entorse grave). Il faut donc planifier son excursion, faire les réservations nécessaires et obtenir les renseignements importants en communiquant avec l'organisme qui gère le sentier que l'on projette de parcourir.

Réserve faunique de Papineau-Labelle

La réserve faunique de Papineau-Labelle offre 112 km de sentiers pour la longue randonnée à skis. Le long des sentiers, on retrouve 15 refuges possédant chacun un poêle au propane pour la cuisson, le chauffage au bois, l'éclairage au propane et des toilettes sèches. L'eau potable se trouve près du refuge. Pour les groupes nombreux, le camping d'hiver est permis à proximité des refuges. Il est important de réserver ses places dans les refuges ou pour le camping. Le séjour est limité à un minimum de deux nuits consécutives par refuge (réservations nécessaires).

Le stationnement et le point de départ des sentiers sont situés au poste d'accueil Gagnon, près du lac du même nom, à 17 km au nord du village de Duhamel (par la route 321). L'accueil Gagnon, qui peut également servir de salle de fartage et de dépannage, n'offre aucun service personnalisé.

Pays de lacs et de rivières, la réserve faunique Papineau-Labelle offre des parcours de deux à six jours. Les sommets des monts Devlin et Bondy offrent de beaux points de vue sur la région.

Réserve faunique Papineau-Labelle
443 route 309, Val-des-Bois
☎(819) 454-2011, poste 33
⊶(819) 454-2353
www.sepaq.com

Parc national du Mont-Tremblant

Le **parc national du Mont-Tremblant** (voir aussi p 176), comprenant les secteurs de la Diable et de la Pimbina, offre 111 km de sentiers pour la longue randonnée à skis.

Quatre refuges pouvant accueillir de 16 à 20 personnes sont disponibles. Chaque refuge est chauffé avec un poêle à bois, et le bois est fourni. La durée du séjour dans un même refuge est limitée à une nuit.

Il est fortement recommandé de réserver au moins deux semaines à l'avance au ☎(819) 688-2281

ou ☎877-688-2289. Le service de longue randonnée à skis du parc national du Mont-Tremblant est désormais géré par la Sépaq (*www.sepaq.com*).

Secteur de la Diable

Du secteur de la Diable, par l'entrée de Lac-Supérieur, le stationnement se trouve au centre de services du Lac-Monroe. Sur place se trouvent un casse-croûte, une épicerie de dépannage, une boutique de location d'équipement de ski et d'accessoires ainsi que des douches.

Parcours suggérés: plusieurs parcours sont possibles, mais voici les plus populaires.

2 jours de ski (23,4 km ou 41,8 km)

23,4 km a.-r. Du centre de services du Lac-Monroe au refuge du Liteau, et retour le lendemain.
ou
41,8 km a.-r. Du centre de services du Lac-Monroe au refuge de la Cache, et retour le lendemain.

3 jours de ski (boucle de 50,8 km)

Jour 1 (20,9 km): du centre de services du Lac-Monroe au refuge de la Cache.

Jour 2 (18,2 km): du refuge de la Cache au refuge du Liteau.

zJour 3 (11,7 km): du refuge du Liteau au centre de services du Lac-Monroe.

5 jours de ski (75,2 km)

La traversée du parc: ce parcours linéaire permet de relier le centre de services du Lac-Monroe au poste d'accueil de Saint-Donat.

Jour 1 (20,9 km): du centre de services du Lac-Monroe au refuge de la Cache.

Jour 2 (18,2 km): du refuge de la Cache à celui du Liteau.

Jour 3 (11,4 km): du refuge du Liteau à celui du Lac-Ernie.

Jour 4 (9,4 km): du refuge du Lac-Ernie à celui du Lac-des-Sables.

Jour 5 (15,3 km): du refuge du Lac-des-Sables au poste d'accueil de Saint-Donat.

Secteur de la Pimbina

Le secteur de la Pimbina est accessible à partir du poste d'accueil de Saint-Donat.

Parcours suggérés: plusieurs parcours sont possibles, mais voici les plus populaires.

2 jours de ski (boucle de 35 km)

Départ du poste d'accueil de Saint-Donat en direction du refuge du Lac-des-Sables, et retour le lendemain. Il faut d'abord utiliser le réseau de courte randonnée pour rejoindre celui de longue randonnée.

3 jours de ski (37,2 km)

Ce parcours linéaire de 37,2 km relie le poste d'accueil de Saint-Donat et le centre de services du Lac-Monroe (secteur de la Diable). Prévoyez une deuxième voiture pour le retour. Ce parcours linéaire s'effectue également d'ouest en est, soit du Lac-Monroe au poste d'accueil de Saint-Donat.

Jour 1 (15,1 km): il s'agit de relier le poste d'accueil de Saint-Donat au refuge du Lac-des-Sables.

Jour 2 (9,4 km): on suit le sentier qui mène du lac des Sables au refuge du Lac-Ernie.

Jour 3 (12,7 km): on se rend du refuge du Lac-Ernie au centre de services du Lac-Monroe.

Inter-Centre

Le sentier Inter-Centre se trouve près du parc national du Mont-Tremblant et relie la municipalité de Lac-Supérieur et Saint-Donat. Il traverse donc les régions de Lanaudière et des Laurentides. Ce sentier linéaire comporte également deux bretelles d'accès (à Val-des-Lacs) permettant des randonnées plus courtes.

En tout, ce sont 35 km de sentiers de ski de fond nordique qui sont proposés aux skieurs. Deux refuges (le Nordet et l'Appel) sont mis à leur disposition (réservations nécessaires). Notez qu'une section du parcours, en raison de coupes de bois, a dû être déviée. Il faut désormais utiliser le stationnement de l'**Auberge Castello** *(252 chemin le Boulé,* ☎*819-688-6888)*, laquelle se trouve 0,5 km avant le Centre d'accès à la nature de l'UQAM.

L'accès au secteur Saint-Donat se fait par la route 329. Au sud du

Longues randonnées

lac Archambault, il faut prendre le chemin Régimbald et suivre l'indication «Inter-Centre». Pour le secteur Lac-Supérieur, de Saint-Faustin, suivez la direction du lac Carré et du parc national du Mont-Tremblant.

Inter-Centre
☎*888-783-6628 (réservation des refuges)*
http://intercentre.qc.ca

Loup

Sentier Inter-Centre

2 jours de ski (30,5 km; prévoyez deux voitures)

Jour 1 (14,5 km): du stationnement du lac Archambault, le sentier est très difficile et très raide (dénivellation de 450 m) jusqu'au sommet de la Montagne Noire (900 m), d'où la vue est magnifique. Puis il descend jusqu'au lac Raquette, pour remonter quelque peu jusqu'au refuge du lac de l'Appel.

Jour 2 (16 km): du refuge du lac de l'Appel, vous descendrez graduellement jusqu'à une intersection. Prenez la direction du refuge le Nordet, où le sentier longe la crête de la Montagne Grise et offre une vue fantastique sur les sommets avoisinants, dont le très beau mont Tremblant. Vous vous laisserez glisser par la suite vers le Centre d'accès à la

nature de l'UQAM, où l'autre voiture est stationnée (à l'Auberge Castello).

Parc national de la Jacques-Cartier

Le parc national de la Jacques-Cartier a vu le jour en 1981. Auparavant, soit depuis le début du XXe siècle, ce site faisait partie du parc des Laurentides. D'une superficie de 670 km^2, il abrite une faune très diversifiée: 132 espèces d'oiseaux et 23 espèces de mammifères, dont le cerf de Virginie, l'orignal, l'ours noir, le loup et le lynx.

Tout comme son excellent réseau de courte randonnée à skis (voir p 241), son réseau de sentiers de longue randonnée à skis et en raquettes (55 km) compte parmi les plus fabuleux et les plus spectaculaires du Québec.

Plusieurs parcours de longue randonnée à skis ou en raquettes en territoire sauvage s'offrent ainsi aux visiteurs. Ces différents parcours (de 4 km à 53 km) permettent de découvrir les magnifique paysages de ce coin de pays. Tous les départs se font du parc national de la Jacques-Cartier ou du Camp Mercier.

Neuf chalets, huit camps de prospecteur ainsi que trois aires de camping d'hiver permettent des séjours agréables dans le parc. De plus, le parc propose le service de transport des bagages pour ceux qui séjournent en chalet ou en camp de prospecteur.

Enfin, l'entreprise **Le Domaine de la truite du parc** (*☎418-848-3732*) propose, depuis l'hiver 2000-2001, différents trajets en traîneau à chiens dans le parc.

Parc national de la Jacques-Cartier
accès au réseau par le stationnement de la route 175 (Km 74) ou par le Camp Mercier (route 175, Km 94).
☎(418) 848-3169, (418) 528-8787 ou 800-665-6527 (réservations pour l'hébergement)
www.parcsquebec.com

Parcours suggérés: plusieurs parcours à skis ou en raquettes sont possibles, mais voici les plus populaires. De plus, il est recommandé de posséder un équipement de ski hors-piste. Notez que tous les sentiers sont utilisés dans les deux sens de circulation.

2 jours/1 nuit
(6 km aller-retour)

Jour 1 (3 km): du stationnement de la route 175 (Km 74) aux chalets Kernan.

Jour 2 (3 km): des chalets Kernan à la route 175 (Km 74).

3 jours/2 nuits
(26 km aller-retour)

Jour 1 (3 km): du stationnement de la route 175 (Km 74) aux chalets Kernan.

Jour 2 (10 km): des chalets Kernan au Balbuzard.

Jour 3 (13 km): du Balbuzard à la route 175 (Km 74).

3 jours/2 nuits
(boucle de 52,6 km)

Jour 1 (23,6 km): de l'accueil du camp Mercier (route 175, Km 94) à La Cachée.
Jour 2 (11 km): de La Cachée au Grand-Duc.
Jour 3 (18 km): du Grand-Duc à l'accueil du camp Mercier (route 175, Km 94).

Le Sentier des Caps de Charlevoix

Le **Sentier des Caps de Charlevoix** (voir p 113) se présente comme un superbe réseau de sentiers de 46,8 km linéaires (7 refuges), destiné à la longue randonnée à skis et surtout en raquettes. Le départ de la randonnée se fait de l'Auberge du Capitaine, de même que c'est ici qu'on s'inscrit. Des services de guides et de transport de la voiture (au sommet ou à la base du Massif) et des bagages sont disponible. Le site Internet suggère différents parcours.

Longues randonnées

Le Sentier des Caps de Charlevoix
2 rue Leclerc, angle route 138, à côté de l'auberge du Capitaine, Saint-Tite-des-Caps
☎ *(418) 823-1117 ou 866-823-1117*
www.sentierdescaps.com

Parcours suggéré: 4 jours de raquette (40 km)

Jour 1 (8,2 km): de l'Auberge du Capitaine au cap Gribane (refuge), le sentier permet de découvrir sept jolis points de vue sur le fleuve.

Jour 2 (7,8 km): du cap Gribane à l'anse aux Vaches (refuge), le sentier longe le sommet des caps et donne accès à trois points de vue.

Jour 3 (5,9 km): de l'anse aux Vaches au cap du Salut (refuge), le sentier est très étroit et sauvage, mais présente au moins quatre autres beaux points de vue.

Jour 4 (18,1 km): du cap du Salut, le sentier mène à la Station de ski de fond (9,7 km), située au sommet du Massif. De là, le sentier rejoint le refuge Ligori (4 km) et descend jusqu'au fleuve (4,4 km), c'est-à-dire au Domaine à Ligori.

La Traversée de Charlevoix

La Traversée de Charlevoix, avec sa centaine de kilomètres de sentiers, offre l'une des plus belles et des plus sauvages longues randonnées à skis de tout le Québec. Parcourant des sommets variant entre 600 m et 850 m d'altitude ainsi que d'immenses vallées de 200 m à 350 m de profondeur, La Traversée de Charlevoix enchantera le skieur chevronné qui possède une bonne technique (niveau intermédiaire avancé) ainsi qu'une bonne condition physique. Le sentier linéaire de 104,4 km est balisé, mais non entretenu mécaniquement ni patrouillé. Les skieurs doivent donc être autonomes (sécurité, premiers soins, sauvetage, etc.) et expérimentés.

La Traversée de Charlevoix à skis a vu le jour il y a une vingtaine d'années, lorsque des membres de la Fédération québécoise de la montagne (FQM) se mirent en tête d'explorer ce magnifique secteur. Depuis nombre d'années, Eudore Fortin a développé un parcours intéressant à tout point de vue et veille au bon fonctionnement des groupes, dont plusieurs proviennent d'Europe. M. Fortin a également élaboré un système de transport des bagages et de la nourriture des plus efficaces de refuge en refuge. Il peut aussi conduire les voitures du point de départ au point d'arrivée, soit de Saint-Urbain au mont Grand-Fonds (prévoyez deux trousseaux de clés).

Six refuges équipés d'un poêle à bois (bois de chauffage fourni) sont mis à la disposition

des skieurs. Depuis 1993, six chalets sont également proposés pour accueillir des groupes allant jusqu'à 15 personnes. Ils sont équipés d'un poêle à bois, d'un poêle et de lampes au propane ainsi que d'une cuisine et des couverts.

La Traversée de Charlevoix à skis s'effectue généralement en sept jours (six nuits en refuge). Le point de départ se trouve à 24 km au nord-ouest du village de Saint-Urbain, près de la route 381, à la hauteur du magnifique parc national des Grands-Jardins. Outre la première étape, qui fait seulement 3,6 km, on compte pour chaque journée de 14 km à 20 km de sentiers à parcourir dans des décors majestueux. Traversant les vallées du parc national des Hautes-Gorges-de-la-Rivière-Malbaie, le parcours nous fait découvrir des paysages époustouflants (montagnes escarpées, barres rocheuses, gorges bordées d'immenses falaises, etc.). La dernière étape mène les skieurs tout près de la station de ski du Mont Grand-Fonds, située à 14 km au nord-est de La Malbaie.

La Traversée de Charlevoix
(Eudore Fortin)
841 rue Saint-Édouard, Saint-Urbain
☎*(418) 639-2284*
⇒*(418) 639-2777*
www.charlevoix.net/traverse

7 jours/6 nuits, 104,4 km linéaires

Jour 1 (3,6 km; dénivellation, 30 m de descente): de la route 381 au refuge J.-P.-Cadot/chalet L'Écureuil.

Jour 2 (16,7 km; dénivellation, 370 m de descente): du refuge J.-P.-Cadot/chalet L'Écureuil au refuge Boudreault/chalet Marmotte.

Jour 3 (15,5 km; dénivellation, 300 m de montée et 160 m de descente): du refuge Boudreault/chalet Marmotte au refuge Le Bihoreau/chalet La Chouette.

Jour 4 (19,6 km; dénivellation, 250 m de montée et 700 m de descente): du refuge Le Bihoreau/chalet La Chouette au refuge Le Prophète/chalet Le Geai bleu.

Jour 5 (15 km; dénivellation, 400 m de montée): du refuge Le Prophète/chalet Le Geai bleu au refuge Donohue/chalet Le Coyote.

Jour 6 (20 km; dénivellation, 350 m de descente): du refuge Donohue/chalet Le Coyote au refuge Castor/chalet L'Épervier.

Jour 7 (14 km; dénivellation, 125 m de descente): du refuge Castor/chalet L'Épervier au Mont Grand-Fonds.

Parc national du Saguenay

D'une superficie de 284 km², le parc national du Saguenay fut créé en 1983 afin de préserver les rives de ce magnifique fjord profond et long de 100 km. Le fjord du Saguenay, véritable enclave maritime arctique du Québec, est l'un des 20 plus longs au monde!

Depuis 1995, il est possible d'y effectuer un parcours de longue randonnée à skis ou en raquettes (location). Le parc propose en effet un sentier de longue randonnée qui débute près du village de Rivière-Éternité, rejoint le sentier Les Caps (longue randonnée pédestre) et mène à L'Anse-Saint-Jean.

Le parcours est très difficile et s'adresse uniquement aux randonneurs bien équipés et habitués à de telles aventures. Le sentier mène à deux refuges (12 pers. chacun), celui du Lac de la Chute et celui du Lac du Marais, offrant ainsi près de 32 km de sentiers (aller seulement).

Jumelles

Depuis l'hiver 1999, de nouveaux sentiers de longue randonnée sont venus s'ajouter en périphérie du parc du Saguenay, portant ainsi le total du réseau de sentiers à 102 km *(www.fjord-du-saguenay.qc.ca/murailles)*.

Les sentiers sont balisés mais non entretenus mécaniquement. Dans cette région du Saguenay, les conditions climatiques sont particulièrement difficiles, offrant chutes de neige abondante, vent violent, blizzard, etc. Un service de transfert des véhicules (à partir de Rivière-Éternité) est aussi disponible.

Parc national du Saguenay
☎*(418) 272-1556 ou 800-665-6527 (réservations)*
www.parcsquebec.com

Parc national des Monts-Valin

Le parc national des Monts-Valin (154 km^2) est devenu officiellement un parc de récréation en septembre 1996 (voir p 256). La longue randonnée à skis ou en raquettes y est désormais pratiquée par de plus en plus de skieurs qui viennent s'émerveiller devant la beauté époustouflante des mystérieux «fantômes de neige», «momies de glace» et autres phénomènes naturels.

En tout, 50 km de sentiers sont réservés à la longue randonnée à skis (randonnée nordique) ou en raquettes. Ces sentiers sont balisés mais non tracés mécaniquement, et il faut s'attendre à de fréquentes et abondantes chutes de neige. La saison hivernale s'étire du début du mois de décembre jusqu'à la fin du mois d'avril.

Le parc propose un service de navette (bagages et/ou personnes) permettant de monter ou descendre directement de la vallée des Fantômes, ainsi qu'un service de location (peaux de phoque, raquettes, sacs de couchage d'hiver, matelas de sol, bâtons télescopiques, etc.).

Parc national des Monts-Valin
360 rang Saint-Louis (par la route 172), Saint-Fulgence
☎*(418) 674-1200 ou 800-665-6527 (réservations)*
www.parcsquebec.com

Parcours suggéré:
4 jours/3 nuits de ski
ou de raquette (boucle
de 30 km)

Jour 1 (6 km; 420 m de dénivelation): du centre d'interprétation et de services jusqu'au refuge Ulysse.

Jour 2 (10 km; 250 m de dénivellation): cette journée consiste à atteindre la tente prospecteur Le Fantôme. Le sentier conduit à la célèbre vallée des Fantômes (neige sur arbres), nichée à 980 m d'altitude. Cette journée comporte des montées (et des descentes) aussi difficiles que longues, où il est indispensable d'avoir des «peaux de phoque» sous ses skis.

Jour 3 (8 km; 620 m de dénivelation): descente (assez difficile) par le ruisseau Gabriel vers le ruisseau Gauthier, jusqu'au refuge Hibernal.

Jour 4 (6 km; -50 m de dénivellation): retour assez facile jusqu'au centre d'interprétation et de services, car la dénivellation s'avère douce.

Variante: ceux et celles qui désirent faire le trajet en 3 jours (2 nuits) descendent directement de la tente prospecteur Le Fantôme à l'accueil, soit une longue et difficile descente de 14 km.

Parc national
de la Gaspésie

Selon plusieurs skieurs de longue randonnée, le magnifique parc national de la Gaspésie est le plus spectaculaire terrain de jeu au Québec. On s'y sent au bout du monde, mais les différentes infrastructures (route, village à 35 km, refuges, etc.) permettent néanmoins de s'offrir un séjour des plus agréables.

Courtes randonnées à skis ou en raquettes

En plus de l'immense réseau de sentiers de longue randonnée à skis, il est possible d'effectuer de courtes randonnées à skis ou en raquettes dans le parc de la Gaspésie.

À skis, les parcours Les Fourches (4 km), Petit Sault (12 km), Lac aux Américains (16 km), Mont Albert (10 km) et Mont Richardson (27 km) se révèlent intéressants.

En raquettes, 25 km de sentiers peuvent être parcourus dans trois secteurs du parc. Dans le secteur du Mont-Albert, on trouve quatre sentiers de 2 km à 4 km chacun.

Longues randonnées

Créé en 1937, ce parc était autrefois appelé le «Pays des bois tordus». D'une superficie de 802 km², il a énormément à offrir aux randonneurs à skis. D'abord, son décor est fabuleux, sa partie montagneuse étant partagée en deux grands massifs, soit la chaîne des Chic-Chocs (mont Albert, mont Logan) et les monts McGerrigle (mont Jacques-Cartier). Le parc compte 25 sommets de plus de 1 000 m d'altitude. Le réseau de sentiers, totalisant 190 km, permet ensuite d'aller fouler les hauts sommets du parc et de jouir de points de vue uniques au Québec.

Dans le parc, et plus particulièrement sur le mont Jacques-Cartier (1 270 m), on trouve un grand nombre de caribous, soit quelque 250 têtes. Les Algonquins nommaient le caribou *xalibu*, ce qui signifie «celui qui gratte le sol avec sa patte pour trouver sa nourriture». Il partage le territoire avec le cerf de Virginie et l'orignal, faisant ainsi du parc de la Gaspésie un lieu unique en Amérique du Nord.

Il est possible de traverser quatre types de forêts en une seule randonnée: une forêt boréale à faible altitude, une forêt d'où sont absents les feuillus, une forêt subalpine aux arbres miniatures et, sur les sommets, la toundra avec ses mousses et lichens.

Le parc recevant une quantité incroyable de neige (5 ou 6 m par année), la saison de ski s'y étend normalement de la mi-décembre à la fin avril. Les sentiers n'étant pas entretenus mécaniquement, il faut s'attendre à «ouvrir» la piste régulièrement. Les conditions climatiques étant particulièrement difficiles, le vent et le froid peuvent vite décourager les skieurs qui ne sont pas habillés adéquatement.

Beaucoup de skieurs préfèrent attendre la venue du printemps afin de jouir d'un climat moins rigoureux. Le congé pascal correspond habituellement à la période la plus courue.

La route 299 traverse le parc en divisant les secteurs McGerrigle (à l'est) et Chic-Chocs (à l'ouest). Plusieurs points de départ sont ainsi accessibles en voiture.

Dans le parc, 14 refuges d'une capacité de huit personnes chacun sont disponibles (réservations). Ils n'ont pas l'électricité, sauf ceux du camping Mont-Albert et des Mines Madeleine, mais ils possèdent un poêle à combustion lente, des lits superposés ainsi qu'une table et des chaises. Des toilettes sèches sont situées près de chaque refuge.

Les skieurs doivent apporter un réchaud pour la cuisine ainsi que tout le matériel nécessaire. N'oubliez pas de vous munir d'un mode d'éclairage (bougies, lampes ou autres). Il est possible de camper au camping du Mont-Albert. Ceux et celles qui désirent parcourir des sentiers durant la journée et dormir dans un lieu de grand luxe, au confort douillet et à la cuisine des plus raffinées, opteront pour le Gîte du Mont-Albert, qui fait face à l'imposant mont Albert (1 083 m).

La boutique Nature (location de bâtons télescopiques, équipement de ski nordique, peaux de phoque, raquettes, etc.) propose également le service de transport des bagages. Outre les refuges, quelques abris disposés le long des sentiers permettent d'effectuer des haltes pendant la journée. Une carte-guide ($) très détaillée est disponible à la boutique ou au Gîte du Mont-Albert, et, pour bien planifier ses parcours, il est important de se la procurer.

Réseau

Le réseau de sentiers est très vaste, et les possibilités de randonnées s'avèrent nombreuses. Pour la raquette, le parc propose 9 sentiers (de 1,6 km à 16 km) pour un total de 40 km linéaires. Pour la courte randonnée à skis, le secteur du Mont-Albert offre quelques tracés ainsi que l'hébergement. On y trouve 4 sentiers (1 facile et 3 difficiles) pour un total de 24 km linéaires. Dans les autres secteurs, beaucoup de skieurs effectuent des randonnées d'une journée, souvent très difficiles et parcourent ainsi les monts Jacques-Cartier (1 270 m), Joseph-Fortin, Richardson (1 220 m), Blanche Lamontagne, Hog's Back et Albert (1 083 m), d'où, dans la plupart des cas, les points de vue sont tout simplement époustouflants.

On peut aussi effectuer une traversée de la chaîne des monts McGerrigle, du camping Mont-Albert au refuge La Galène, en passant par les Mines Madeleine. Ce sentier passe par le sommet du mont Jacques-Cartier, qui, avec ses 1 270 m d'altitude, représente le plus haut sommet du Québec méridional. Du sommet du mont Jacques-Cartier, la vue est tout simplement hallucinante; vallées et sommets arrondis, ainsi que le massif des monts McGerrigle, s'imposent par leur beauté. C'est

sur le mont Jacques-Cartier que le skieur a le plus de chance d'observer des caribous. Par mauvais temps, il est possible d'éviter le sommet, exposé et verglacé, en empruntant le sentier qui passe au nord-ouest de celui-ci.

Du côté de la chaîne des Chic-Chocs, plusieurs parcours de longue randonnée à skis sont possibles, en partant du stationnement La Boussole (route 299) ou de Saint-Octave de l'Avenir. Huit refuges (Le Pluvier, L'Hirondelle, La Mésange, Le Huard, La Chouette, Le Nictale, Le Carouge et le Pic de l'aigle) accueillent les skieurs. Les plus aventureux se rendront à l'extrémité ouest du réseau pour fouler le sommet du mont Logan (1 136 m), où une abri les attend. Le sommet dénudé offre un beau point de vue. Par ailleurs, le mont du Blizzard et le pic de l'Aube (situés près du refuge La Mésange), ainsi que le pic du Brûlé (situé 7 km plus à l'est), offrent des points de vue grandioses. Ceux et celles qui pratiquent le télémark, le surf des neiges ou le ski alpin devraient, avant de s'aventurer dans le parc, s'informer des risques d'avalanche auprès du **Centre d'avalanche de la Haute-Gaspésie** (*☎418-763-7791, www.centreavalanche.qc.ca).*

Le parc de la Gaspésie saura combler les plus gourmands amateurs de la longue randonnée à skis. Rares sont ceux qui n'y retournent pas plusieurs fois au fil des années. Pour bon nombre de skieurs de grands espaces, le parc national de la Gaspésie est devenu un véritable pèlerinage annuel!

Longues randonnées

Parc national de la Gaspésie
900 route du Parc, Sainte-Anne-des-Monts
☎*866-parc-gas (information et réservations)*
≈*(418) 763-5435*
www.parcsquebec.com

Réservations des refuges
☎*(418) 890-6527 (région de Québec)*
ou 800-665-6527

Gîte du Mont-Albert
☎*(418) 763-2288 ou 866-727-2427*

Monts Groulx

Les monts Groulx se dressent à 325 km au nord de la ville de Baie-Comeau sur la route 389. Pour s'y rendre, il faut passer le barrage Daniel-Johnson (Manic-Cinq) et le réservoir Manicouagan. De Montréal, il faut parcourir 1 100 km pour atteindre cette chaîne de montagnes.

La longue randonnée à skis s'est développée dans la région à partir de 1986 grâce au prolongement de la route 389 vers le Labrador. Au printemps (fin avril), la route devient difficilement carrossable, alors pleine de trous et de boue, et l'utilisation d'un véhicule à quatre roues motrices s'avère des plus utiles. Il est prudent de vérifier l'état des routes auprès de **Transports Québec** (☎*514-284-2363 ou 877-393-2363)*.

Les monts Groulx, dont plusieurs sommets dépassent 1 000 m, constituent la troisième chaîne de montagnes en importance au Québec, après les Torngat et les Laurentides. Le mont Veyrier, avec ses 1 104 m, en est le plus haut sommet.

Vallées, hauts plateaux et massifs composent le paysage de la région. C'est le paradis des amateurs de télémark; le secteur des hauts plateaux étant dépourvu de forêts, on y retrouve seulement quelques arbres dispersés çà et là. Les folles descentes dans une neige abondante enivrent le skieur et procurent des moments de liberté inoubliables.

On a aménagé un stationnement au bord de la route 389 (Km 335) et, un peu plus loin dans la forêt, un refuge (camp Nomade) et deux abris privés. Il y a possibilité de faire une longue randonnée linéaire de 44 km, du camp Nomade (route 389) à la rivière Beaupin (Km 365) au camp Jauffret (route 389). Cette randonnée, qui dure environ une semaine, s'effectue en autonomie complète et demande une certaine expérience de la longue randonnée à skis et de l'orientation (cartes et boussole). Il faut également posséder un très bon équipement et du matériel pouvant affronter les pires conditions hivernales. L'utilisation des «peaux de phoque» sous les skis est vivement recommandée, la montée sur les plateaux étant particulièrement abrupte.

Beaucoup de skieurs optent pour un camp fixe, pour ainsi parcourir les sommets avoisinants en randonnée légère. Un bel endroit pour installer un camp fixe se trouve près du lac Magique, soit à 2 km au sud du mont Veyrier. Le lac Boissinot constitue un bon lieu pour installer un camp fixe.

Depuis quelques années, la pratique de la raquette prend énormément d'ampleur dans les monts Groulx, et il est désormais fréquent d'y croiser plus de randonneurs en raquettes qu'à skis!

Les sommets et les hauts plateaux étant dégagés, on y retrouve de nombreux et superbes points de vue sur la région, particulièrement sur le réservoir Manicouagan.

Pour plus de renseignements et pour ceux qui désirent louer les services d'un guide, il faut s'adresser à:

Association touristique régionale de Manicouagan
☎*(418) 294-2876 ou 888-463-5319*
(carte disponible)

Les amis des Monts Groulx
☎*866-526-2642*
www.monts-groulx.ca

Québec Hors-Circuits
☎*(418) 545-3737 ou 866-560-3737*
http://pomm.com/qbc/

Monts Torngat

Les monts Torngat, situés complètement au nord-est du Québec à la frontière avec le Labrador, entre la baie d'Ungava et la mer du Labrador, représentent la plus haute chaîne de montagnes du Québec. Ces paysages de «bout du monde» se gravent dans la mémoire de tous les randonneurs (à skis ou à pied) qui les explorent.

Dans les monts Torngat (dont le nom d'origine inuktitut signifie «montagnes des mauvais esprits»),

les aurores boréales viennent vous souhaiter bonne nuit! En hiver, les heures d'ensoleillement sont très courtes et les conditions climatiques se révèlent extrêmes, avec des vents dépassant régulièrement les 100 km/h. Il est donc conseillé d'explorer ces sommets à skis pendant les mois de mars et d'avril.

Aucune route n'y mène. Il faut prendre l'avion jusqu'à Kuujjuaq puis un avion de brousse jusqu'au cœur du massif, là où il n'y a aucune piste d'atterrissage. Ce n'est plus le moment de constater que l'on a oublié son sac de couchage ou ses bottes de skis à la maison!

D'une longueur de 220 km et d'une largeur de 100 km, la chaîne des monts Torngat est aussi grande que celles des Alpes, avec des dénivelés pouvant atteindre 1 600 m. Plusieurs sommets culminent à près de 1 700 m; le mont D'Iberville (1 768 m) est le plus haut sommet de tout le Québec.

Les randonneurs à skis (avec traversée de la chaîne ou camp fixe) y parcourent montagnes, fjords et glaciers. Le niveau de difficulté est élevé, et il faut une solide expérience de la longue randonnée à skis (cartes et boussole, premiers soins, sécurité, etc.) si l'on prévoit organiser soi-même son expédition.

Ceux qui désirent faire appel à un guide peuvent s'adresser à:

Québec Hors-Circuits
☎*(418) 545-3737 ou 866-560-3737*
http://pomm.com/qbc/

Caribou

Lectures recommandées

BANNON, Pierre, *Où et quand observer les oiseaux dans la région de Montréal*, Montréal, éditions Société québécoise de protection des oiseaux et Centre de conservation de la faune ailée de Montréal, 1991, 361 pages.

CORCORAN, Malcolm, *Fartage de ski de fond*, Laval, éditions Guy Saint-Jean, 1996, 144 pages.

DAVID, Normand, *Les meilleurs sites d'observation des oiseaux au Québec*, éditions Québec Science, 1990.

DUGUAY-DESAUTELS, Michèle et Maurice Mondoux, *Techniques de ski de fond*, Outremont, éditions Quebecor, 1992, 128 pages.

LE BRUN, Dominique, *Le ski*, Paris, éditions Solar, 1990, 143 pages.

OUELLET, Yves et Hélène Philion, *La grande cuisine des petits campements*, Laval, éditions Guy Saint-Jean, 1994, 120 pages.

PETERSON, Roger Tory, *Les oiseaux de l'est de l'Amérique du Nord*, éditions Broquet, 1994, 387 pages.

SAINT-HILAIRE, Jean et Pierre Harvey, *L'athlète des neiges*, éditions JCL, 1991, 207 pages.

Index

Bon de commande Ulysse

Guides de voyage

☐	Abitibi-Témiscamingue et Grand Nord	22,95 $	20,58€
☐	Fabuleux Québec	29,95 $	22,99€
☐	Gaspésie – Bas-Saint-Laurent – Îles de la Madeleine	22,95 $	17,99€
☐	Montréal	19,95 $	19,99€
☐	Le Québec	29,95 $	22,99€
☐	Ville de Québec	17,95 $	14,99€

Espaces verts

☐	Cyclotourisme au Québec	24,95 $	19,99€
☐	Cyclotourisme en France	22,95 $	15,09€
☐	Randonnée pédestre Montréal et environs	19,95 $	19,99€
☐	Randonnée pédestre Nord-Est des États-Unis	24,95 $	19,99€
☐	Randonnée pédestre au Québec	24,95 $	19,99€
☐	Randonnée pédestre dans les Rocheuses canadiennes	22,95 $	19,99€
☐	Le Québec cyclable	19,95 $	19,99€
☐	Le Sentier transcanadien au Québec	24,95 $	22,99€

Titre	Qté	Prix	Total
Nom :	Total partiel		
	Port		4,85$CA/4€
Adresse :	Total partiel		
	Au Canada TPS 7%		
	Total		
Tél : Fax :			
Courriel :			
Paiement : ☐ Chèque ☐ Visa ☐ MasterCard			
N° de carte_____ Expiration_____			
Signature_____			

Guides de voyage Ulysse
4176, rue Saint-Denis,
Montréal (Québec)
H2W 2M5
☎(514) 843-9447
Fax : (514) 843-9448
info@ulysse.ca

En Europe:
Les Guides de voyage Ulysse, SARL
127, rue Amelot
75011 Paris
☎01.43.38.89.50
Fax : 01.43.38.89.52
voyage@ulysse.ca

Consultez notre site : www.guidesulysse.com